리처드 J. 라이트

"하버드 교수가 연구한 수재들의 공부법"

하버드생 1,600명과 10년에 걸친 인터뷰

리처드 J. 라이트(하버드대 교육학교수) 지음 | 정선하 옮김

# 하버드
# 1교시

## 자기 표현력의 힘!

하버드 대학 선정, 교육분야 최고의 책
'버지니아 앤드 워렌 스톤 상' 수상

# 하버드
# 1교시

# 교육과 사회를 주제로 한 뛰어난 출판물
## "버지니아 앤드 워렌 스톤 상" 수상작

"하버드 1교시에는 하버드 대학 학생들이 리처드 라이트 교수와 그의 동료들에게 털어놓은 대학생활의 갖가지 경험담이 빼곡하게 담겨 있다. 재미있고 감동적인 일화와 때로는 놀라운 얘기들 속에서 영감을 받거나 좌절을 겪기도 하고, 새로운 깨달음을 얻었던 순간들을 접할 수 있으며, 더불어 학생들이 그 안에서 자기 회의와 실패, 발견과 희망을 몸소 체험하고 겪으며 터득한 실질적인 조언들을 통해 독자들은 알찬 대학생활과 학업 성공의 두 마리 토끼를 잡기 위한 전략 수립에 많은 도움을 받을 수 있다."

"하버드대 리처드 라이트 교수는 성공적인 대학생활을 하고 있는 학생들을 대상으로 10년간의 연구 조사를 통해 알게 된 비결들을 공유하고 있다. 하버드 1교시에는 대학 운영진과 부모, 그리고 누구보다 학생들에게 가장 도움이 될 실질적인 조언들이 담겨 있다."

알리샤 데이비스, 뉴스위크 (Alisha Davis, Newsweek)

"라이트 교수의 제안은 상당히 단도직입적이다. '협력 관계를 권장하라. 학생들이 기타 과외 활동에 참여하도록 이끌어라. 다양성을 촉진하고 육성하라. 학생들에게 스터디 그룹을 짜도록 추천하라' 등 직접적이고 솔직한 조언의 목록은 계속 이어진다. 이 책을 읽어본 학자들과 운영진들은 이러한 조언들이 개인적인 생각이 아닌 과학적인 조사를 바탕으로 하고 있어 라이트 교수의 책이 더욱 중요하고 특별한 의미를 가지고 있다고 강조한다."

알렉스 P. 켈로그, 크로니클 오브 하이어 에듀케이션 (Alex P. Kellogg, Chronicle of Higher Education)

"하버드 대학생들을 대상으로 10년 동안 진행한 인터뷰 내용을 바탕으로 구성된 이 책은 과목 선택과 학습, 캠퍼스의 다양성과 글쓰기의 중요성과 같은 주제들에 관해 학생들이 직접 들려주는 경험담과 지혜로운 정보들을 아낌없이 실었다. 특정 대학에 다니는 학생들의 이야기지만 어느 캠퍼스에나 적용 가능한 내용들이 거의 대부분이고, 대다수 학생들은 스스로 자기 회의와 시행착오를 겪었음을 분명히 밝히며 효율적인 시간 관리 및 동료 학생들과 교류하는 방법들에 대해 사려 깊고 이해하기 쉽게 설명하고 있다. 학생들은 물론 교수와 부모 모두에게 적합한 책이다."

아멜리아 뉴콤, 크리스천 사이언스 모니터 (Amelia Newcomb, Christian Science Monitor)

"리처드 J. 라이트는 하버드 대학교에서 교육 대학원과 존 F. 케네디 행정대학의 교수로 재직하고 있다. 저서로 바이 디자인: 플래닝 리서치 온 하이어 에듀케이션(By Design: Planning Research on Higher Education)과 서밍 업: 더 사이언스 오브 리뷰잉 리서치(Summing up: The Science of Reviewing Research)가 있으며 두 권 모두 하버드 유니버시티 프레스에서 출판되었다."

"이 책에는 하버드 학생들의 인터뷰에서 인용한 100여 개의 이야기가 실려 있으며 그 안에서 학부생들이 소중한 시간을 강의실 안팎에서 어떻게 알차게 보내며 대학생활을 하고 있는지 엿볼 수 있다. 어떻게 학습하고 공부하는지, 기숙사에서 동료 학생들과 어떻게 생활했는지 등에 관해 학생들이 직접 체험한 경험담을 들려주고 있어서 모든 부모와 대학생, 예비대학생과 교육자들이 지금껏 읽어본 책들과 상당히 다르다는 걸 발견할 것이다."

존 S. 로젠버그, 하버드 매거진(John S. Rosenberg, Harvard Magazine)

"라이트 교수는 1,600명이 넘는 학부생들을 대상으로 10년간 진행한 인터뷰를 통해 매우 유용하고 실질적인 조언들을 수집할 수 있었다. '강의실 안과 강의실 바깥의 경험이 매우 밀접하게 연관'되며, '고등학교에서 성공적이었던 전략들이 대학에서는 더 이상 통하지 않고', '효과적인 조언이 매우 중요한 역할'을 하며, '학생들은 도움이 필요할 때 반드시 적절한 도움을 청해야' 하고, '학생들은 개인적인 참여도를 극대화할 수 있도록 구성된 강의를 선호'하며, '학제간 통합이 가능한 과목들을 좋아한다'는 사실을 알려주고 있다. 또 뜻밖의 놀라운 사실들도 있는데, 학생들은 높은 강도와 수준의 쓰기 교육을 원하며 빤히 예측할 수 있는 정치적인 견해를 가진 교수를 선호하지 않는다는 것이다. 더불어 하버드 1교시는 많은 부분을 할애해 대학 캠퍼스 내의 다양성에서 얻을 수 있는 혜택과 거북한 문화적인 충돌이 일어나는 순간들이 당장은 불편할지 몰라도 긍정적인 학습의 기회로 이어질 수 있다는 사실을 설명하고 있다."

퍼블리셔 위클리 (Publisher Weekly)

"요긴하고 실질적인 도움을 주는 책이며 교육과 사회를 주제로 한 탁월한 출판물이다. 대학생활을 하며 겪은 자기 회의와 실패, 발견과 희망에 관한 학생들의 실제 경험담과 조언들이 담겨 있어 학업적인 성공에 꼭 필요한 청사진 같은 책이라 할 수 있다. 책 전반에 실린 직접적인 경험담과 반응들을 읽다 보면 이 책을 읽는 부모와 어린이, 대학 신입생과 교육자들이 이전의 책들과는 사뭇 다르다고 느낄 것이다. 대학 생활에 관한 풍부한 조언과 정보를 담고 있는 이 책을 모두에게 추천한다."

사무엘 T. 황, 라이브러리 저널 (Samuel T. Huang, Library Journal)

"구어체로 읽기 쉽게 구성되어 있으며 대학 교육에 투자하고 투자한 만큼 결실을 얻고자 하는 가족들과 학생들을 위한 기본 지침서이다."

로버트 A. 프람, 하트포드 쿠란트 (Robert A. Frahm, Hartford Courant)

"30년 경력의 하버드 대학교수인 라이트 교수는 학생들이 풍요로운 대학생활을 하는 데 필요한 여러 요소들을 탐색하고 있으며 특정한 상황들에 효과적이고 긍정적으로 대처하는 방법들에 관해 학생들로부터 직접 얻은 특별한 제안들을 담고 있다. 모든 부모와 대학생, 곧 대학에 입학할 예비 대학생 누구나 매우 유용하고 요긴한 정보를 얻을 수 있는 책이다."

바네사 부시, 북리스트 (Vanessa Bush, Booklist)

이 책을 내 가족에게 바친다. 내 인생의 동반자 팻.

우리 삶의 이유인 젠과 새라.

내게 평생 넘치는 사랑을 베푸시고

심지어 이 책의 제목을 선정하는 데도 도움을 준 어머니 무라 라이트 스티펠.

따뜻한 마음씨와 유머 감각을 겸비한 새아버지 맥스.

그리고 무엇보다도 돌아가신 아버지에게 이 책을 바친다.

# 차 례

1. 서론　　　　　　　　　　　　　　　　　　11

2. 강력한 연계 효과　　　　　　　　　　　29

3. 학생들의 제안　　　　　　　　　　　　45

4. 가장 효과적인 강의　　　　　　　　　75

5. 훌륭한 멘토링과 조언　　　　　　　121

6. 변화를 만드는 교수진　　　　　　　153

7. 캠퍼스 내의 다양성　　　　　　　　187

8. 다름에서 배우기　　　　　　　　　　225

9. 대학 리더들이 할 수 있는 일　　　263

평가 프로젝트　　　　　　　　　　　　298

참고목록　　　　　　　　　　　　　　　314

감사의 말　　　　　　　　　　　　　　322

# 1

## 서론

대학에 다니는 학부생들이 대학 생활을 만끽하는 그룹과 대학 생활에 만족하지 못하고 부정적인 그룹으로 나뉘는 이유는 무엇일까?

　그들의 선택과 태도에 어떤 차이가 있기에 이처럼 전혀 다른 성질의 두 그룹으로 갈리는 걸까? 졸업식장에서 "나는 대학에 들어온 목적을 100% 달성했다."라고 말할 수 있는 학생들의 숫자를 늘리려면 학생 개개인과 대학이 어떻게 해야 할까?

　30년째 대학교수로 재직하고 있는 나는 매년 어김없이 새로운 신입생들을 만나게 되고, 그럴 때마다 이런 문제들을 새롭게 다시 생각하곤 한다. 이 어린 학생들에게 처음부터 어떤 말을 해주어야 앞으로 실속 있고 알차게 대학 생활을 만끽하는 데 도움이 될까?

　그와 동시에 동료 교수들과 공유할 수 있는 아이디어들에 대해서도 생각해본다. 어느 정도 오랜 시간 학생들을 가르치다 보면 누구나 최대한 효과적인 결과를 얻을 수 있는 교수법에 관한 논란에 휘말리게 된다. 동료들과 나는 어떻게 하면 효과적으로 학생들에게 조언을 하고, 학문을 가르치고, 심지어 강의실 밖에서도 가르침을 줄 수 있는지 오랫동안 진지하게 고민했다. 특히 지금처럼 인종적, 문화적으로 다양한 배경을 지닌 학생들이 모여 있는 현대의 캠퍼스에서 어떻게 하면 학생들이 느끼는 대학 생활의 질을 높일 수 있을지 많은 사람이 고민하고 있다. 교수로서 다양한 측면들을 모두 훌륭하게 이행하기란 쉬운 일이 아니며 좋은 의도를 그대로 전달할 수 있는 표현 방법을 찾는 것 또한 끊임없는 도전이다.

몇 년 전, 나는 50개가 넘는 대학 및 대학교에서 나온 교수진과 고위 관리자들의 모임에 참가한 적이 있다. 참석자 각자가 자기 학교 측의 견해를 제시하는 시간이 있었는데, 지도 교수들을 포함한 교수진과 학장들은 학생들이 대학 생활의 틀을 잡는 데 어떤 책임이 있는지, 단순히 강의실 내에서 이루어지는 수업뿐만 아니라 전반적인 분야에 걸친 대학 생활에서 우리의 역할이 무엇인지에 대한 이야기를 주고받았다.

첫 번째로 의견을 낸 사람은 꽤 유명한 대학교의 학장이었다. 그는 자신이 재직하고 있는 대학에서는 훌륭한 학생들을 입학시키고 '학생들의 대학 생활에 개입하지 않기 위해' 특별히 노력한다고 자랑스럽게 말했다. '학생들은 동료 학생들과의 관계 속에서 많은 것을 배운다'라면서 '그런 과정에 학교 측이 개입해 혼란스럽게 하면 안 된다'라는 주장이었다.

그때 내가 느낀 실망은 이만저만이 아니었다. 내 딸들이 어느 대학에 갈지를 놓고 고민할 날도 멀지 않았는데 방금 들은 말은 내 딸들이 대학 생활에서 배우면 좋겠다고 바라는 것과는 정반대되는 내용이었다. 다른 대학과 대학교들은 학부생들의 성공적인 대학 생활을 돕기 위해 어떻게 하고 있는지 배울 수 있을 거라는 희망을 안고 참석한 모임이었다. 그리고 각 캠퍼스 리더들의 교수법과 조언 방법, 그리고 전반적인 학생들의 대학 생활의 질을 높이기 위해 어떤 노력을 하고 있는지에 대해 들을 수 있기를 기대했다. 학생들이 더 열심히 대학 생활에 참여하고 몰두할 수 있도록 학교 측에서는 어떻게 돕고 있는지 알고 싶었다. 그러나 그런 정보들 대신 유명 대학의 고위직 운영진에게 들은 놀라운 전략이란 훌륭한 학생들을 입학시킨 다음 방치한다는 것이었다.

그 말은 내 머릿속에 각인되어 잊히지 않았고, 최대한 만족스러운 대학 생활을 경험하기 위해서 신입생 자신들뿐만 아니라 대학의 교직원 및 교수진들이 어떤 선택을 해야 하는지에 관해 진지하게 고민하기 시작했다. 그날의 모임 이후 나는 그 질문을 심도 있게 탐색하기 위해 10년 동안 체계적인 조사를 진행했고 그 결과 매우 알차고 실현 가능성 높은 답변들을 얻었다고 확신한다. 더 나아가 90개가 넘는 대학과 대학교를 방문하고 핵심적인 아이디어를 공유한 결과 우리 대학과는 사뭇 다른 성격의 대학들을 포함해 미국 전역에 있는 수많은 대학들이 그러한 대응책을 적용할 수 있다는 확신을 얻었다.

이 책에 두 가지 개괄적인 질문에 관해 수년간의 연구조사를 통해 얻은 종합적인 결과를 담았다.

첫째, 최대한 실속 있고 알찬 대학 생활을 하려면 학생들은 스스로 어떤 선택을 해야 하는가?

둘째, 교수진과 대학의 리더들이 좋은 의도를 실행에 옮길 수 있는 효과적인 방법들은 무엇인가?

이런 질문에 직접적인 대답을 끌어낼 수 있는 방법을 고안하기 위해 몇 년간 20여 개 대학과 대학교에 재직하는 60여 명의 교수진이 정기적으로 모임을 가졌고, 교수진과 학생들이 함께 머리를 맞대고 연구 조사를 계속 했으며, 이 프로젝트를 완성시켰다. 여기서 얻은 강력한 연구 결과의 내용은 하버드 대학의 교수법과 학습, 조언 방법 및 기숙사 생활에 영향을 미치기 시작했으며 일부 다른 대학들의 경우도 마찬가지다. 이 책을 통해 우리가 발견한 내용을 여러분과 공유하고자 한다.

 각 장의 내용은 대학에 들어와서 필수적으로 선택해야 하는 특정한 부분들에 초점을 맞추었다. 학생들과의 인터뷰를 통해 이러한 선택 부분에 목적의식을 가지고 신중하게 접근하는 학생들도 있고, 별 생각하지 않고 신중한 계획 없이 되는대로 해치우는 학생들도 있다는 사실을 알게 되었다. 그 결과는 종종 엄청난 차이를 가지고 온다. 졸업식 날 "다시 신입생이 돼도 똑같이 하겠다. 아주 훌륭한 경험이었다."라고 말하는 학생들도 많지만 "진작 알았더라면."이라며 후회해 마지않는 학생들도 부지기수다.

 학생들의 인터뷰를 통해 드러난 핵심은 캠퍼스 생활의 여러 요소들 사이에 강력한 상호 작용이 존재한다는 점이다. 과목 선택과 멘토링, 거주 형태 등의 선택이 결코 따로따로 떨어져 있지 않으며 하나로 연결된 시스템의 일부라는 얘기다. 예를 들면 현대의 캠퍼스를 가득 메우고 있는 인종 및 민족적 다양성이 갖는 교육적인 영향력은 같이 살 사람, 많은 시간을 함께 보낼 사람을 고르는 학생들의 선택에 밀접하게 관련되어 있다. 2장은 이와 같은 캠퍼스 생활의 다양한 구성 요소 통합에 관한 내용을 담고 있으며, 대학 생활의 의미를 확대시키기 위해 어떻게 잘 구성하고 연계시킬 것인가에 관해서도 다루었다.

 3장에는 흔히 예상할 수 있는 의문점들에 대해 동료 학생들에게 직접 듣는 대응 방법들과 구체적인 제안들을 담았다. 어떻게 해야 첫 단추를 잘 끼울 수 있을까? 돈을 벌기 위해 아르바이트를 하면 학교 공부에 지장이 되지는 않을까? 도움이 필요할 때 어디에 물어봐야 하지? 어디에서 살지 주거지를 결정할 때 고려해야 할 사항은 뭘까? 등이 그런 의문점들이다.

4장은 어떤 특징이 있는 강의들이 학생들의 기억 속에 특별한 경험으로 남는가에 관한 내용이다. 힌트를 주자면 이 부분은 담당 교수가 얼마나 해박한 지식을 가졌는지, 수업 규모가 큰지 작은 지와는 상관이 없으며 심지어 오전 10시 이후에 시작하는지 아닌지 와도 아무 관련이 없다.

5장은 특별히 도움이 되는 교수들의 조언 방법에 관한 내용을 담았다. 이 부분은 건설적이면서도 상당히 개별적인 조언이 후회 없는 대학 생활에 매우 중요한 요소임에도 가장 과소평가되고 있다고 학생들이 여러 차례 강조한 부분이었다.

6장에는 학생들의 인생에 특별한 영향력을 미친 특정 교수들에 관한 학생들의 경험담을 실었다. 여기서 핵심은 교수들의 역할이 각자가 생각하는 것 이상으로 학생들에게 큰 영향력을 발휘한다는 점이며 대학을 막론하고 모든 학부생들이 긍정적이고 강렬한 영향을 받을 수 있는 교수들을 찾을 수 있는 방법을 진지하게 고민해주었으면 하는 바람을 담았다.

7장과 8장은 캠퍼스 내의 극적인 인구 분포상의 변화에 관한 내용으로, 새로운 다양성으로 인한 즐거움과 두려움, 갈등, 새로운 기회와 끝없는 협의가 캠퍼스를 가득 메우고 있다. 이처럼 새로운 인종적, 민족적 다양성이 강의실 안팎에서 어떤 영향을 주는지에 관한 학생들의 시각을 두 장에 걸쳐 담았다.

이 두 개의 장에서 드러난 한 가지 요점은 저마다 공부하고, 일하고, 놀던 배경이 제각각인 학생들에게 미치는 교육 효과를 광범위하게 일반화한 내용은 종종 오류가 있거나 별 도움이 되지 않는다는 사실이었다. 물론 인종 및 민족적 다양성은 강의실 안팎에서의 학습 효과를 높일 수 있고, 실제 그런 경우가 많다. 학생들이 들려준 사례들도 부정적인 것보다 긍정적인 것이 훨씬 더 많았지만, 출신 배경에 상관없이 개인적으로 그러한 다양성이 부정적인 영향을 주었다고 얘기하는 학생들도 없지 않았다.

이처럼 뒤섞인 반응들을 곰곰이 들여다보면 학생 개개인이, 특히 캠퍼스 리더들이 검토해 봐야 할 정책적인 부분을 생각할 수 있으며, 7장과 8장을 통해 세부적인 캠퍼스 정책이 대단히 중요하다는 사실을 다시 한 번 분명히 느낄 수 있다. 또한 학생 대표들을 포함하는 대학의 지도부가 캠퍼스 내에 긍정적인 분위기, 즉 다양성의 장점이 극대화되고 소모적인 갈등이 최소화되는 분위기를 조성하는 데 커다란 역할을 한다는 걸 알 수 있다.

 학생들은 저마다 각자의 경험담이 있고 이를 한데 모아보면 그 이야기들 속에서 어떤 공통점을 찾을 수 있다. 예를 들면 인종과 민족적 배경을 막론하고 대다수 학생들의 다양성 경험담은 대학에서는 긍정적인데 반해 고등학교에서는 부정적인 경우가 많아 둘 사이에 극명한 대조를 보였고, 그들 대부분은 대학교와 고등학교 두 곳에서의 경험이 왜 그렇게 다른지 이해할 것 같다고 했는데 그들이 생각하는 이유는 매우 진지하고 흥미로웠다. 이러한 차이를 경험한 덕분에 그들은 대학에 와서 만난 동료 학생들과 대학 운영진에게 도움이 되는 제안을 할 수 있었고, 그중에서도 함께 살면서 교류하는 과정에서 놀라우리만큼 많은 것을 배우기 때문에 기숙사 생활이 대단히 중요하다는 사실을 강조하는 내용이 많았다.

 9장에는 학생들이 캠퍼스 리더들에게 전하는 구체적인 제안들이 담겨있다. 연구 조사를 통해 알고 보면 대학 운영진과 학장, 기숙사 감독관, 심지어 대학 총장들의 리더십을 기대하는 학생들이 놀라울 정도로 많으며, 달랑 입학만 시켜놓고 '가만히 내버려 두길' 바라는 학생들은 거의 없다는 걸 다시 한 번 확인했다. 거의 모든 학생들이 대학에 들어와 처음 1년 동안은 만족스러운 경험과 좌절감을 느끼는 경험을 모두 하게 되므로, 대학의 책임자들이 체계적인 방향으로 전자를 극대화하고 후자를 최소화할 수 있도록 도와주기를 바라는 게 당연하다. 더불어 학생들이 제시하는 의견들은 어느 정도 과감한 결단력이 필요한 한두 가지를 제외하고 일부 의견들은 실행에 옮기기도 어렵지 않았다.

# 학생들에게
# 배우다

나는 수치에 익숙한 통계학자지만 개개인의 가슴 뭉클한 경험담들을 들으며 깊은 감명을 받았고, 이 책 전반에 걸쳐 내가 설명하고자 하는 각 요점을 잘 전달하기 위해 학생들의 인터뷰에서 나온 말들을 많이 인용했다. 인터뷰에 응한 학생들은 자기 얘기가 인용될 수 있다는 사실을 인지하고 있으며 일부 학생들은 미래의 학생들에게 도움이 된다고 생각하는 얘기들은 꼭 포함시키라고 내게 적극 추천했고, 그런 얘기들이 대부분 포함되었다. 인용문들은 '음', '아'와 같은 감탄사를 삭제하고 반복되는 말들을 최소화하는 정도로 손봤으며, 각 학생들에게 동의를 구하고 주제를 좀 더 명확하게 표현하기 위해 문장을 다듬기도 했다.

이런 얘기들은 어디에서 오는 걸까? 이 책에 실린 모든 결과는 깊이 있는 인터뷰를 통해 얻은 생생한 경험담들이다. 처음부터 우리는 학생들에게 가장 효과적으로 적용할 수 있는 방법을 찾으려면 직접 학생들에게 물어봐야 한다고 생각했고 그대로 실행에 옮겼다. 그래서 1,600명이 넘는 학부생들을 인터뷰했으며 그들 중 대다수는 한 번 이상 인터뷰했다. 일부는 교수들이 인터뷰했고 나 역시 400명의 학생을 인터뷰했다. 다른 인터뷰들은 교수들의 세심한 지도로 훈련받은 학부생들이 진행했고, 인터뷰 시간은 평균적으로 1시간에서 3시간 정도 소요되었다.

이처럼 사적인 개별 인터뷰는 여러 옵션을 주고 그중에 하나를 고르는 대규모 설문지를 통해 얻어지는 정보와는 전혀 다른 결과를 얻을 수 있다. 통계학자 입장에서 보면 체크박스 형태가 들어간 카테고리들이 자료 수집에 유용하게 사용되는 경우도 물론 많이 있으며, 실제로 내가 가르치는 과목 중에도 그런 주제가 포함되어 있다. 그러나 우리가 선정한 특정 주제를 위해서는 완벽하게 고안된 객관식 설문지로는 건질 수 없는 깊고 풍부한 내용들을 개인적인 인터뷰를 통해 얻을 수 있다.

그 이유 중 하나는 개별 인터뷰를 하면 자세한 내용을 들을 수 있어서이다. 어떤 학생으로부터 특정 강의를 통해 사고 체계 형성에 많은 영향을 받았다는 얘기를 듣는 것도 중요하지만, 그 강의가 특별한 영향력을 발휘한 이유와 강의 내용의 구성은 어땠는지에 대해 자세한 내용을 듣고 그런 성공담을 통해 다른 교수진과 학생들이 도움을 받을 수 있는 부분은 무엇인지 이해하는 것이 훨씬 더 중요하다. 한 학생이 어떤 주제를 뒷받침해 줄 수 있는 얘기를 많이 들려줄수록 다른 학생들이 그 주제에 관해 훨씬 더 많은 도움을 받을 수 있기 때문이다.

개인적으로 400명의 학생을 인터뷰하는 건 아주 특별한 즐거움이었다. 하버드 대학의 학부생들은 저마다 확고한 자기 생각을 가지고 있으며 많은 것을 기대하고 이곳에 왔다. 너나 할 것 없이 거의 모든 학생이 열정적이고 건설적인 사고를 하지만, 동시에 입학 후 빠른 속도로 과부하에 걸리고 마는 학생들도 꽤 많다. 그래도 다행인 것은 거의 모든 학생들이 대학 생활의 학문적인 부분과 비학문적인 부분을 발전시키는 데 도움이 될 만한 의견을 가지고 있다는 점이다. 학생들은 우리 교수들이 무엇을 하고 있고 자신들은 무엇을 하고 있는지, 어떻게 해야 더 발전할 수 있는지, 그리고 만만치 않은 대학 커뮤니티에서 무엇을 얻고 무엇을 줄 수 있는지 대해 끊임없이 고민하고 있으며, 이와 같은 학생들의 강한 의지와 신념이 나를 비롯한 많은 교수들이 생각하는 교수법과 조언하는 방법에 대한 시각을 변화시키고 있다.

# 조사 결과와
# 놀라움

우리가 얻은 결과들이 이 책을 읽는 학생들에게 유용한 조언이 되었으면 한다. 학생들이 캠퍼스 내에서 어떤 선택의 갈림길에 섰을 때 동료 학생들이 직접 겪었던 좋았던 경험과 안 좋았던 경험을 통해 터득한 실질적인 조언을 들으면 많은 도움이 될 게 틀림없다. 어떤 과목과 교수를 선택할 때 고려해야 할 점은 무엇인가? 지도 교수 및 멘토들과 효과적으로 상호작용할 수 있는 방법은 무엇인가? 어디에 살지 결정할 때 따져봐야 하는 건 무엇인가? 시간 분배는 어떻게 하는 게 좋은가? 우리가 인터뷰한 학생들은 이러한 모든 주제들에 대해 소중한 제안들을 제시해 주었다.

인터뷰를 통해 학생들에게 들은 내용 중에는 우리 예상했던 것들도 있지만 뜻밖에 놀라운 통찰력을 바탕으로 한 것들도 있었다. 적어도 내게는 그랬다. 그럼 우리가 얻은 조사 결과 중에 아홉 가지 내용을 간단히 살펴보자. 물론 이건 시작에 불과하다.

첫째, 나는 가장 중요하고 기억에 남는 학문적 배움은 강의실 안에서 이루어지고 강의실 밖에서의 기타 활동들은 유용하지만 적당한 부록 정도라고 생각했었다. 그러나 조사 결과는 정반대였다. 강의실 밖에서의 학습, 특히 기숙사에서의 생활과 예술 활동과 같은 과외 활동이 매우 중요한 것으로 나타났다. 학생들에게 깊은 변화를 일으킨 특정 사건이나 순간을 기억해보라고 물었을 때 응답자 전체의 4/5에 달하는 학생들이 강의실 밖에서 경험했던 상황이나 사건을 꼽았다.

둘째, 나는 학생들이 각자의 속도에 맞춰 진도를 따라갈 수 있고 학기가 끝날 때까지 퀴즈와 시험, 보고서 제출이 상대적으로 적은 과목을 선호할 거라고 생각했다. 이번에도 보란 듯이 내 생각이 틀렸다. 대다수의 학생들이 오히려 상대적으로 퀴즈와 단기 과제들이 많고 매우 조직적인 수업에서 훨씬 더 많은 것을 배운다고 대답했다. 특히 교수가 피드백을 빨리 전해주어서 최종 점수를 받기 전에 수정하고 변경할 수 있는 기회가 있는 수업이 가장 이상적이고, 이와 반대로 오로지 과정 마지막에 가서야 보고서 제출을 요구하는 수업을 들을 때가 가장 힘들다고 학생들은 말했다. 그들은 과정이 모두 끝나고 난 후에 겨우 피드백을 받을 수 있고, 수정할 기회가 전혀 없는데 어떻게 발전을 기대할 수 있겠느냐고 반문했다.

세 번째로 내가 놀랐던 건 과제에 관한 반응이었다. 내가 대학에 다니던 시절에는 거의 모든 교수들이 자기 과제는 자기 혼자 알아서 해야 하며 보고서 작성이나 문제 풀이에 관해 다른 학생들과 의논하는 건 부정행위로 간주했다. 그러나 지금은 어느 캠퍼스에서나 과제를 위해 학생들 여럿이 모이는 걸 권장하는 교수들이 놀랄 정도로 많아졌다. 어떤 교수들은 자기가 가르치는 과목을 듣는 학생들에게 직접 소규모 스터디 그룹을 짜주고 강의실 밖에서도 함께 모여 공부하도록 권장한다.

몇몇 학생들은 다른 학생들과 공동 작업을 할 수밖에 없을 만큼 매우 복잡하고 어려운 과제를 내주는 교수들도 있다고 말했다. 그런 과제를 수행하기 위해서 학생들은 각자 읽을 부분을 분담하고 강의실 밖에서 만나 서로를 가르쳐주며 협동 작업을 하게 되는데, 이 경우 학습 효과와 수업 참여도를 높이는 데 큰 효과가 있다고 학생들은 입을 모았다. 이러한 과제의 변화는 진정한 문화적 변동이라 할 수 있으며, 전국적으로 수많은 캠퍼스에서 일어나고 있다.

네 번째 조사 결과는 학생들 열에 아홉은 수업의 규모가 학문적 발달에 매우 중요한 영향을 미치는 부분이라고 꼽은 내용으로 소규모 수업과 소규모 세미나, 일대일 개인지도가 최고의 경험이었다는 학생들의 얘기는 어느 정도 예상했던 반응이었다. 그러나 대학 생활에서 특히 중요하거나 뜻깊었던 경험이 무엇이었느냐는 질문에 학점과 상관없는 멘토링이 포함된 인턴십이었다는 일부 학생들의 대답은 다소 뜻밖이었다. '멘토'라는 단어는 여러 방법으로 사용되는데 인터뷰 대상자들은 효과적인 멘토링에 필요한 것이 무엇인지 분명하게 인식하고 있었다. 여기서 핵심 아이디어는 학생들이 독창적으로 자신의 프로젝트를 고안하고 교수진의 지도에 따라 프로젝트를 수행하는 것이었다. 교수의 계획대로 따라가는 대신 자기가 관심을 두는 주제에 관해 스스로 계획을 세우고 주제에 적용해보는 도전을 경험하는 것이다.

다섯 번째, 대학에서 접하는 인종 및 민족적 다양성은 대부분의 학생들에게 매우 강력한 영향을 미치며 놀랄 정도로 많은 수의 학부생들이 그런 영향을 매우 긍정적으로 평가했다. 학생들은 민족, 지역, 정치, 종교 혹은 경제 등 자신과 전혀 다른 배경을 지닌 또래 학생을 통해 많은 것을 배울 수 있지만, 자신과 다른 배경을 지닌 상대에게 배울 수 있는 상황이 늘 자연스럽게 일어나진 않는다고 지적했다. 이때 중요한 관건은 캠퍼스 분위기와 기숙사 배정 문제였다.

아이러니하게도 가장 긍정적인 학생들조차 다양성이 미덕이라는 진부한 표현에 상당히 비판적인 태도를 보였는데 대부분이 불쾌한 순간이나 거북한 만남, 혹은 그보다 더 안 좋은 상황들을 맞닥뜨린 경험이 있기 때문이었다. 학생들은 일련의 특정한 전제 조건들이 갖추어졌을 때만 '좋은 결과'를 얻을 수 있다고 지적했으며 그런 전제 조건들은 캠퍼스 리더들이 나서서 조치를 취할 수 있는 부분이라는 희망적인 소식도 덧붙였다. 다양성이 학습 효과를 강화시킬 수 있는 환경을 만드는 데 캠퍼스 리더들이 중요한 역할을 한다는 걸 확인할 수 있었다.

여섯 번째 결과는 대학 생활을 알차게 누리며 학문적으로 크게 성장하고, 교수진 혹은 동료 학생들과 함께하는 활동에 기꺼이 참여하는 학생들이 실질적인 학업 성취도에도 집중한다는 내용이다. 물론 그게 어려운 학생들도 있다. 실질적인 학업에 집중하면서 동시에 교수진 혹은 동료 학생들과 깊이 있는 관계를 유지하는 게 거저 되는 일이 아니지만 하버드에 다니는 학생들은 대부분 성공적으로 수행하고 있는 것으로 나타났다. 지도 교수와 다른 교수진 역시 이런 과정이 가능할 수 있도록 많은 도움을 주고 있었다.

일곱 번째 결과, 나는 글쓰기에 대한 학생들의 열정적인 태도에 놀라움을 금치 못했다. 물론 양질의 글쓰기 능력을 갖추는 게 중요하다고 생각할 거라는 짐작은 했지만 학생들이 그 정도로 깊은 열정을 가지고 있으며 쓰기 능력을 향상시킬 수 있는 구체적인 방법들에 목말라하고 있다는 사실은 연구 조사를 통해 새로 깨달았다.

여덟 번째 결과, 학생들 누구나 유용한 조언의 중요성을 알고 있을 거라고 짐작했지만 그건 상투적인 표현에 불과할 뿐이고 뜻밖에 놀라운 건 구체적인 내용이었다. 대다수의 학생들이 강의실 밖에서 이루어지는 특정한 활동들이 학업 성취도와 깊은 연관성이 있다고 대답했다. 어떤 학생들은 강의시간 외에 소규모 그룹으로 모여 함께 공부하는 학습 방법을 예로 들었고, 다른 학생들은 공식적인 시간 기록과 같이 개인적인 훈련을 예로 들었다.

아홉 번째 결과, 나는 많은 학생이 제2외국어나 문학 수업을 그저 학업에 방해가 되지 않게 빨리해치워야 하는 필수 과목 정도로 생각할 거라고 예상했었다. 그러나 알고 보니 그렇게 생각하는 학생들은 거의 없었고 오히려 언어 과목들에 대해 특별히 열정적으로 생각하는 학생들이 많았다. 수강 과목 중 단연 최고였다는 학부생들이 많았고 졸업생들도 열렬히 동의했다. 인터뷰에서 그 이유를 물었을 때 학부생들과 졸업생들은 그 과목들의 체계적인 구성과 교수법을 가장 중요한 원인으로 꼽았다.

여기서 분명한 교훈을 얻을 수 있다. 학생들은 자신들에게 어떤 것이 가장 효과적인지 오래 생각해왔고, 우리는 그들의 통찰력으로부터 많은 것을 배울 수 있다는 점이다. 훌륭한 대학 교육에 필요한 것이 무엇인가를 따질 때 모호하고 상투적인 이론보다는 실제 학생들의 통찰력이 훨씬 더 유용하고 예리한 경우가 많은 것만은 틀림없는 사실이다.

# 이런 결과들은
# 일반화할 수 있을까?

다른 캠퍼스들을 방문해 본 결과 이 책에 실린 내용들이 비단 하버드 대학에 국한된 얘기만은 아니며 광범위하게 적용할 수 있다는 확신이 들었다. 까다롭게 선별 입학시키는 대학이든 아니든, 사립이든 공립이든, 큰 규모든 작은 규모든, 국립이든 지방이든 상관없이 내가 방문했던 대학 어디에서나 학생들은 적극적으로 자신들의 경험을 나누고 싶어 했고 어떤 방법이 효과적이었는지 알려주고 싶어 했다. 다른 캠퍼스에 있는 학생들의 이야기도 하버드 학생들의 이야기와 얼마나 비슷했는지 깜짝 놀랄 정도였다.

나는 가는 곳마다 교수진과 학생들, 캠퍼스 운영진에게 교수법과 조언하는 방법, 학생들의 참여도를 높이는 방법 및 다양성 활용하는 방법들에 대해 내가 제시하는 아이디어와 제안들을 그들의 캠퍼스에도 적용할 수 있을지 물어보았다. 그 결과 90개가 넘는 캠퍼스에서 "그렇습니다. 대부분의 아이디어는 여기에서도 효과가 클 것 같습니다."와 같은 명쾌한 답변이 돌아왔다.

한 가지 예로, 최근에 서부 해안 쪽 위치한 큰 규모의 공립 대학교를 방문해 이 책에 실린 결과들을 공유했다. 과제와 자료 읽기, 문제 풀기를 위해 강의실 밖에서 소규모 그룹으로 만나서 공부하는 방법에 대한 학생들의 반응이 긍정적이라고 설명하자 이 학교의 교수진과 학생들은 "하버드에서 효과가 있다면 상대적으로 교수진이 부족한 이곳에서는 훨씬 더 좋은 효과를 거둘 것이다."라는 반응을 보였다.

지금은 이 책에 나온 내용들을 실행에 옮기고 있는 캠퍼스들이 많기 때문에 "그런 결과는 하버드에서나 가능한 얘기다."라는 반응은 터무니없다고 생각한다. 아마도 몇 가지 내용은 일반화하기 힘들 수도 있는데, 예를 들어 학부생 생활관의 중요성에 관한 내용은 기숙사가 있는 대학에만 해당되겠지만 그 외 대부분의 내용들은 충분히 일반화할 수 있다.

물론 미국 대학들 사이에도 엄청난 차이가 존재한다는 사실을 잘 알고 있다. 그러나 어느 대학에서나 학습 효과를 높이고, 수업의 질을 높이고, 캠퍼스 내의 인종 및 민족적 다양성이 모두에게 긍정적인 영향을 줄 수 있는 분위기를 조성하는 건 운영진과 교수진, 학생들의 공통적인 바람이다. 이 책에서 내가 제시하는 내용들이 수많은 캠퍼스의 학생들과 리더들이 이러한 결과를 향해 몇 걸음 더 다가가는 데 도움을 줄 수 있다면 감히 성공이라고 말할 수 있겠다.

# 강력한
# 연계 효과

2

자신이 수강하는 과목들 외에 기타 과외 활동은 온전히 학생들 자신의 몫이다. 특히 캠퍼스 내 기숙사에는 매우 활동적이고 의욕이 넘치는 학생들이 많아 돈을 벌기 위한 아르바이트를 포함해 강의실 밖의 여러 활동에 적극적으로 참여하는 경우가 대부분이며, 수강하는 과목 외에 참여하고자 하는 몇몇 과외 활동을 찾는 데 어려움을 겪는 학생은 드물다. 공공 서비스나 예술 활동, 음악, 운동, 학생들이 운영하는 신문이나 잡지, 특정한 관심사를 공유하는 사람들의 모임 혹은 종교 단체 등 모임의 성격에 상관없이 대다수 학생들은 강의실 밖에서 이루어지는 과외 활동에 열심히 참여하고 있다.

　　학생들은 이런 과외 활동 기회들을 어떻게 생각할까? 재미있게 즐길 수 있는 기회, 새로운 기술을 배울 수 있는 기회, 자신들이 받은 만큼 사회 혹은 나라에 되돌려 줄 수 있는 기회, 공연을 하거나 감독, 혹은 제작을 할 수 있는 기회, 리더십 능력을 배울 수 있는 기회 등 학생들은 자신이 참여하는 과외 활동에 각기 다른 의미를 부여한다. 심지어 학구적인 성향이 매우 강하고 까다로운 하버드에서도 대다수 졸업생들이 2학년 미국 역사 수업 시간에 배웠던 내용보다 노래를 부르거나 글을 쓰고, 신규 이민자들을 가르치는 봉사활동을 했던 경험을 훨씬 더 또렷하게 기억하고 있었다.

　　일주일은 총 168시간이다. 대부분의 캠퍼스에서 정규 학생은 보통 한 학기에 4과목을 이수하며 평균 12~18시간 동안 강의실에 앉아 수업을 듣는

다. 인류학이나 사회과학 분야를 전공하는 학생들은 대략 12시간, 물리학 분야를 전공하는 학생들은 매주 실험실에서 보내는 시간도 포함되므로 총 18시간 정도의 수업을 듣는다. 이처럼 일주일 내내 강의실 안에서 보내는 시간은 얼마 되지 않기 때문에 학생들은 대부분의 시간을 강의실 밖에서 보내게 된다.

이런 사실은 단순하면서도 매우 중요한 결과로 이어진다. 실제 졸업을 앞둔 4학년 학생들을 대상으로 한 인터뷰에서도 강의실 안에서 듣는 수업과 강의실 밖에서 참여하는 과외 활동을 효과적으로 연계시킨 학생들의 대학 생활 만족도가 훨씬 높게 나타나 효과적인 연계 활동의 중요성이 재차 확인되었다. 예를 들면 음악에 열정을 가진 학생들이 강의실 내 수업 활동이나 과외 자원봉사 활동, 혹은 그 두 가지 모두에 자신의 열정을 통합시킬 수 있는 연결 고리를 찾았을 때 전반적인 대학 생활에 대해 질적으로 월등히 우수한 만족감을 보였다.

누구나 이렇게 성공적인 연계 방법을 찾을 수 있을까? 꼭 그렇지는 않다. 그럼 성공적인 결과를 얻은 학생들은 시작부터 쉽게, 순조롭게 찾았을까? 그런 경우도 있지만 입학하자마자 처음부터 그런 생각을 하는 경우는 거의 없다. 물론 드물지만 특별히 사려 깊은 성격이라서 사전에 미리 준비해온 학생들도 있고 어쩌다 우연히 운이 좋아서 그렇게 된 경우 등 여러 가지 사례들이 있다. 지금은 보다 많은 학생의 만족스러운 대학 생활을 위해 나를 포함한 여러 교수들도 적극적으로 조언하고 나서서 강의실 안팎의 활동을 효과적으로 연계할 수 있도록 격려하고 있다. 그래서 나를 비롯한 교수진은 강의실에 모인 1학년 신입생들에게 강의실 안에서 쌓는 지식과 강의실 밖에서 참여하는 활동을 효과적으로 연계시키면 한층 더 뜻깊고 소중한 대학 생활을 보낼 수 있다는 선배 학생들의 얘기를 많이 들려주고 있다.

대학에 갓 입학한 학생들이 이런 얘기를 매우 진지하게 받아들이는 걸 보면 직접 학생들에게서 수집한 정보가 얼마나 강력한 영향력을 발휘하는

지도 짐작할 수 있다. 캠퍼스에 첫발을 디딘 학생들이 그들보다 3, 4년 먼저 대학 생활을 시작한 선배들의 실질적인 조언에 지대한 관심을 보이는 건 당연한 일이니 말이다.

어찌 생각하면 강의실 안과 강의실 바깥 활동의 연결고리를 만드는 게 중요하다는 애기가 당연하게 들릴 수도 있다. 그러나 어떻게 연계시키는지, 그게 왜 큰 도움이 되는지에 대한 구체적인 설명이 없으면 그런 제안은 그저 모호하고 추상적인 관념에 그칠 수 있으므로 다음에 나오는 몇 가지 실제 사례를 살펴보자.

# 의대에
# 갈까?

어느 대학에나 학부를 졸업하고 나면 의과 대학에 진학하겠다는 계획을 세우고 입학하는 학생들이 있다. 그들은 4년 동안 학부 생활을 하면서 의대에 진학하는 것이 옳은 선택인지, 혹은 정말 의대를 가고 싶기는 한 건지 계속 고민한다.

우리는 그런 학생들에게 건설적인 조언을 해줄 수 있어야 한다. 도움이 되는 진정한 조언은 한 사람의 인생에 깊은 영향을 끼칠 수 있기 때문이다. 시카고 출신의 한 4학년 학생은 커리어 서비스 사무실에서 큰 도움을 받은 경우이다. 그녀는 장차 의사가 되려는 꿈을 가지고 있었는데 좀 더 확신을 얻고자 강의실이 아닌 현장에서 직접 경험할 수 있는 기회를 찾아 조언을 구했다. 카운슬러는 그녀와 상담을 한 후 여름방학 동안 시카고에 있는 한 대형 병원에서 일할 수 있도록 인턴십 자리를 주선해주었다.

당시 스무 살이었던 학생은 최저 임금을 조금 웃도는 월급을 받았고, 두 가지 프로그램을 맡아 가을에 그녀가 학교로 돌아간 후에도 프로그램이 변함없이 진행될 수 있도록 여름 동안 적극 활성화시키는 업무를 받았다. 첫 번째 프로그램에서 그녀는 사소한 범죄를 저지른 10대 흡연 청소년들에게 내려지는 처벌 내용을 바꾸었다. 지금까지는 단순한 보호 관찰 처분만 내려질 뿐 특별한 학습 효과를 기대할 수 있는 프로그램은 없었기 때문에 처벌을 받은 후에도 그들 자신에게나 사회에 도움을 주는 긍정적인 결과를 얻을 수 없었다.

그래서 그녀는 가벼운 범법 행위를 저지른 청소년들이 단순한 보호 관

34

찰의 대상이 되는 것에 그치지 않고 특정 봉사 활동을 수행하도록 새로운 프로그램을 고안해서 실행에 옮겼다. 그 결과 담배를 피우는 청소년 범법자들은 흡연과 관련된 질병인 폐기종으로 죽어가는 노인들을 위해 직접 장을 보고 집으로 가져다주는 등 가까이에서 노인들을 돌보는 봉사 활동을 의무적으로 수행하게 되었다.

그녀는 두 번째로 나이에 상관없이 관상 동맥성 심장 질환에 걸릴 위험이 큰데도 자신의 건강관리에 제대로 시간을 투자하지 못하는 사람들을 대상으로 실제 심장 수술을 견학하고 그 후에는 심장 질환을 가진 환자들과 만나서 대화할 기회를 제공하는 프로그램을 고안해 적극 실시하였다.

그녀는 이렇게 여름 방학 동안 쌓은 경험이 대학에서의 학업에 관한 생각을 완전히 바꾸어놓았다고 말했다. 사실상 미래를 송두리째 바꿔놓은 셈이었다. 그녀는 원래 의대 진학을 목표로 생물학 분야에 집중했었지만 지금은 공공 정책과 공공복지, 환경 과학 분야로 눈을 돌려 열정적으로 공부하고 있다. 강의실 밖에서의 활동이 학업과 통합되는 경험을 통해 그녀는 현실에 새로운 눈을 떴을 뿐 아니라 자기가 잘하는 것과 중요하게 생각하는 것이 무엇인지 다시 한 번 깨달을 수 있었다. 여름 방학 동안 병원에서 얻은 값진 경험이 그녀에게 학업의 방향을 재구상하고 설계할 수 있는 새로운 목표와 시각을 갖게 해 주었다.

# 정치학
# 아니면 법학?

행정과 정치학 분야를 전공하던 남학생이 두 번째 사례의 주인공이다. 통상적인 입문 과목들을 수강했지만 그 과목들이 어떻게 서로 맞물리는지 명확히 감이 잡지 못했다. 그렇지만 1학년이 끝날 때쯤 되면 장차 교수가 되고 싶다는 생각이 한층 더 분명해질 거라고 막연히 생각했다. 어쨌든 성적만큼은 A가 주를 이루었으니까. 지금까지 늘 그래 왔고 자기 계획에 의문을 가져본 적은 없었지만 딱 한 가지 마음에 걸리는 게 있었는데, 바로 한 번도 다른 걸 고려해 본 적이 없다는 사실이었다.

그래서 그는 보스턴에 있는 도심 자립 단체에 참여해 그룹에 속한 사람들이 사는 낡고 허물어져 가는 주거 환경 개선을 위해 일해보기로 결심했다. 자립 단체는 정부의 생활보조금으로 살아가는 몇몇 여성들이 모여 시작한 모임으로, 그들은 주택 당국이 가장 기본적인 관리 서비스조차 제공하기를 꺼려하거나 아예 제공하지 않는 저소득층 주택단지에 살고 있었다. 단지 주변에는 쓰레기들이 마구잡이로 쌓여 있고 복도에서는 지린내가 코를 찔렀다. 그는 2학년 내내 자립 단체 회원들과 함께 그들의 주거 환경 개선을 위한 계획 수립에 매진했고, 수백 시간에 걸쳐 여러 분야의 기술자들과 건축기사들과 접촉하며 자발적으로 시간과 노동력을 무상 제공할 의지가 있는 사람들을 모집했다.

그는 이렇게 공들여 모은 자원 봉사자들과 함께 봄방학 동안 정부 보조금 지원 대상 주택들을 재단장하고 사회 기반 시설을 재정비할 계획이었다. 그런데 갑자기 한순간에 모든 계획이 딱 멈춰버렸다. 보스턴에 있는 대형 노동조합이 법원에 소송을 걸어 그가 주도한 자원봉사 단체의 활동을 금지하는 명령을 받아냈기 때문이었다. 그는 조합 측에서 기술자들이 어떤 형태로든 정부 지원 저소득층 주택단지의 환경 개선을 위한 자원봉사 활동에 참여하는 것을 불법 행위로 간주하는 법률을 제시했다고 말했다. 노동조합 측 변호사는 또 기술자들이 특정 커뮤니티 프로젝트에 돈을 받지 않고 무료 봉사하는 것을 금지하는 공정 근로기준법도 언급했다고 말했다. 그로서는 전혀 예측하지 못한 일이었다. 그는 자기가 오랜 시간 심혈을 기울여 추진해왔던 일이 불법 행위였다는 사실을 깨닫고 엄청난 실망을 금치 못했다.

그 일을 겪으면서 그는 후생 경제학과 소득 분배, 노동 정책에 관한 과목들에 새롭게 눈을 떴고, 졸업 후 노동법에 깊은 열정을 품고 법대에 진학했다.

이 사례가 더욱 눈에 띄었던 이유는 내 주변에도 법대 진학을 희망하는 유능한 학생들이 많지만 좀 더 깊이 파고들어 왜 법대에 가고 싶은지 물어보면 정확히 설명하지 못하는 경우가 많기 때문이다. 그러나 그 학생은 분명히 알고 있었다. 그가 강의실에서 보낸 시간과 강의실 밖 활동에 쏟은 시간들이 극적으로 연결되면서 값진 경험을 할 수 있었고, 과목 선택에도 큰 변화를 가져왔다. 결과적으로 그가 강의실 안팎에서 추구했던 것들이 통합되면서 사회에 도움이 되는 시민이 되고 싶다는 열망을 품게 됐고 궁극적으로 앞으로 걸어갈 진로를 찾을 수 있었다.

이처럼 그의 인생에 지대한 영향을 끼친 강의실 바깥의 경험이 맨 처음 시작된 바탕에는 동료 학부생들이 조직하고 운영하는 기존의 학생 그룹들이 있었다. 그의 사례는 학부생들이 강의실 안과 밖에서의 경험을 효율적으로 통합시킬 수 있도록 대학이 제도적으로 도와줄 수 있는 방법이 무엇인지도 생각하게 한다.

# 자존감과
# 응원전

내가 최근에 진행했던 세미나에는 일곱 명의 학부생이 참가했는데 일곱 명 모두 앞으로 교육 분야에 종사하겠다는 의지를 가지고 있었다. 교수직을 원하는 학생들과 연구직을 희망하는 학생들도 있고, 정책 분야에서 일하고자 하는 학생들도 있었다. 학생들 사이의 의견이 달라도 아무 문제 없고, 때로는 토론이 길어져 저녁 식사까지 이어지는 편안한 분위기의 소규모 세미나로 나 역시 매우 즐겁게 이끌었다.

학생들은 저마다 정규 학부생이 들어야 하는 수업량을 소화하고 있었고 대다수 학생은 시간을 쪼개 주변에 있는 공립 초등학교에서 자원봉사를 하고 있었다. 우리는 세미나 모임에서 학생들의 실제 자원봉사 경험에 관해 여러 차례 얘기를 나누었고 그런 실전 경험들이 어떻게 강력한 영향력을 발휘하는지 분명히 느낄 수 있었다.

나는 총 13주에 걸쳐 진행되는 세미나에서 첫 11주 동안 읽어야 하는 만만치 않은 양의 도서 목록을 작성했다. 그리고 학생들에게 매주 읽어야 하는 할당량과 정기적인 보고서 작성 외에 마지막 2주를 위한 추가 도서 목록 및 보고서 과제 선정에 참여하도록 유도했다. 나와 동료들은 종종 이런 방식으로 세미나를 구성하는데 이렇게 하면 세미나 기간 내내 학생들의 참여도를 높이는 데 매우 효과적이었다.

세미나 기간 중에 공립 초등학교에서 자원봉사를 하고 있던 학생들은 봉사 활동 중에 마음에 걸렸던 특정 주제를 제시하며 거기에 관한 책들을 찾아보자고 적극 권장했다. 그들은 청소년 및 사춘기 이전의 어린 학생들이 자존감을 높일 수 있는 방법에 특별한 관심을 보이며 그에 관한 책을 읽고 토론하길 원했는데, 이런 주제에 대한 학생들의 관심은 학교에서 직접 봉사 활동을 하며 보고 느낀 경험에서 우러난 것이었다.

봉사 활동에 참여했던 학생들은 학교 측에서 어린이들이 자존감을 높이는 데 도움을 주기 위해 노력하고 있으며 학교 운영진이 좋은 의도를 갖고 있는 건 분명하다고 믿었다. 그러나 어린 학생들의 자존감 향상을 위해 학교 측에서 실시하는 방법은 자존감과 자부심에 관해 교실에서 얘기를 나누는 게 다였다. 교실마다 열한 살짜리 학생들이 차례로 한 사람씩 일어나서 "나는 똑똑해요. 나는 뭐든지 할 수 있어요. 나는 달라요."라고 말하는 식의 형식적인 토론이 이어졌는데, 세미나 참석 학생들은 이를 '응원전'이라고 불렀다. 그들은 학교 측의 의도를 이해할 수 있고 이런 방법이 보다 광범위하고 실질적인 계획의 일부분이라면 굳이 반대하지 않는다고 말했다. 그러나 학생들이 깊은 실망감을 느끼는 부분은 어린 학생들이 어려운 과제에 맞닥뜨려 이를 해결하기 위해 열심히 애를 쓰고 진정으로 그 문제를 정복할 때까지 옆에서 도와주고 격려하며 인내하고, 인내하고, 또 인내하는 선생님은 없었다는 점이었다.

세미나 참가 학생들은 학교의 운영진이 뭔가 잘못 알고 있는 건 아닌지 궁금해했다. 그들은 진정한 자존감이란 스스로가 실제로 뭔가를 정복했을 때 얻을 수 있다고 굳게 믿었으며, 백인이 아닌 세 명의 학생들이 특히 열정적으로 목소리를 높이며 각자 어린 시절의 직접적인 경험을 토대로 한 의견들을 쏟아냈다. 그 결과 우리 세미나의 마지막 2주를 위한 독서 목록은 자존감의 심리학에 관한 상당한 양의 책들로 채워졌다. 학생들은 어린이들에게 인내심을 가르치는 게 쉽지 않은 일이지만 어린이들이 어려운 과제를 성취하기 위해 인내심을 가지고 끊임없는 노력을 쏟을 때 자존감이 높아진다는 결론을 얻었다. 어린이들은 열심히 노력해서 마침내 잘할 수 있는 방법을 터득했을 때 깨달음을 얻고, 그런 깨달음은 진정한 자신감을 발달시키는 원동력이 된다. 껍데기뿐인 응원전은 아무런 도움이 되지 않는다. 내 세미나에 참가했던 학생들은 강의실 밖에서 자원봉사를 하며 얻은 경험을 통해 스스로 그런 결론에 도달했고, 세미나에서 방대한 독서와 토론을 통해 마음속에 더욱 분명하게 새길 수 있었다.

# 발레, 칠면조 뼈, 그리고 수술

　마지막 사례는 학생의 얘기를 그대로 옮겨보겠다. 이 사례는 학업과 과외 활동 연계의 중요성뿐만 아니라 유용한 조언이 얼마나 중대한 영향력을 갖는지에 대해서도 생각하게 한다. 인터뷰에서 그녀가 들려준 이야기를 조금 압축해 소개한다.

　"대학에 입학할 때까지 오랫동안 발레를 했지만 생화학에도 관심이 많았어요. 그래서 대학에서는 화학 분야를 집중적으로 공부하고 대학 발레 그룹에 가입하기로 했죠. 발레와 공연을 계속하고 싶은 마음이 컸지만 종종 피로 골절과 같은 사소한 부상에 시달렸고 다른 여자 무용수들도 비슷한 상황을 겪고 있다는 걸 알게 된 후에 그 이유가 궁금해지기 시작했어요. 내가 생각할 수 있는 건 그저 무용수들의 다리뼈에 과도하게 무리가 가기 때문이 아닐까 하는 추측이 전부였어요. 그러다 우연히 지도 교수님에게 내가 겪고 있는 상황에 대해 얘기하게 됐는데 교수님께서 내 인생을 완전히 바꿔놓은 제안을 하셨어요.

　"그렇다면 말이야, 네가 겪는 발레 딜레마를 학과 수업 중 연구 주제로 삼으면 어떻겠니?"

　그리고 연구 프로그램 장학금을 신청해보라는 조언도 하셨어요. 연구에 필요한 비용을 일부라도 부담할 수 있으니까요. 뿐만 아니라 과도한 스트레스가 무용수의 다리뼈에 미치는 영향에 대한 의문을 탐색하는 데 도움을 받을 수 있는 교수님을 찾는 방법에 대해서도 곰곰이 생각하게 이끌어주셨어요.

그 결과 제 연구에 꼭 맞는 교수님을 찾았어요. 정형외과적 스트레스가 골격 발달에 미치는 영향을 연구 중인 생물학부의 교수님 한 분을 알게 되었거든요. 그분을 찾아가서 과외 활동으로 발레와 무용을 하다 보니 골격 발달의 생물학적 구조와 골격 부상 및 트라우마에 대해 깊은 관심을 갖게 되었다고 설명하고, 1학년 때 생물학 과목 2개를 들었다고 말씀드렸죠.

생물학 교수님은 내 제안에 동의하셨지만 한 가지 조건이 있었어요. 교수님은 당시에 돼지 뼈에 관한 연구를 진행 중이었고 돼지 다리뼈에 미치는 부상의 영향에 관해 함께 연구하자고 하셨죠. 그게 시작이었어요.

2학년 되고 나서 다리 부상을 극복하고 다시 발레를 하기 위해 계속 노력했고 그때 중대한 변화를 주기로 결심했어요. 생물학에 집중하고 칠면조를 연구 대상으로 삼기로 마음먹은 거죠. 그래서 다섯 마리의 칠면조를 대상으로 운동이 골격 성장에 주는 영향을 조사하는 프로젝트를 구상했어요. 물론 진짜 살아있는 칠면조였죠. 시간이 갈수록 연구 내용을 점점 더 깊이 이해하게 됐고, 3학년 초반에 교수님은 정형외과적인 수술과 골격 성장에 관한 프로젝트를 진행 중인 다른 교수님을 소개해주셨어요. 칠면조의 골격에서 일어나는 미세구조의 변화를 관찰하는데 평일 저녁 시간과 주말까지 온통 쏟아 붓는 나를 보고 가족들은 상당히 놀라워했어요.

4학년이 되어 학위 논문을 쓰기로 결정했을 때 멘토 교수님 두 분을 통해 세 번째 교수님으로 현직 외과 의사 선생님을 소개받았어요. 그리고 논문 작성의 일환으로 의대에서 직접 척추 수술도 했어요. 물론 칠면조를 대상으로요. 이 모든 프로젝트를 진행해 본 경험 덕분에 결국 정형외과 의사를 목표로 삼게 됐고 몇 군데 의대에 지원서를 넣었어요.

과외 활동으로 선택한 발레가 학업적으로 집중하고 싶은 목표를 찾게 해주었고 결과적으로 아주 큰 의미를 안겨주었죠. 그리고 그 과정에서 세 분의 교수님과 친분을 쌓았을 뿐만 아니라 내가 의대에 가고 싶은 이유를 분명히 깨닫게 됐고, 그런 수술이 왜 내게 특별한 의미가 있는지도 잘 알고 있어요.

어느 의대에 들어가든 정말 잘할 자신 있어요. 그리고 그런 결정이 학부생 때 얻은 많은 정보와 실제 경험을 바탕으로 한 결정이라는 사실이 무엇보다 중요한 것 같아요. 물론 누구나 돼지 뼈와 칠면조 다리뼈에 특별한 관심을 갖지는 않겠지만 내게는 무엇과도 바꿀 수 없는 소중한 경험이었어요."

이처럼 학생들이 들려준 경험담을 요약하자면 강의실 안과 밖에서의 활동을 성공적으로 통합시켰던 학생들이 커다란 수확을 얻었다고 말할 수 있겠다. 대학을 운영하거나 가르치는 일에 종사하는 우리들은 학생들에게 재정 지원 패키지에 관한 정보를 알려주고 있다. 그러나 우리는 그 외에도 모든 학생들이 '교육적인 종합 패키지'를 구축할 수 있도록 도와주어야만 한다. "우수한 학생들을 입학시키고 학생들의 대학 생활을 방해하지 맙시다."라고 말할 게 아니라, 가장 건설적인 방법으로 우리 학생들의 대학 생활에 개입해서 그들이 이처럼 영향력 있는 연계성을 만들어갈 수 있도록 도와주어야 할 것이다.

# 3

## 학생들의
## 제안

학생들이 인터뷰에서 우리에게 들려준 대부분의 얘기들은 대학에서 맞닥뜨릴 선택들에 어떻게 대처할지 고민하는 다른 학생들에게 많은 도움이 될 수 있다. 고등학교 때 공부하던 방법이 대학에서도 통할까? 공부할 게 많은데 학업 외에 다른 활동에 참여할 시간이 있을까? 그런 과외 활동 때문에 학점이 떨어지지나 않을까? 수업을 따라가기 힘들면 어떻게 하지, 도움을 구할 데가 있을까? 나와 완전히 다른 성격의 룸메이트를 만나면 어떻게 하지? 이런 갖가지 질문들과 관련해서 인터뷰에 응한 학생들은 좋건 나쁘건 각자의 경험들을 바탕으로 해주고 싶은 얘기들이 무척 많은 것 같았다.

# 시간
# 관리

"내 경우 고등학교 때는 문제가 없었던 부분들이 대학에 와서 문제가 되었어요. 학교에서 내주는 방대한 자료의 양과 그 속도에 전혀 준비되어 있지 않아서 속수무책이었거든요. 다소 충격을 받을 정도였죠. 고등학교 때는 빨리 이해가 되던 것들도 이제는 그렇게 쉽게 이해가 되지 않더군요.

게다가 대학에서는 매일 나를 체크하는 사람이 아무도 없었고 엄청난 양의 자료를 체계적으로 공부하는 방법을 배운 적이 없었기 때문에 시작이 좋지 않았어요. 처음에는 효과적인 공부법을 몰라서 한동안 한 과목을 집중적으로 파다가 일주일 후에는 그 과목을 덮어놓고 다른 과목에 집중하고, 그다음 주에는 그 과목을 덮어놓고 또 다른 거로 넘어가는 식으로 공부했어요. 그래서 각 과목마다 지속성이 없었는데 알고 보니 그게 제일 큰 문제였어요. 어쨌든 이제는 내 문제가 무엇인지 깨달았으니 올해에는 매일매일 각 과목에 고르게 시간을 투자할 각오를 다지고 있어요."

고등학교에서 대학교로 넘어가는 과정이 순조로운 학생들도 있는 반면 많은 문제에 부딪히며 어려움을 겪는 학생들도 있는 이유는 무엇일까? 겉으로는 다들 비슷해 보이지만 속을 들여다보면 빠르게 대학 생활에 적응해 학업적으로나 개인적으로 높은 성취도를 보이는 학생들에게는 잘 적응하지 못하고 고전하는 학생들과 다른 어떤 특정한 행동 패턴이 있는 걸까?

이런 의문을 계속 탐색하기 위해 콘스턴스 뷰캐넌Constance Buchanan을 비롯해 4곳의 대학교에서 모인 동료 교수들이 2학년 학생들을 두 그룹으로 나누어 심층적인 인터뷰를 진행하는 데 필요한 상세한 계획서를 준비했다. (이 장의 첫 부분에 실린 인용문은 그들의 인터뷰에서 나온 이야기이다.) 한 그룹은 학업적으로나 사회적으로 모든 면에서 대학에서의 첫 1년을 성공적으로 보낸 학생 그룹이고, 다른 그룹은 힘들게 고전하며 보낸 학생들이었다. 인터뷰 진행자의 목적은 그들이 막 대학에 발을 들인 신입생이었을 당시 고등학교에서 대학교로 넘어가는 과정을 어떻게 생각했는지 알아보는 것이었고, 두 그룹으로 나눈 2학년 학생들에게서 몇 가지 중요한 차이점을 발견하기를 기대했다. 인터뷰를 시작하고 제일 빨리 발견하게 된 첫 번째 차이점이 있었는데, 딱 한 단어에 불과한 그 차이점이 핵심 요인임을 깨달았다. 고등학교에서 대학교로 넘어오는 과정을 매우 안정적으로 넘긴 2학년 학생들의 얘기에서는 자연스럽게 수시로 등장한 단어였지만, 반대로 어려움을 겪으며 2학년이 된 학생들은 그 단어를 거의 입에 올리지 않았고 심지어 인터뷰 진행자가 유도를 해도 언급하지 않았다.

그 중요한 한 단어는 바로 시간이었다. 1학년을 알차게 보낸 2학년들은 대부분 입학하자마자 시간을 어떻게 쓸 것인지 곰곰이 생각해야 할 필요성을 깨달았다고 말했다. 그들은 시간 관리와 시간 배분에 관해 얘기했고 시간을 매우 중요한 자원으로 생각하고 있었다. 반대로 힘들게 고전하며 1학년을 넘긴 2학년들은 어떤 방식으로도 시간에 관한 얘기는 하지 않았다.

1학년 학생들 중에 개인적으로나 학업적으로 만족스럽고 즐거운 대학 생활을 보낼 수 있도록 시간을 적절히 배분하지 못해 힘들어하는 학생들이 있다는 얘기를 지도 교수들에게 들은 적이 있다. 효과적인 시간 관리법을 터득한 학생들은 대개 처음 대학에 들어왔을 때 그 부분에 많은 노력을 기울인 학생들이다. 결코 누구나 쉽게 할 수 있는 건 아니며 체계적인 노력이 필요한 일이지만 고등학교 때와 비교해 엄청난 노력과 준비가 요구되는 대학의 학습량을 고려하면 시간 관리의 중요성은 어느 때보다 더욱 중요하고 절실하다고 할 수 있다. 그래야 과목마다 쏟아지는 엄청난 양의 학습 자료를 마주하고 좌절감을 느끼지 않을 수 있기 때문이다. 4학년들에게 신입생들을 위해 어떤 조언을 해주고 싶은지 물으면 효과적인 시간 관리법을 터득하는 게 중요하다는 답변을 자주 듣게 되는데, 나 역시 매우 현명한 조언이라고 생각한다. 신입생들이 어떻게 시간을 관리하느냐에 따라 성공적인 대학 생활을 하는 학생과 힘겹게 대학 생활을 하는 학생으로 나뉜다고 말해도 과언이 아닐 것이다.

# 학업과 기타 과외 활동 균형 잡기

한 2학년 학생은 뷰캐넌과 동료 교수들에게 이렇게 말했다.

> "여기서는 모든 게 너무 빨리 지나가요. 가끔은 잊어버릴 때도 있지만, 집에서였다면 아마 한 달 내내 신나게 할 일을 여기서는 하루에 다 해치우는 기분이 들어요. 그 정도로 빡세다는 뜻이죠. 그런데 그런 사실은 방학 때 집에 돌아가서 다음날 오후 1시가 되도록 늘어져 자고 일어나기 전까지는 미처 깨닫지 못했어요. 밤 10시 30분이면 잠자리에 들고 다음 날 아침 8시에 일어났던 고등학교 생활은 까마득한 옛날얘기예요. 대학에 와서는 새벽 1시가 넘어야 잠드는데 매일 아침 9시에 수업이 시작되기 때문에 8시 30분이면 벌떡 일어나게 되죠. 그리고 그 때부터 시작해 강의실에서 스터디그룹으로, 아르바이트를 하러 도서관으로, 식당으로, 친구들을 만나러, 공연하러 다니느라 하루가 눈코 뜰 새 없이 정신없이 지나가요. 실로 엄청난 변화죠."

매년 새로 입학한 학생들이 나를 찾아와 조언을 구하면 나는 그들의 선배들 얘기를 통해 얻은 조언, 즉 대학 커뮤니티를 최대한 활용하라고 격려해주며 무엇보다도 수강 과목 외에 최소한 한 가지 이상의 과외 활동에 깊이 있게 참여하라고 강조한다. 돈을 벌어야 한다면 급여를 받는 아르바이트가 될 수도 있고 다른 학생들과 함께 하는 활동일 수도 있으며, 운동팀

51

이나 자원봉사에 참여할 수도 있다. 대부분의 학생들은 내 말을 이해하지만, 재차 설득해야 겨우 받아들이는 학생들도 있다. 이제 막 대학에 들어온 신입생들은 잘해보려는 의욕이 충만하고 동시에 잔뜩 긴장하는 학생들도 있어서 간혹 매주 12시간~15시간씩 강의실에 앉아 수업을 하고 나머지 시간은 혼자 방에 틀어박혀 공부하는 게 이상적인 대학 생활이라고 생각하는 학생들도 있다.

이런 학생들은 대개 행복감을 느끼지 못하며, 혼자 있는 시간이 너무 많아질 위험이 있다. 이런 패턴을 형성하는 학생들을 볼 때마다 조심스럽게 물어보면 거의 언제나 똑같은 반응이 돌아왔다.

"내게는 학과 공부가 무엇보다 중요하기 때문에 그 외의 기타 활동은 학업에 방해가 될 뿐이에요."

토마스 안젤로Thomas Angelo의 지도로 하버드 학부생들을 상대로 실시한 폭넓은 연구 조사 결과 덕분에 나를 포함한 다른 지도 교수들도 그런 학생들을 도와줄 수 있는 방법을 알게 되었다. 지금은 기타 과외 활동이 강의실에서 이루어지는 정규 학업 성취도에 미치는 영향에 관해 분명한 데이터가 나와 있다. 학과목이 아닌 한두 가지 과외 활동에 일주일에 20시간 정도를 투자할 정도로 열심히 참여한다 해도 학점에는 거의, 혹은 전혀 지장을 주지 않는다는 것이 대체적인 결과였다. 그러나 그런 열정적인 참여는 대학 생활에 대한 전체적인 만족도와 매우 밀접한 연관이 있으며, 열심히 참여할수록 만족도 또한 높아지는 것으로 나타났다.

지금부터 학생들의 강의실 밖 과외 활동 참여도에 관해 간략하게 검토하고자 한다. 이 내용은 한 캠퍼스에서 얻은 결론을 바탕으로 하며 다른 캠퍼스에서의 상황은 다소 다를 수도 있지만, 확고한 결론을 암시하는 주요한 상관관계를 증명하는 데 충분하다고 믿는다.

첫째, 급여를 받는 일을 생각해보자. 하버드 학부생들의 절반 이상은 돈을 벌기 위해 아르바이트를 한다. 학업을 중요시하고 안 하고 와는 상관없이, 남학생보다 여학생들이 더 많았고 저학년보다 고학년들이 더 많이 아르바이트를 하는 것으로 나타났다.

그들은 매우 다양한 직종에 종사하는데 지금까지는 행정/사무직이 가장 많았고, 연구/데이터 분석이 그 뒤를 잇는다. 사무직은 남학생보다 여학생이 많고, 남학생들은 여학생들에 비해 청소와 관리 등의 잡일을 하는 경우가 많았다. 일하는 시간은 대개 일주일에 7-12시간 정도였다.

그 외에 컴퓨터와 기술 분야에서 일하는 학생들의 숫자가 꾸준히 늘고 있으며 돈을 벌기 위한 목적과는 별도로 순전히 정보를 얻고 배우기 위해 일하는 학생들도 많았다. 또한 새로운 기술 개발이나 기존의 기술을 활용한 새로운 적용법 개발 지원, 혹은 캠퍼스에서 학생들이 학업에 기술을 적용할 수 있게 도와주는 임무를 맡는 학생들의 수도 점차 증가하고(현재 55%에 육박) 있다.

그러나 급여를 받는 아르바이트와 학점 사이에 중요한 연관성은 보이지 않았다. 일을 많이 하는 학생과 적게 하는 학생, 혹은 전혀 아르바이트를 하지 않는 학생들 사이의 학점 패턴이 비슷하게 나타났고, 아르바이트 일정을 융통성 있게 조정할 수 있는 학생들과 그렇지 않은 학생들 사이의 학점 분포도 거의 동일했다.

아르바이트를 하는 학생들과 하지 않는 학생들은 전체적인 대학 생활에 대해 동일한 수준의 만족도를 나타냈고, '학과목의 전체적인 질'에 대한 평가도 아르바이트를 하는 학생들과 하지 않는 학생들의 평가가 비슷했다. '학과목의 난이도에 대한 전체적인 만족도'에 대한 평가 역시 별 차이가 없었고, '친구 관계에 대한 전반적인 만족도'와 '연애에 대한 만족도'에 대해서도 비슷한 반응을 보였다.

한편 학생들에게 아르바이트 경험에 대한 만족도를 물었을 때 뜻밖에 놀라운 두 가지 결과가 나타났다. 첫째, 아르바이트를 하는 학생들은 평균적으로 주당 근무 시간이 많을수록 그 경험을 대학 생활의 필수적인 한 부분으로 받아들이고 만족스럽게 생각했다. 둘째, 아르바이트를 하는 전체 학생의 3/4이 아르바이트가 대학 생활에 대한 전체적인 만족도에 긍정적인 효과를 준다고 대답했고, 오로지 6%만이 부정적인 영향을 준다고 생각했다. 아르바이트가 긍정적인 영향을 준다고 대답한 여학생이 남학생보다 많았다.

그렇다면 급여를 받는 아르바이트나 대학 간 운동경기를 제외하고 강의실 밖에서 진행되는 기타 과외 활동의 경우는 어떨까? 기타 과외 활동의 평균 참여율은 80%로 나타났는데, 여학생이 86%, 남학생이 76%였다. 이와 같은 성별 차이는 대학 간 운동경기에 참여하는 남학생들이 숫자가 더 많기 때문이지만 지난 10년간 대학 간 운동경기에 참여하는 여학생들의 수가 늘어나면서 그러한 차이도 크게 줄어들었다.

전체 응답자의 70%가 2가지 이상의 과외 활동에 참여하고 있었고 14%는 4, 5가지 활동에 참여하고 있었다. 종류와 관계없이 과외 활동에 참여하고 있는 학생들 가운데 68%가 주당 평균 6시간 이상을, 34%는 주당 12시간 이상을 과외 활동에 쏟고 있었다.

급여를 받는 아르바이트와 마찬가지로 과외 활동에 참가하는 것과 학업 성적 사이와 특별한 상관관계는 없는 것으로 보였다. 과외 활동에 참여하는 학생들과 참여하지 않는 학생들 모두 비슷한 성적 분포를 나타냈고, 심지어 과외 활동에 남들보다 많은 시간을 투자하는 학생들도 적은 시간을 투자하는 학생들에 비해 특별히 낮은 성적을 기록하지도 않았다.

강의실 밖에서 참여하는 또 다른 형태의 활동으로 자원봉사를 들 수 있다. 매 학기마다 전체 학부생의 25%가 자원봉사 활동에 참여하고 있으며, 65%가 대학에 다니는 동안 어느 시점엔가는 자원봉사 활동에 참여했다. 남학생보다 여학생 자원 봉사자들이 더 많고 신입생에 비해 고학년 학생들이 훨씬 더 많았으며, 아르바이트를 안 하는 학생들에 비해 급여를 받으며 아르바이트를 하는 학생들이 시간을 쪼개 자원봉사에 참여하는 경우가 더 많았다.

자원 봉사자들은 대개 주당 3~6시간을 봉사 활동에 투자해 평균적으로는 5시간을 살짝 웃돌았고 자원 봉사자들 중 46%가 어린이와 청소년 대상의 봉사 활동에, 13%는 노숙자와 빈민층 대상, 9%가 장애인 대상, 그리고 10%가 노년층 대상의 자원봉사 활동에 참여했다.

학생들은 왜 자원봉사를 할까? 학생들은 '다른 사람들을 도와주는 게 즐거워서', '받은 만큼 뭔가 돌려주고 싶어서' 혹은 '조금이라도 나은 세상을 만들기 위해서'라고 대답했고 현재 자원봉사 활동에 참여하고 있는 학생들의 96%가 앞으로도 계속할 생각이라고 말했다.

급여를 받는 아르바이트나 기타 과외 활동들과 마찬가지로 자원봉사와 학업 성적 사이에도 눈에 띄는 상관관계는 보이지 않았다. 평균적으로 봤을 때 봉사활동을 하는 학생들이 그렇지 않은 학생들보다 살짝 더 높은 성적을 기록하고 있었다. 봉사활동이 학업 성적에 어떤 영향을 미치는지 물었을 때 학생들은 부정적인 영향은 전혀 없다고 대답했고, 봉사활동이 사회생활과 대학 생활의 전체적인 만족도에 미치는 영향은 어떤지 묻자, 모든 것을 고려하면 양쪽 모두에 긍정적인 영향을 주었다는 반응이 압도적이었다.

대학 간 운동경기를 제외하고 어떤 과외 활동도 낮은 학업 성적으로 이어진 경우는 없었다. 다만 대학 간 운동경기에 참가하는 우리 대학의 운동선수들의 경우 일반 학생들에 비해 평균을 살짝 밑도는 성적을 보였다. 다른 캠퍼스들을 조사해봤을 때도 대부분 이와 비슷한 결과가 나타났다. 운동선수들 사이에는 스포츠에 투자하는 시간과 학업에 열중하는 시간 사이에 작지만 부정적인 상관관계가 분명히 존재하는 것 같았지만 여기서 꼭 짚고 넘어가야 할 흥미로운 상충관계도 있다. 학교 대표로 활약하는 운동선수들이 평균보다 조금 낮은 학업 성적을 기록하고 있을지언정 캠퍼스에서 누구보다 활기차고 즐겁게 대학 생활을 하는 학생 그룹이라는 점이다.

친구들도 많을뿐더러 특히 학교와 돈독한 유대감을 느끼고 있었다.

지금까지의 내용을 요약해보면, 두 가지 결과가 두드러진다. 학생들이 학업과 상관없이 참여하는 과외 활동을 모두 합하고, 급여를 받는 아르바이트와 과외 활동, 자원봉사 활동과 운동에 투자하는 시간들을 모두 종합해 봤을 때 갖가지 과외 활동에 참여하는 정도와 학업 성적 사이에는 특별한 상관관계는 없었다. 그러나 과외 활동 참여도와 대학 생활의 만족도 사이에는 분명한 상관관계가 존재했다. 강의실 밖에서 이루어지는 과외 활동에 참여하는 학생들이 참여하지 않은 소수의 학생들에 비해 훨씬 높은 만족도를 보였다.

# 예술 활동
# 참여하기

"나는 과외 활동으로 연기 쪽은 아니고 기술과 안무 분야에서 일하
며 공연 예술 분야에 참여하고 있어요. 이곳에서의 활동은 신입생 때
는 예상치 못했던 중대한 영향을 미쳤죠. 연극부Dramatic Society나 실
험 극단Experimental Theater에서 하는 일과 학업 사이에 뜻밖의 연결고
리를 찾을 수 있었거든요. 한 가지 예를 들어 볼게요. 나는 역사와 문학
을 공부하고 있어요. 어느 날 수업 중에 에드워드 올비Edward Albee의
최근 두 작품에 관해 토론을 했는데 그 작품들의 조직 구조가 19세기
에 쓰인 연극들과 얼마나 다른가에 관한 얘기가 나왔어요. 나는 전에
실험 극장에서 올비의 작품 제작에 참여해 열심히 일했던 경험이 있었
기 때문에 수업 시간에 그 작품에 관한 의견들을 다른 학생들과 공유
하는 게 매우 즐거웠어요.

잘난 척하는 것처럼 들릴 수도 있지만, 연극 제작에 꾸준히 참여해
온 덕분에 어쩌면 올비의 작품 구조에 관해서는 담당 교수님보다 더
잘 알고 있을지도 모른다는 생각도 들었어요. 물론 교수님도 해박하시
지만 난 줄곧 그 작품 속에 살면서 수없이 곱씹었고, 실제로 무대에 올
리는 과정에서 얻은 것도 많았거든요. 사람들이 서로 다른 과외 활동
들이 '딱 맞물린다'라고 말하는 의미가 바로 그런 게 아닐까 생각해요.
내 경우는 극단 활동 덕분에 모든 게 통합되었죠.

그렇지만 극단 활동에 참여하는 모든 학생들과 친구가 된 건 아니에
요. 사실 별로 사이가 좋지 않은 학생들도 있어요. 그래도 일주일에 여

러 차례 만나서 연습하는 동안 대여섯 명의 친구들을 사귀게 되었고 계속 친하게 지냈어요. 그 친구들뿐만 아니라 극단의 유니폼을 입는 순간 이 커뮤니티의 일원이라는 예기치 않은 소속감까지 갖게 됐고 행복에 대한 내 생각이 송두리째 바뀌었어요."

하나 혹은 그 이상의 예술 활동에 참여해 상당한 열정을 쏟는 학생들이 많다. 어느 대학에서나 예술 분야의 과외 활동은 학생들 사이에 매우 큰 인기를 끌고 있으며 단순히 숫자상으로 보면 스포츠나 정치보다 예술 활동에 참여하는 학생들이 더 많다. 최소한 내가 다녀본 대학들은 거의 다 그랬고 자원봉사 다음으로 학생들이 가장 열심히 참여하는 강의실 외 과외 활동이었다.

예술 활동의 범위를 폭넓게 정의해서 음악, 노래 모임, 오케스트라, 실내악, 춤, 드라마 공연도 포함하면 하버드에 다니는 전체 학부생의 절반 가까운 숫자가 대학에 다니는 동안 언젠가는 참여하게 된다고 볼 수 있다.

거기에 글쓰기와 감독, 제작, 그리고 음악과 공연, 무용 프로그램을 위한 기술 작업까지 포함한다면 참여 학생의 비율은 절반을 훌쩍 넘긴다. 학생들 각자가 시간을 어떻게 쓰고 있는지 따져본다면 약 35%에 달하는 학생들은 자신이 참여하고 있는 기타 과외 활동 중에서 예술 활동 분야에 투자하는 시간이 가장 크다는 사실을 발견할 것이며, 여기에는 기획과 오디션, 리허설과 실제 공연까지 모두 포함된다.

학생들은 캠퍼스 안에서 '놀랄 정도로 활성화된 예술계'에 열광적인 반응을 보이는데 이러한 분위기는 다른 캠퍼스들도 비슷했다. 학생들에게 예술은 즐거움과 학습의 중요한 원천이다. 이처럼 어느 대학에서나 학생들이 어떤 형태로든 예술 활동에 참여하다 보면 자신이 흥미를 느끼는 과외 활동과 학업 사이에 연결고리를 찾을 수 있는 기회를 발견할 수 있으므로 학생들이 예술 분야에 참여해 활동하는 것을 특별하게 생각하는 이유에 대해 찬찬히 생각해 볼 필요가 있다.

첫 번째 이유는 대다수의 학생들이 예술 활동을 통해 순수한 즐거움을 느끼기 때문인데, 이는 예술의 대표적인 기능이기도 하다. 이런 즐거움은 강의실 외의 음악 관련 활동을 강의실 내에서 공식적으로 듣는 음악 강의와 연결해야 한다는 부담과는 아무런 상관이 없다. 그냥 있는 그대로의 예술 활동 자체가 학생들에게 즐거움을 주고 학업 부담으로 인한 심적 스트레스에서 잠시나마 벗어날 수 있게 해주는 것이다. 노래나 연기, 감독, 무용, 혹은 악기 연주를 통해 성취감과 즐거움, 해방감을 느낄 수 있으며 '연구조사 논문을 작성하는 것과는 사뭇 다른 또 다른 창작 활동'이라고 많은 학생이 입을 모았다.

학생들이 제시한 두 번째 이유는 예술 활동이 강의실 안에서의 학업과 강의실 밖 과외 활동 사이의 연결고리를 찾는 데 어떻게 도움을 주는지를 좀 더 자세히 설명해준다. 인터뷰 대상자 중 예술 활동을 하며 느끼는 개인적인 즐거움과 공식적인 학업 내용에 연관성이 있다고 답한 학생들의 수는 놀랄 정도로 많았다. 안톤 체호프Anton Chekhov나 아서 밀러Arthur Miller의 작품 공연에서 감독이나 연기, 혹은 '기술적인 분야'에 참여한 덕분에 얻은 통찰력은 정규 수업을 이해하는 데 큰 도움을 주고, 연극 제작에 직접 참여한 경험은 단순히 수업 시간에 희곡 한 편을 읽는 것과는 비교할 수 없을 만큼 글쓰기와 역사, 심리학, 물리적 환경, 특정 시대의 문학에 관해 훨씬 더 깊이 숙고하는 기회가 된다. 이와 비슷하게 오케스트라 단원으로서 자신들이 연주하는 음악이 탄생할 수 있었던 상황과 배경을 이해하고 작곡가의 인생과 문화까지 폭넓게 파악하고 있으면 정규 수업 내용을 더욱 풍부하게 확장시킬 수 있는 통찰력을 갖게 되는 것이 당연하며, 그 과정에서 예상치 못했던 연결고리를 발견하기도 한다. 물론 모든 학생이 그렇다고 할 수는 없지만 분명히 그런 경우들이 많다.

세 번째, 상당수의 학생들이 예술 활동에 참여하다 보면 자기 자신에 대해 배우는 부분이 있다고 대답했다. 전혀 예기치 못했던 깨달음을 얻을 때도 있고, 때로는 그런 깨달음 때문에 자신이 선택하는 과목의 종류가 달라지고 그 과목에 기대감을 갖게 됐으며, 심지어 졸업 후 진로 선택에도 영향력을 발휘했다고 말한 학생들도 있었다. 적지 않은 학생들이 인터뷰에서 예술 활동에 참여했던 경험과 공식적인 수업 내용이 인생의 '다음 단계'가 무엇인지 깨닫는 데 영향을 주었다고 말했다.

이와 같은 예술 활동과 학업 사이의 연계 효과에 관한 얘기는 수시로 등장한 내용이다. 연극이나 노래와 같은 특정 종류의 공연에 참여한 경험이 과거에는 생각하지도 못했던 어떤 가능성에 눈을 뜨게 해주었다고 말한 학생들도 많았다. 그중 한 예로 신입생 때 아카펠라 합창 그룹에 가입한 한 남학생이 있었는데 자기 목소리가 좋다는 사실은 전부터 알고 있었지만 자신감이 부족해서 대중 앞에서 공연하는 건 늘 망설이던 학생이었다. 그러던 그가 합창 그룹에 가입하고 그런 망설임을 극복했을 뿐 아니라 나중에는 대중 공연을 대단히 즐기는 수준에 이르렀다. 그는 이후에도 3년 내내 합창단 활동에 열심히 참여했고 4학년 때는 합창단 회장까지 맡았다. 그리고 4학년 때 공공정책과 공공행정으로 대학원에 지원했고 지금은 선거 정치 분야로 진출할 계획을 세우고 있다. 이 모든 것은 합창단 공연 활동을 통해 새로운 자신감을 얻었기 때문에 가능한 일이었다.

학생들이 예술 활동에 열정적으로 참여하는 네 번째 이유는 자신과는 다른 출신 배경을 지닌 동료 학생들과 교류할 수 있고, 때로는 그 과정에서 깨달음을 얻는 이상적인 경우도 있기 때문이다. 학생들이 같은 목적을 위해 함께 움직일 때 가장 효과적인 상호작용이 일어나므로 강력한 학습 효과를 얻을 수 있다. 대학에서는 종종 공통의 학문적 관심사를 바탕으로 할 때 그런 경험을 하게 되는데, 예술과 관련된 과외 활동에 참여하면 이와 유사한 기회를 얻을 수 있는 가능성이 커진다. 학문적인 관심사를 비롯해 여러 면에서 각자 다른 점이 많은 동료 학생들이 모여서 성공적인 연극공연이나 콘서트, 혹은 발레 공연이라는 공동의 목표를 위해 열정적으로 함께 작업하는 기회가 주어지기 때문이다.

이런 부분을 특별히 강조한 학생들이 적지 않았는데, 그들은 다른 어떤 과외 활동보다도 예술 활동에 참여해 여러 학생들과 작업하는 동안 보기 드물게 재능 있고 다양한 동료 학생들을 통해 많은 것을 배우고 경험했다고 말했다. 그 결과 전반적인 대학 생활에 대한 평가 역시 참여도와 만족도 면에서 모두 매우 높게 나타났다.

심지어 그보다 더 많은 수의 학생들은 예술 관련 모임에 참가하고, 특히 공연 예술에 참여하면서 자기 자신에 대해, 즉 자신의 강점과 약점, 관심사에 대해 더 분명히 알게 되었다고 말했다. 특히 대학의 강도 높은 학업을 수행하면서 예술 활동에 적극적으로 참여하는 방법도 터득했다고 말했다. 주로 정규 수업에서 요구되는 건 담당 교수들이 내주는 읽기와 과제 수행이고 열심히 공부하면 물리학이나 역사, 경제 혹은 문학에 관해 많은 지식을 쌓을 수 있지만 반드시 자기 자신에 관해 더 잘 알게 된다고는 말할 수 없다. 자기가 어떤 사람인지 정확히 아는 것이 교육의 중요한 일부분이라면 예술 활동에 참여하는 것은 매우 중요하고도 꼭 필요한 기회임이 틀림없다.

# 필요할 때
# 도움 청하기

"가만히 있어도 교수님들이 내 마음을 알아줄 거라고 기대할 순 없기 때문에 결국 모든 건 내가 책임져야 해요. 내가 동료 학생들에게 해주고 싶은 말은 간단해요. 도움의 손길은 얼마든지 있지만 자기가 먼저 나서서 도움을 청해야 한다는 거죠. 그게 내가 배운 아주 중요한 교훈이에요. 학과 공부에 쩔쩔매고 있다는 사실을 감추지 말아야 해요. 불행하게도 난 그걸 깨닫는 데 아주 오래 걸렸지만요. 나와 비슷한 딜레마를 겪고 있는 학생들이 있다면 나보다 빨리 깨닫기를 바랄 뿐이에요."

어떤 학생들은 기대치에 훨씬 못 미치는 실력을 발휘하는 이유는 무엇일까? 다음의 세 가지 질문을 곰곰이 생각해보면 학생들이 각자의 상황을 분석하는 데 도움이 되고, 지도 교수들이 효과적으로 도와줄 방법을 찾는 데 도움이 될 수 있다. 첫째, 어느 특정 학생뿐만이 아니라 학업 부진을 겪는 다른 학생들에게도 공통적으로 해당되는 특정한 문제들이 있는가? 둘째, 지도 교수들은 고전을 면치 못하는 학생들을 어떻게 도와줄 수 있을까? 셋째, 학생들이 스스로를 도울 수 있는 방법은 무엇일까?

많은 학생을 인터뷰하는 동안 우리는 유능한 학생들이 대학에 와서 어려움을 겪는 이유를 대학에 적응하는 패턴과 학생들의 선택 내용에서 찾아보고자 했으며, 그 과정에서 어려움을 겪고 있음을 짐작하게 하는 두 가지 징후와 어려움의 원인으로 짐작할 수 있는 네 가지 문제를 발견할 수 있었다. 이러한 내용은 전국 대부분의 대학에서도 공통적인 부분일 것이라고 확신한다.

## 어려움을 겪고 있다는 징후

지도 교수를 포함한 교수진이 관심을 가지고 주의 깊게 지켜봐야 하는 특정 학생들을 찾아내는 건 어렵지 않다. 걱정스러우리만큼 낮은 학점을 받는 학생들은 쉽게 눈에 띄기 때문이다. 그러나 그건 빙산의 일각에 지나지 않는다. 그 정도로 한눈에 알 수는 없지만 좋지 않은 결과가 나올 것으로 예측하게 하는 두 가지 징후가 있다.

먼저 첫 번째 징후, 즉 주의를 촉구하는 빨간 깃발로 볼 수 있는 건 대학의 다른 어떤 커뮤니티에도 참가하지 않고 소외되어 있다는 느낌이 드는 학생이다. 그런 소외감을 즐기는 학부생들도 몇몇 있지만 극소수에 지나지 않는다. 지도 교수들은 약간의 관심만 기울이면 소외된 학생들을 쉽게 찾을 수 있다. 그들은 어떤 과외 활동에도 참여하지 않으며 어떤 과목의 어떤 스터디 그룹에도 속해 있지 않고 거의 매일같이 혼자서 강의실과 기숙사만 오가며 방문을 꼭 닫고 공부하고, 공부하고, 또 공부하며 낮은 점수를 올리려고 애를 쓴다. 그러나 학년이 바뀌어도 학점이 좋아지지 않는다면 행동 패턴을 바꾸지 않은 채 비효율적인 방법을 그대로 되풀이하고 있어서이다. 그런 학생들은 그저 밤늦게까지 책상에 앉아 똑같은 방법만 반복할 뿐이며 결국에는 그런 과목을 포기해버리는 경우들도 생긴다.

두 번째 징후는 선뜻 도움을 청하지 못하고 꺼리는 행동이다. 대부분의 학생들은 담당 교수나 학과 지도 교수, 조교, 혹은 기숙사 감독관에게 도움을 청하는 데 주저하지 않으며, 거의 모든 대학교와 대학에도 자체적으로 학생들에게 도움을 주고자 조직한 단체들이 있다.

그러나 남에게 도움을 요청하기를 주저하는 학생들도 제법 있다. 이렇게 고전을 면치 못하면서도 학생 스스로 도움을 구하지 않고 지도 교수나 교수진, 조교들에게 어떤 문제가 있는지 알리지 않으면 누구도 도와주기가 힘들다. 우리는 고군분투 중인 2학년 학생 40명을 인터뷰하면서 이런 부분을 강하게 제기했다. 그 결과 그중 20명은 자신이 겪고 있는 문제가 무엇인지 알리고 도움받을 수 있는 대상을 찾았고, 모두 예외 없이 학업 성적 향상을 위한 계획을 수립할 수 있었다.

그러나 끝내 자신이 어떤 문제를 겪고 있는지 알리지 않은 나머지 20명은 대부분 그대로 고립되었다. 성적은 계속 떨어졌고 다른 학생들과 교류할 기회도 점차 사라졌다. 혼자서 애를 쓰던 학생들은 상황을 호전시키기가 훨씬 더 힘들었다.

많은 인터뷰를 통해 이렇게 반복적인 패턴이 드러나면서 나와 동료 교수들은 특히 선뜻 도움을 청하지 못하고 주저하는 학생들을 포함해 좀 더 많은 학생에게 다가갈 수 있는 보다 구체적인 방법들을 수립하는데 착수했고, 일부 성과를 거두었다. 학생들이 어려움을 겪게 되는 잠재적인 네 가지 원인을 찾고 학생들이 스스로를 도울 수 있도록 지원하는 방법 수립도 여기에서 시작되었다.

## 학업 문제를 초래하는 원인들

문제가 발생하는 원인 중 하나는 형편없는 시간 관리이다. 낮은 학점을 기록하는 2학년 학생들의 공부 습관은 매우 비효율적이었고 인터뷰 진행자들에게 자신의 습관을 설명하면서 학생 스스로도 놀랄 정도였다. 이 학생들의 가장 큰 시간 활용 문제는 짧게 짧게 여러 번에 걸쳐 공부하는 학습 패턴이었는데 일정한 시간을 들여 학과목 공부에 몰입하는 게 아니라 두 가지 수업 시간 사이에 억지로 25분을 끼워 넣어 수업 준비를 하고, 저녁을 먹으러 가는 길에 잠시 도서관에 들러 30분 동안 책을 읽었다. 그리고는 저녁 내내 드라마 그룹이나 운동 연습, 혹은 합창 리허설에 참석하고 돌아와서야 다음 날 있을 수업 시간에 필요한 긴 보고서를 쓰기 시작하거나 문제풀이를 시작한다. 그러다 보니 밤새 할 일이 산더미인데 시작하기도 전에 피곤이 몰려오는 게 당연하다.

이처럼 한 가지 과제를 몇 시간 동안 집중적으로 파고들지 못하는 습관이 학생들에게 큰 타격을 입히는 게 분명한데도 학생들은 여전히 본격적인 공부를 위해 좀 더 긴 시간을 쏟는 경우가 별로 없는 것 같았다. 논문이나 보고서 작성을 많이 해본 사람이라면 여기서 10분, 저기서 15분씩 띄엄띄엄 투자해서 효과적이고 진지한 글을 쓰기란 거의 불가능하다는 걸 잘 알고 있다. 그만큼 글쓰기는 만만한 작업이 아니기 때문에 이런 식의 시간 배분으로 훌륭하게 과제를 완성할 수 있는 사람은 거의 없다. 대부분의 교수진들에게는 너무나 당연한 얘기지만 막상 학생들을 인터뷰해보니 학업 문제로 고전하면서도 그런 심각성을 잘 깨닫지 못하는 학생들이 의외로 많았다.

두 번째 원인은 학업 문제로 어려움을 겪는 학생들 대부분이 대학에서도 고등학교 때와 똑같은 방법으로 과제를 대하는 데 있었다. 일부 학생들에게는 다행히 그 방법이 통한다. 그러나 다른 학생들, 특히 적당한 노력만으로도 충분히 좋은 성적을 거둘 수 있는 고등학교에서 선두를 달리던 학생들이 계속 그런 전략을 고집하다 보면 커다란 난관에 부딪히게 된다.

어떤 학생들은 새로운 학습 습관을 개발하는 데 어려움을 겪기 때문에 늘 하던 대로 계속하는 게 훨씬 쉬운 방법이 될 수 있다. 그러나 학생들 모두가 끊임없이 단련하고 단련해야 하는 중요한 기술은 바로 '비판적 사고'이며, 이는 종종 서로 다른 입장을 보이는 다양한 자료들을 읽고 논점과 증거를 통합시킬 수 있는 능력을 뜻한다. 학과 공부를 힘들어하는 학생들은 하나같이 고등학교 때는 그런 종류의 사고 능력이 별로 필요하지 않았다고 말했지만, 대학에서는 무엇보다 중요한 능력이다.

더불어 이런 학생들을 더 힘들게 하는 건 자기와 달리 다른 학생들은 별다른 어려움 없이 대학교 생활에 순조롭게 적응한다고 생각하는 잘못된 시각이다. 자기는 고전을 면치 못하는데 친구들과 동급생들, 기숙사 룸메이트들은 차근차근 그런 비판적 사고 능력을 키워가는 것 같아서 화가 날 수밖에 없다. 한 1학년 학생은 그런 좌절감에 대해 다음과 같은 경험담을 들려주었다.

"한방을 쓰는 우리 넷은 모두 경제학을 듣고 있어요. 네 사람 모두 비슷하게 똑똑하다고 말할 수 있죠. SAT 점수도 비슷했고요. 가끔은 저녁때 다 같이 모여 수업 내용에 관해 토론하기도 하면서 같이 공부했는데 나머지 세 친구는 모두 A를 받고 나만 계속 C를 받았어요. 난 도대체 그 이유를 알 수 없었죠.

마침내 도저히 참을 수 없는 지경에 이르러 도움을 구했어요. 기숙사 감독관은 내게 수업 내용을 기록한 노트를 보여 달라고 요청했고, 내 노트를 찬찬히 살펴본 그녀는 거기 적힌 내용들을 바탕으로 몇 가지 질문을 했어요. 그러고 나서 감독관은 내가 '배운 내용을 이해하고 그대로 전달'하는 데는 강하지만 그런 내용을 새로운 상황에 적용하는 응용력이 약하다는 사실을 깨닫게 해주었어요. 하지만 대학에서 시험에 나오는 질문들은 대개 새로운 상황에 적용하는 응용문제들이죠. 모든 질문이 단순히 수업 시간에 배운 기본 내용을 되풀이하는 고등학교 때와는 완전히 달랐던 거예요.

그렇다고 고등학교를 탓할 수는 없죠. 대학에서 만난 사람 덕분에 내가 공부하는 방법을 다시 재정비할 수 있었어요. 이제는 대학 교육의 진짜 목적이 무엇인지 정말 알 것 같아요. 비록 아직 A는 받지 못했지만 최소한 B+는 확실히 받고 있어요. 내가 끝까지 도움을 청하지 않고 고등학교 때 방식 그대로를 고집했다면 어떻게 됐을지 상상도 하고 싶지 않아요."

세 번째 원인은 과목 선택이 문제가 되는 경우다. 수업을 따라가기 힘들어하거나 자기 학업 성적에 만족하지 않는 학생들은 거의 예외 없이 규모가 큰 입문 과목들을 수강하고 있었다. 왜 그런 과목을 선택했는지 이유를 물으면 어김없이 "필수 과목을 빨리해치우려고요."와 같은 대답이 돌아왔다. 매년 대학에 들어오는 신입생 중에 일부는 대학 생활을 알차게 보내기 위해서는 다음과 같은 일련의 단계를 거쳐야 한다는 믿음이라고 가지고 있는 것 같았다.

**1단계 :** 모든 필수 과목을 먼저 해치우고, **2단계 :** 집중 분야 혹은 전공을 선택하고, **3단계 :** 선택한 집중 분야의 필수 과목을 수강하고, 선택과목 즉 '쉬운 과목'들은 3학년과 4학년 때 수강하기 위해 아껴둔다.

필수 과목을 먼저 해치우는 전략으로 성공적인 결과를 얻은 학생들도 일부 있지만 학과 공부에 어려움을 겪는 학생들 역시 하나같이 그 전략을 따랐다고 말했다. 기본적인 필수 과목들은 대개 등록 인원이 매우 많기 때문에 수업을 듣는 학생들은 안타깝게도 이름도 알 수 없는 큰 집단의 일원으로 묻혀버리기 십상이다. 수백 명이 수강하는 수업을 진행하면서 교수가 학생들 하나하나를 개인적으로 알고 있는 척하는 건 도저히 불가능하며 이는 규모가 큰 대학교라면 어디서나 겪는 딜레마이다. 그러다 보니 이런 방식으로 수강 과목을 선택하는 학생들이 대학에서의 첫 1년 동안 어떤 교수와도 진지하게 교류할 수 있는 가능성은 매우 희박하다. 물론 이러한 특징이 소수의 학생들에게 일어나는 상황이기는 하다. 그러나 아무리 적은 수의 학생이라고 해도, 전체 학생의 5-10% 정도의 소수가 겪는 문제라고 해도 그 학생들이 경험하는 학문적인 질이 떨어질 수밖에 없는 건 분명한 사실이다.

신입생 시절을 단순히 '필수 과목을 해치우며' 보낼 때 발생하는 또 다른 문제점은 자기가 진정으로 흥미를 느끼고 열정을 쏟고 싶은 과목을 찾지 못할 수도 있다는 점이다. 그 결과 1학년(혹은 다른 대학의 경우 2학년)이 끝나고 집중 학습 분야를 선택하는 시기가 왔을 때도 그 학생은

'관심'이 쏠리는 과목을 찾지 못하고 우왕좌왕하게 된다. 신입생 시절 수강 과목을 선택할 때 '필수과목을 해치우는' 전략을 따랐지만 그런 자신의 선택을 후회한다는 학생들이 부지기수였다.

네 번째 원인은 학과 공부를 어려워하는 학생들에게서 공통적으로 볼 수 있었던 특정한 공부 습관인데, 바로 언제나 혼자서 공부하는 습관이 문제였다. 늘 혼자 공부하는 학생들은 대학에서 누릴 수 있는 중요한 혜택을 놓치고 있는 거라고 학생들은 지적했다. 그 중요한 혜택이란 동료 학생들로부터 배울 수 있는 기회를 의미했다. 다행히도 교수진과 지도 교수가 다른 학생들과 함께 공부하라고 조언하는 건 상대적으로 어렵지 않다. 이 책을 읽는 학생들은 스스로가 최소한 어느 정도의 시간 동안은 다른 학생들과 함께 공부하겠다고 결정해주었으면 하는 바람이다.

강의실 밖에서 여럿이 모여 함께 공부하는 방법이 낯설게 느껴지는 학생들도 제법 많을 것이다. 사실 학생들이 강의실 밖에서 함께 공부하는 것 자체가 부정행위로 간주되어 금지되던 시기에 대학교를 다닌 대부분의 교수들에게도 새로운 아이디어이긴 마찬가지이다. 특별히 효과적인 수업들과 교수들에 대한 내용을 담은 4장과 6장에서 이 부분에 대해 좀 더 자세한 얘기와 특별한 사례들을 접할 수 있다.

# 룸메이트
# 고르기

누구와 살아야 할까? 캠퍼스 내 기숙사에서 지내는 학생들은 누구나 이 질문에 맞닥뜨리게 된다. 그리고 이 부분은 학생들의 대학 생활 경험에 매우 중요한 부분을 차지하기 때문에 매우 신중하고 체계적으로 숙고해서 결정해야 장차 큰 혜택을 누릴 수 있을 것이다.

남아시아 출신의 한 4학년 학생은 여기에 대해 인터뷰 진행자 애나 핀케 Anna Fincke에게 다음과 같은 경험담을 들려주었다.

"신입생 때 아주 다양한 배경을 지닌 학생들과 함께 살았어요. 내가 있던 방에서는 뉴욕 출신의 유대인, 보스턴 출신의 유대인, 캘리포니아 오렌지카운티 출신의 앵글로 색슨 백인, 플로리다 출신의 인도인, 캘리포니아 출신 중국인, 그리고 나까지 총 여섯 명이 함께 살았어요. 인종과 경제적인 배경, 관심사들까지 같은 구석이라고는 찾아보기 힘든 순수 혼합체였죠. 전공도 제각각이라 공학과 경제학, 생물학, 생화학, 물리학, 그리고 사회학 전공이었고, 항공우주 공학자, 변호사, 의사, 사업가 등 앞으로 되고 싶은 꿈도 달랐어요.

우리는 그렇게 한 방에 살게 됐고 대학에 와서 그들과 함께 보낸 시간이 이곳에서 내게 가장 소중한 경험 중 하나예요. 3월에 내가 많이 아픈 적이 있었는데 룸메이트들 모두가 엄마처럼 날 챙겨줬어요. 한 친구는 두 시간마다 꼬박꼬박 나를 깨워서 약을 먹게 했고, 모두들 학교 안을 돌며 교수님들을 찾아가 내가 아파서 수업에 불참한다고 알렸어요. 그들은 조금도 재거나 따지지 않고 날 챙겨줬죠.

그렇게 우린 진짜 가족 같은 사이가 됐어요. 기숙사 안에 큰 휴게실이 있는데 늘 거기서 어울려 웃고 떠들며 많은 시간을 함께 보냈고 지금도 계속 만나고 있어요. 정말 뜻깊은 경험이었고 그 핵심에는 다양성이 있었죠.

특히 오렌지카운티에서 온 친구는 매우 보수적이고 전통을 중시하는 전형적인 백인 가족 출신이었는데 나와 의견이 달라 서로 들이받은 적도 있고, 정치적인 견해가 달려서 다툰 적도 많았어요. 그 친구는 종교적이고 보수적인 우파 성향이고 나는 상당히 진보적인 좌파 성향이라서 우리 사이엔 토론이나 논쟁이 끊이지 않았죠. 그렇지만 난 한 인간으로서 그 친구를 아주 좋아해요. 나와 상반되는 견해를 지닌 사람을 가까운 친구라고 부를 수 있다는 게 얼마나 멋진 일인지 몰라요. 나와 다른 문화에 대한 깨달음이 그렇게 깊은 통찰력으로 이어지는 경우는 흔치 않으니까요."

신입생들이 대학 캠퍼스에 발을 디딘 첫날, 처음 만나는 사람들은 룸메이트 혹은 기숙사 동료들이다. 이때 룸메이트는 학교에서 배정하며 1학년 때는 학생들이 직접 룸메이트를 선택할 수 없다. 하버드의 경우 1학년 학생들은 주로 2명 혹은 4명이 한방에서 지낸다. 신입생 기숙사 건물의 구조 때문에 나란히 붙은 두 방의 룸메이트들이 문을 열어놓은 채 비공식적으로 네 명이나 여섯 명, 혹은 여덟 명의 대규모 '한집 살림'을 형성하기도 한다.

신입생들이 기숙사에 짐을 풀면서 그다음으로 만나는 사람들은 그들과 마찬가지로 캠퍼스에 도착해 각자 배정받은 방이 위치한 엔트리로 들어오는 동료 신입생들이다. 하버드 기숙사의 엔트리는 작은 방들과 거실이 딸려있어 여러 명이 거주할 수 있는 스위트룸과 그보다 작은 방 여러 개가 위치한 복도를 의미하며, 보통 총 15명~25명 정도의 학생들이 생활한다. 한 엔트리마다 학생감이 한 명씩 배정되며, 학생감은 주로 그곳에 사는 대학원생이 맡는다.

학생감은 모든 절차가 순조롭게 마무리되고 나면 같이 지내게 된 모든 학생들을 한 자리에 초대해 모임을 가진다. 이런 모임은 단순히 친교를 목적으로 하기도 하고, 일반적인 정보 공유 혹은 휴일이나 생일 축하를 위해 모이기도 한다. 때로는 전공 분야와 전공 학습을 선택으로 고민하는 학생들에게 조언을 주는 등 학업 관련 주제에 관한 토론이 벌어질 때도 있다.

하버드는 수년 동안 이런 기숙사 형태를 유지해왔고 거의 모든 학생들이 1학년 때의 기숙사 생활 경험이 자기와 다른 출신 배경을 지닌 많은 학생과의 교류에 결정적인 영향을 주는 경우가 많다고 말했다. 대부분의 방 배정은 인종적인 다양성을 고려해 결정되므로 엔트리에서 생활하는 학부생들은 자연스럽게 다양한 민족적 그룹에 섞여 생활하게 된다. 그 결과 남학생 혹은 여학생이 기숙사에 도착해 짐 가방을 내려놓는 순간부터 직접 눈으로 보고, 친구를 사귀고, 인종 및 민족적으로 광범위한 배경을 지닌 학생들과 함께 밥을 먹으러 가기 시작하면서부터 '다양한 학부생 커뮤니티'라는 추상적인 개념이 현실로 나타나기 시작한다.

이렇게 분위기는 결정된다. 신입생이 되자마자 다양한 배경을 지닌 사람들과 어울리는 것, 즉 기숙사에 도착해 처음 만나는 순간에서부터 처음으로 같이 밥을 먹고, 첫 번째 기숙사 엔트리 모임에 참여하고, 신입생 주간에 열리는 모든 활동에 참여하는 그 기간이 무엇보다도 중요하며 결정적인 첫 번째 단계라는데 이의를 제기하는 학생은 거의 없었다. 그래서 이때 학생들 하나하나가 커뮤니티의 일부라는 소속감을 가질 수 있도록 도와주는 것이 매우 중요하다. 자기와 다르게 생기고 자기와 다른 관심사와 다른 견해를 가지고 한 대학에 모인 동료 신입생들로 이루어진 커뮤니티이자 앞으로 함께 생활하며 1년 동안 매일매일 얼굴을 보게 될 동료 룸메이트들과의 커뮤니티이므로 그런 분위기와 환경이 자연스럽게 대학 생활의 일부가 될 수밖에 없다.

학생들이 이 부분의 중요성을 반복적으로 강조하는 이유는 무엇일까? 두 가지 이유에서다. 첫째, 시작부터 자기와는 여러모로 다른 다양한 학생들과 하루 종일 밤낮으로, 일주일 내내 같이 어울려 사는 게 중요한 일상이며 이 대학에 와서 얻을 수 있는 즐거운 측면으로 받아들여 주기를 바란다는 것이 대학이 학생들에게 전하는 분명하고 확실한 메시지라고 생각하기 때문이다.

많은 학생이 1학년 때의 룸메이트 배정이 대단히 중요하다고 생각하는 두 번째 이유는, 다음 해에도 1학년 때의 룸메이트들과 계속 같이 살든 혹은 같이 살지 않든 상관없이 1학년 때의 기숙사 생활 경험을 긍정적으로 평가하는 학생의 수가 압도적으로 많았기 때문이다. 또한 다양한 민족 그룹에 속한 동료 학생들로부터 많은 것을 배울 수 있다는 점도 그런 경험에서 중요한 부분을 차지한다고 말했다.

결과적으로 학생들은 신입생들의 룸메이트를 배정할 때 계획적이고 의도적으로 다양성을 포함시켜야 한다고 제안했다. 그렇게 하는 것이 대학의 운영진이 중요시하는 아이디어를 학생들에게 전달하는 방법이라면서 때로는 그 안에서 놀라운 발견을 하기도 하고, 스트레스를 느낄 때도 있지만 대개의 경우 그런 스트레스는 풀리기 마련이고 중요한 깨달음으로 이어진다고 말했다. 그뿐만 아니라 다른 어디에서도 찾을 수 없는 오랜 우정으로 이어지는 경우들도 있다.

1학년 이후에 학생들이 직접 룸메이트를 선택하는 패턴은 신입생 룸메이트 배정에 다양성을 고려하는 대학의 정책이 학생들로부터 긍정적인 반응을 얻고 있다는 증거라고 할 수 있다. 인터뷰 진행자 슈-링 첸Shu-Ling Chen은 1학년이 지나고 학생들이 직접 룸메이트를 정할 수 있을 때가 됐을 때 놀랄 정도로 다양한 무리의 친구들과 같이 살기로 결정하는 경우가 매우 많다는 사실을 발견했다. 몇몇 학생들이 1학년 늦봄이 되어 2학년 때 같이 살 룸메이트로 어떤 친구들을 선택했는지에 대해 첸에게 들려준 얘기를 종합해보면 대략 이런 내용이었다.

한 백인 남학생은 러시아 출신 백인 남학생 한 명, 아이티 출신 남학생 한 명, 아시아계 미국인 여학생 두 명, 흑인 여학생 한 명, 그리고 레바논 출신 여학생 한 명과 같이 살기로 했다.

히스패닉 계 남학생 한 명은 '흑인 두 명, 백인 여섯 명, 런던 출신 파키스탄인 한 명과 내가 모여 같이 생활할 예정'이라고 말했다.

또 다른 히스패닉 계 남학생은 다른 라틴계 남학생 한 명과 백인 세 명, 흑인 두 명, 그리고 아시아계 미국인 한 명과 같이 살 예정이었다.

한 중국계 미국인 여학생은 다른 아시아계 미국인 한 명, 흑인 한 명, 하와이 출신 한 명, 매우 종교적인 유대인 한 명, 그리고 10명의 백인까지 총 14명이 모여 살 계획을 세웠다.

결론은 분명해 보인다. 상급생이 되어 함께 살 학생들을 직접 선택하는 기회가 주어졌을 때 대다수의 학부생들이 다양한 무리의 친구와 룸메이트들을 골랐고, 1학년 때 기숙사 룸메이트 및 옆방 친구들과의 생활 경험이 그런 선택에 큰 영향을 미쳤다고 말했다. 결국 학생들이 1학년 때 누구와 룸메이트를 했고 어떤 친구들을 만났는지가 앞으로 그들이 만나고 교류할 대상을 선택하는 데 있어 큰 틀을 형성하는 셈이다. 인터뷰에 응한 학생들은 이구동성으로 1학년 때 어떻게 생활할 것인지 고민하는 미래의 신입생들이 반드시 염두에 두어야 할 점은 대학에 들어와서 처음부터 어디서 어떻게 생활하느냐에 따라 앞으로의 사회적인 교류, 특히 다양한 민족과의 사회적인 교류의 방향이 결정된다고 해도 과언이 아니라는 사실을 강조했다.

# 가장
# 효과적인
# 강의

매 학기 수강할 과목을 선택하는 것은 학생의 학문적인 경험을 결정짓는 요소이며. 여기서 꾸준히 등장하는 강력하고 긍정적인 두 가지 상관관계가 있었다. 첫째, 한 학생이 수강하는 소규모 수업의 개수와 학생이 자체적으로 판단한 개인적인 수업 만족도 사이의 상관관계가 약 .52로 나타났으며, 이 수치는 둘 사이에 매우 밀접한 관계가 있음을 의미한다. 둘째, 학생이 수강하는 소규모 수업의 개수와 학생의 실제 학점 사이의 상관관계는 .24였다. 다소 낮은 수치이긴 하지만 대개의 경우 수업의 규모가 작을수록 훨씬 효과적이고 학생들의 참여도도 높다는 분명한 메시지를 담고 있었다.

　학부생들에게 '소규모'라고 하면 몇 명 정도의 인원을 생각하는지 물었을 때 가장 흔한 대답이 15명 혹은 그 이하였다. 여기서 잠깐 두 가지 형태의 소규모 수업을 간단히 언급하자면 하나는 자습 혹은 읽기 수업으로 교수와 일대일로 이루어지는데 이와 유사하게 여유 있는 수업 형태를 제공하는 대학과 대학교들도 많다. 또 다른 하나는 소규모 세미나이다.

　대부분의 학부생들에게 개별적인 교수의 지도를 받는 읽기 수업이나 연구 논문 쓰기 수업은 대학에서 맛볼 수 있는 최고의 학문적인 경험이라고 할 수 있다. 연구 논문은 반드시 써야 하고 교수의 개별 지도는 개인적이고 진지하며, 프로젝트를 진행하면 반드시 학생이 중요한 역할을 맡게 된다. 이와 같은 모든 경험은 학습과 참여, 지적인 즐거움을 강화시키는 요소가 된다.

학생들의 말처럼 일대일 지도를 받는 연구 조사 과목들은 전체적인 학문적 경험에서 가장 강렬하고 진지한 부분이다. 다른 학생들 없이 오롯이 혼자 하기 때문에 학생과 지도 교수 사이의 교류가 약화될 요인도 없다. 어쩌면 대부분의 1학년 학생들은 이처럼 강렬한 경험을 소화할 준비가 안 되어 있을지 몰라도 3, 4학년 학생들은 대학에서 무엇을 하든 일대일 지도의 연구 조사 수업을 들을 수 있는 기회는 절대 놓치면 안 된다고 신입생들에게 강조했다.

소규모 세미나는 대개 이와는 완전히 다른 방식으로, 다른 목적을 위해 구성된다. 세미나에서는 주로 학생들이 여러 주제와 아이디어에 관해 서로 토론하고 논쟁을 벌이기 때문에 지도교수의 역할은 주로 생산적인 토론을 위한 조력자에 가깝다. 한 학생은 이렇게 말했다.

> "때로는 교수님에게 배우는 것에 못지않게 많은 걸 동료 학생들을 통해 배우기도 해요. 대부분의 시간을 조용히 앉아서 어휘와 문법을 공부하는 언어 입문 과목과 같이 특정 과목들은 그럴 일이 별로 없지만, 네 명의 학생이 투키디데스Thucydides나 루소Rousseau, 혹은 존 로크John Locke에 대해 각자 서로 다른 의견을 표현할 수 있는 인문학과 사회과학 분야의 과목들은 특히 그런 일이 많죠. 이러한 철학자들이 현대의 입헌 공화국에서 일어나는 서로 다른 법률적 해석에 대해 어떤 입장을 보일지에 대해서는 학생들 모두 저마다 의견이 다를 수밖에 없으니까요."

학생들은 이런 수업 형태, 즉 일대일 연구 조사와 소규모 세미나가 각자 장점들이 있다고 말하며 동료 학부생들에게 두 가지 형태를 모두 활용할 수 있는 과목을 선택해 볼 것을 추천했다.

# 뛰어난
# 소규모 강의들

콘스턴스 뷰캐넌과 그녀의 동료들이 인터뷰한 한 학생은 가장 효과적인 수업에 대해 다음과 같이 회상했다.

"대학에 들어와서 가을에 신입생 세미나를 들었는데 그때의 경험이 계속 이어져서 그다음 해에도 많은 영향을 주었어요. 그 강의에 관한 강렬한 기억들이 아주 많은데 그중에서 제일 좋았던 건 교수님이 그 주에 읽은 책에 관해 학생들 한 사람씩 돌아가며 짧은 보고서를 쓰게 했던 거예요. 그러고 나서 그 내용을 바탕으로 토론을 시작하게 되니 보고서를 작성한 사람이 그 전체 토론에 필요한 자료 제공자가 되는 셈이죠. 교수님은 매주 그주의 보고서 작성을 맡은 사람과 점심 혹은 저녁 식사 시간에 만나 의견을 나눴어요.

그렇게 일대일 면담으로 학생 한 명 한 명을 파악하셨고 그 과정에서 교수님과 매우 실질적인 교류가 이루어졌어요. 우리는 각자 세 페이지짜리 보고서를 작성했고 교수님은 보고서 내용에 대해 두 페이지 정도 길이로 아주 상세하게 분석해주셨어요. 그런 다음에 교수님과 개인적인 면담을 했는데 정말 굉장한 경험이었어요. 대규모 강의에서 학생들 한 명 한 명이 어떻게 참여하고 있는지 교수님이 그 정도의 관심을 쏟아주는 경우는 없거든요. 교수님이 내게 많은 관심을 쏟아줄 뿐만 아니라 나 역시 교수님이 어떤 사람인지 가깝게 알 수 있어서 정말 좋았어요."

학생들은 새로운 과목을 시작할 때마다 그 수업에서 무엇을 얻기를 원할까? 자세한 내용은 모두 제각각이지만 공통적으로 그 과정이 끝날 때쯤이면 자신이 조금이라도 발전할 수 있도록 어떤 방식으로든 수업 내용이 도움을 주기를 바란다. 이러한 바람은 과목의 종류나 각자의 출신 배경과 상관없고, 노련한 4학년이든 막 시작하는 신입생이든 관계없이 모두에게 공통적이다.

소규모 강의가 어떻게 특별히 강력한 영향력을 발휘하는지에 관한 학생들의 얘기 속에서 두 가지 요인을 발견할 수 있었다. 첫째, 소규모 강의에서는 교수가 각 학생들을 상당히 잘 파악할 수 있다는 점이고, 둘째는 대규모 강의에서는 적용하기 어려운 특정 교수법이 가능하다는 점이다.

어떤 소규모 강의가 특별히 효과적인지 물었을 때 많은 학생이 교수들이 강의를 특정한 방식으로 구성하는 수업을 언급했는데, 일종의 논쟁을 중심으로 수업을 구성하는 방법이었다. 인터뷰 진행자 앤 클라크Anne Clark가 학부생들에게 가장 인상 깊었던 소규모 수업에 관해 질문했을 때 대부분의 학생들은 교수가 서로 대립되는 주장을 세운 뒤 학생들을 반대되는 두 입장으로 나누어 과제를 내주고 토론하게 하는 수업 형태를 꼽았다.

그 주제가 임대료 규제나 대외 원조, 안락사이든 상관없이 이런 방법은 학생들에게 큰 인기를 끈다. 체계적인 논쟁이 양측 모두에서 좋은 아이디어들을 이끌어내며 학생들의 참여도도 매우 높고, 특정 관점을 주장하는 역할을 맡은 학생들은 자신들의 논점을 연습하기 위해 강의실 밖에서 만나기도 한다고 말했다. 교수의 목적이 학생들의 참여도를 높이는 것이라면 이와 같은 체계적인 논쟁 방식으로 큰 효과를 거둘 수 있으며, 학생들 역시 이런 형태의 수업이 포함된 강의를 수강하고자 할 것이다. 이미 그런 수업을 수강했던 학생들은 하나같이 강력하게 추천했다.

"문학작품의 구조를 분석하는 고급과정 세미나에 나를 포함해 8명이 있었어요. 어느 날 교수님은 심포지엄에 참석했는데 작가 워드 저스트Ward Just가 이런 말을 했다며 들려주셨어요.

"나는 책을 쓸 때마다 독자들이 처음 35페이지를 넘기기 전에 주요 등장인물들이 어떻게 돈을 버는지 파악할 수 있도록 구성합니다. 그래야 독자들이 모든 등장인물들을 더 잘 이해하는 데 매우 도움이 된다고 생각하기 때문이에요."

교수님은 그 말을 하고 나서 다음 주 세미나까지 두 권의 책을 읽어오라고 하셨어요. 한 권은 워드 저스트의 책으로 저자의 말대로 구성된 책이었어요. 또 한 권은 매우 유명한 다른 저자의 책이었는데 그 저자는 극 중 등장인물들이 어떻게 생계를 꾸리는지 독자들이 알든 말든 상관하지 않는다는 걸 명백히 알 수 있었죠. 우리들은 워드 저스트의 생각에 동의하는지 반대하는지 선택해야 했는데, 토론을 위해 팀을 나누지 않고 각자가 자신의 입장을 정해야 했어요. 교수님은 학생들 간에 어느 정도 의견이 갈릴 게 분명하다고 예상하는 것 같았죠.

교수님 생각이 적중했어요. 여덟 명 중 우리 세 명은 워드 저스트의 생각에 동의하는 입장이었고, 나머지 다섯 명은 강력한 반대 입장을 냈어요. 그리고 학기 내내 그랬듯이 약 30분 정도 열띤 토론이 이어졌을 때 문득 한 여학생이 우연히도 워드 저스트의 의견에 찬성한 세 명은 모두 남학생이고, 반대하는 다섯 명은 모두 여학생이라는 점을 지적했어요. 여학생은 "여기에 뭔가 다른 의미가 있는 건 아닐까요?"라는 의문을 제기했죠. 짐작하시겠지만 그 질문 덕분에 저자와 독자의 성별이 글의 구조를 분석하고 생각하는 방식에 어떤 영향을 줄 수 있는가 하는 내용까지 더해져 훨씬 더 열띤 토론이 이어졌답니다."

소규모 강의를 이끄는 교수들이 시도해볼 만한 아이디어라고 생각한다. 학생들의 경험담 속에 등장한 강의들은 교수가 다음 수업 시간까지 읽어올 과제를 내주었고 학생들은 신중하게 정의된 논란의 어느 한쪽을 정해 자신의 입장을 준비하는 단순한 형태의 수업이었다.

또 한 가지 사례는 경제학 세미나였다. 복지와 빈곤의 경제학에 관한 세미나를 듣는 10명의 학생이 5명씩 두 그룹으로 나뉘었고, 10명 모두 일주일 후의 다음 수업 시간까지 규정 분석에 관해 여러 편의 자료를 읽어오는 과제를 받았다. 한 그룹의 학생들은 저소득 세입자를 위한 도심 임대료 규제를 찬성하는 입장으로, 다른 한 그룹은 임대료 규제에 반대하는 입장에 서서 분명한 논점들을 준비해 가야 했다. 토론의 형태였기 때문에 학생들은 수업 준비를 위해 협조적으로 함께 공부했고, 서로가 상대방이 주장할 논점들을 예상해야 했다.

이 세미나에 참석한 베테랑 학생은 전체 과정 중에서 토론 뒤에 이어진 과제물이 가장 힘들었던 부분이었다고 말했다. 담당 교수는 임대료 인상에 찬성하는 그룹에 속했던 학생들에게 각자 임대료 인상에 반대하는 내용의 리포트를, 임대료 인상을 반대하는 그룹의 학생들에게는 각자 찬성하는 내용의 리포트를 작성해서 제출하라는 과제를 주었다. 학생들은 이 과제가 공들여 토론을 준비했던 노력을 보상받는 완벽한 과제였다고 입을 모았다.

이 특별한 사례를 열정적으로 추천한 학생들이 꽤 있었다. 소규모 세미나가 효과적으로 진행되면 상당히 높은 학습 효과를 낼 수 있지만 다른 대규모 수업에 비해 훨씬 더 많은 노력이 필요한 것도 사실이다.

# 효과적인
# 과제

"그룹 지도 수업 초기에는 모든 과제를 어디서든 나 혼자 하는 방법을 택했을 게 분명해요. 시간을 맞추느라 번거로울 일도 없고 내가 하고 싶을 때, 내가 원하는 방식으로 알아서 하면 그만이니까요. 또 다른 사람이 어떻게 생각하는지 신경 쓸 필요도 없고, 그들의 공부 방식을 고려할 필요도 없죠. 그렇지만 그룹 지도 수업을 받고 난 지금은 대부분의 경우에 그와 정반대의 대답을 내놓게 되었어요. 내가 속한 소규모 그룹을 통해 얻게 되는 지혜와 학습량과 논점들이 과제를 하는 방법에 대해 전혀 새로운 시각을 갖게 해주거든요. 그중에서도 내가 가장 알리고 싶은 중요한 메시지는 궁극적으로 팀워크란 거의 전적으로 인간적 교류에 의존한다는 점이에요.

늘 그런 환경에서 일하는 어른들은 그게 얼마나 어려운지 깨닫지 못하거나 잊어버렸을 수도 있어요. 모든 실질적인 경제학과 분석 방법들에 관한 지식뿐만 아니라 이 소규모 그룹에서 쓸모 있는 사람이 되기 위해 내가 무엇을 배워야 했는지 알려드릴게요. 건설적으로 비평하는 방법을 배워야 했고 건설적으로 논쟁하는 법을 배웠으며, 다른 사람의 의견에 반대하는 입장을 건설적으로 표현하는 방법을 배워야 했어요. 비록 속으로는 바보 같은 의견이라고 생각할지라도 말이죠. 그리고 무엇보다도 그룹 안에서 각자가 서로에 대한 믿음을 가져야 했어요. 우리는 실제로 작은 공동체라는 느낌을 공유하게 됐고, 그건 정말 멋진 경험이었죠. 전에는 어떤 학업 과제에서도 느껴본 적 없는 감정이었어요. 물론 이전에는 과제 대부분을 혼자서 해결한 탓이 크겠지만요."

대부분의 대학 안내책자를 보면 한 학기당 4가지 필수 과목을 수강하도록 되어 있다. 그리고 학습량에 관해서는 각 학생이 한 시간 수업 준비를 위해 대략 두세 시간 정도 공부해야 한다고 나와 있다. 실제로 하버드의 학부생들, 즉 일주일에 약 12시간의 정규 수업을 듣는 학생들은 강의실 밖에서 공부하고, 읽고, 쓰고, 과제물을 준비하느라 일주일에 약 30시간 이상을 투자하는 것으로 나타났다.

그러나 강의 커리큘럼과 과목 설계에 관한 교수 회의에서 나오는 내용의 90%는 강의실 안팎의 시간 배분은 배제하고 수업 시간에 어떤 교재와 아이디어를 다룰 것인가에만 집중된다는 사실이 좀 놀라울 정도이다. 우리는 학생들에게 요구하는 과제물의 상세한 내용에 대해서는 다소 무심한 편이기 때문에 교수 입장에서는 과제 구성 및 학생들에게 원하는 과제 수행 방식에 관해 직접 그들의 의견을 묻는 것이 매우 중요하다고 생각한다. 과제를 할당하는 방법과 수행 방법에 상대적으로 사소한 두 가지 변화만 주어도 학생들의 참여도와 학습 효과에 매우 중요한 변화가 있는 것으로 나타났다.

졸업을 앞둔 4학년 학생들에게 이런 질문을 던졌다.

"어떤 과목이 학문적인 성장에 가장 큰 영향을 주었으며, 그 이유는 무엇이고, 그런 과목들은 정확히 어떤 구조로 이루어졌나?"

학생들의 답변을 통해 얻은 결과는 놀라웠는데, 교수의 특정한 교수법보다 학생들이 강의실 밖에서 어떻게 공부하고 과제를 수행하는가 하는 부분이 학생들의 참여도와 학습 효과를 예측할 수 있는 강력한 변수라는 사실을 알게 되었다. 그래서 과제물의 설계가 매우 중요한 것이다.

특히 강의실 밖에서 4명, 혹은 6명 정도의 소규모 그룹을 짜서 최소한 일주일에 한 번이라도 함께 모여 공부한 학생들이 가장 큰 효과를 얻었으며, 그들은 모이기 전에 미리 독립적으로 과제를 하고 다 같이 만나서 과제에 관해 토론했다. 이러한 스터디 그룹 토론의 결과 학생들은 수업 내용에 훨씬 준비가 잘 되어 있었고 수업에도 적극적으로 참여했기 때문에 다른 학생들에 비해 눈에 띄게 학습 효과가 높았다.

이러한 결과는 지금까지 교수들이 과제를 내주던 관행을 완전히 뒤집어 놓았다. 내가 대학에 다닐 때는 과제수행에 관해 몇 가지 분명한 규칙들이 있었다. 교수진은 과제는 반드시 혼자서 독립적으로 해야 한다고 수시로 강조했고 토론도 금지, 다른 학생들과 과제에 관해 얘기하는 것 자체도 금지였다. 사실 강의실 밖에서 과제를 위해 여러 명이 함께 작업하는 것 자체가 일종의 부정행위로 인식되었다.

그러니 교수진이 과제를 내주는 방식을 바꾸고 학생들이 과제를 수행하는 방법을 바꾼다고 가정하면, 교수들은 예전과 정반대의 메시지를 전달해야 한다. 강의실 밖에서 협조하는 걸 금지하는 대신 적극 권장해야 하고 부정행위가 아니라 학습 효과를 강화시킬 수 있는 긍정적인 방법이라고 추천해야 한다. 그러므로 이런 결과를 바탕으로 움직이려면 일부 교수들은 근본적인 인식 자체를 바꾸는 게 필요하다.

이런 결과로 말미암아 우리 학교에 일어난 변화 중에 과학 분야의 강의 시간에 나타난 변화에 관해 얘기해보자. 과학 분야의 입문 코스는 대부분의 대학에서 비슷한 방식으로 구성되어 있고, 내가 대학생 때도 크게 다르지 않았다. 학부생들은 수시로 문제지를 풀어서 제출하고 퀴즈와 시험을 쳤으며, 강의실 밖에서 공부하는 방법은 오롯이 각자 혼자서 할 일이었다. 물론 여럿이 함께 모여 공부하는 건 금지되어 있었다.

요즘은 몇몇 분야, 특히 일부 과학 분야의 입문 코스들에서 변화가 일어나고 있다. 교수들이 강의실 밖에서 이루어지는 스터디 그룹의 중요성을 자주 언급할 뿐만 아니라 직접 스터디 그룹을 짜주는 교수들도 있다. 그런 그룹 모임에는 출석 체크도 없고 학생들 전원이 반드시 그룹에 가입해야 한다고 강요하지도 않지만 교수들이 소규모 그룹에 참여시키고, 권장하고, 학습 효과를 기대하는 분위기를 인식하는 학생들의 시각에 분명한 변화가 있는 것만은 틀림없는 사실이다.

　더구나 많은 교수진들은 학생들이 그룹으로 모여 작업하는 데 적합하도록 과제물을 재구성하기도 한다. 어떤 강사는 교재의 내용뿐만 아니라 수업 준비를 위해 내용 파악에 도움을 주는 학습 질문들을 내주기도 한다. 이 질문들은 혼자서 효과적으로 대답하기에는 너무 복잡하고 자세해서 여럿이 그룹 단위로 모여 함께 연구하며 미리 다음 수업을 준비하고 토론함으로써 분명한 학습 효과를 거둘 수 있다.

　물론 학생들이 그룹으로 모여 특정 과제를 수행하는 방법이 적절하지 않은 수업들도 있다는 걸 짚고 넘어가야 할 것이다. 특정한 상황에서는 혼자 알아서 하는 공부하는 고전적인 방법이 훨씬 효과적일 수도 있다. 그러나 많은 학생이 소규모 그룹으로 모여 함께 공부하는 것이 학습 참여도를 높이는데 큰 효과가 있었다고 추천하는바, 교수라면 누구나 최소한 자신의 강의 시간에 그런 형태의 과제를 내주는 것이 바람직한지 고려해봐야 할 것이다.

　이외에도 학생들이 강의실 밖에서 여럿이 모여 공부하는 것에 대해 한 가지 더 언급한 내용이 있는데 제출 과제를 평가할 때 반드시 각 개인의 노력을 인정해주어야 한다고 강조했다. 소규모 그룹으로 모여 저녁을 먹으며 화학 과목의 질문지 과제를 함께 공부했던 학생들은 공동학습의 장점을 극찬하는 동시에 학생들 각자가 개별적으로 노력을 쏟았다는 점도 지적했다. 각자가 알아서 몇 차례의 퀴즈를 풀어야 하고, 3시간 동안 진행되는 강의실 내 시험과 기말고사도 치러야 하므로 결과적으로 학생들은 그룹으로서만이 아니라 개인적으로도 학습 내용을 얼마나 숙지하고 있는지 증명하는 셈이다. 그렇다고 학생들이 그룹 평가만을 옹호하는 게 아니라, 강의실 밖에서 따로 모여 공부하는 것이 많은 학생의 학습 참여도를 높이고 진지하게 공부하는 데 도움이 되므로 교수들이 이러한 형태의 공동학습을 적극적으로 권장하는 것을 고려해봄 직하다는 제안이었다.

# 글쓰기를 강조하는 과목들

글쓰기는 학생들이 특히 실력을 늘리고 싶어 하는 여러 종류의 기술 중에서도 세 배나 높은 차이로 실력 향상에 가장 신경을 쓰는 부분이었다. 대학에 가면 엄청난 양의 글쓰기가 필요하다는 사실은 누구나 알고 있으며, 대부분은 졸업 후에도 계속 이어질 것이라고 생각한다. 그렇다면 이렇게 중요한 쓰기 기술을 향상시키기 위해 어떤 노력이 필요한지 물었을 때, 쓰기 기술이 가장 많이 향상된 학생들은 강도 높은 과정을 꼽았다. 그들은 담당 교수나 별도의 글쓰기 전문 강사에게 도움을 받기도 했고, 동료 학생들과 소규모 그룹을 구성해 정기적으로 각자의 글쓰기를 평가하는 모임을 가졌다고 말했다. 이런 열정적인 노력이 지속될수록 더 많은 발전이 이루어진다.

졸업생들 역시 글쓰기의 특별한 가치를 강조했다. 로빈 워스Robin Worth는 박사 논문 주제의 일부로 현재 40대에 들어선 1977년 졸업생들을 대상으로 설문 조사를 실시했다. 여러 질문 중 하나는 '현재 맡은 업무와 본인이 기울이는 노력에서 다음에 나열하는 기술들이 차지하는 중요도가 얼마나 되나?'였고, '양적인 분석 도구의 사용'과 '사람들을 이끌어가는 지도력과 리더십'을 포함해 12개의 기술을 나열하였다. 이 질문에 대해 90%가 넘는 졸업생들은 현재 맡고 있는 업무에서 '매우 중요도가 높은' 기술로 '효과적인 글쓰기'를 꼽았다.

교수진 역시 글쓰기의 중요성에 대해 공감한다. 우리가 실시한 조사에서 학생들의 성장 측면과 관련해 심도 있게 조사하길 원하는 분야가 무엇인지 물었을 때 대부분의 교수들은 글쓰기를 선택했고, 그런 요구 사항을 반영해 365명의 학부생을 대상으로 글쓰기 경험에 관해 물었다. 조사 결과를 한마디로 요약해서 말하자면 대다수 학생들의 학업적인 측면과 성취도에 글쓰기 능력이 매우 중요한 역할을 한다는 사실을 재차 확인했다.

우리는 또 졸업을 앞둔 60명의 학생에게 다음과 같은 질문으로 교수진과 또래 학생들에게 전하고 싶은 조언들을 요청했다. 학부생들이 글쓰기 지도를 가장 잘 받아들일 수 있는 시기는 언제인가? 어떤 종류의 지도 방식이 가장 유용하다고 생각하며, 반대로 가장 효과가 적은 지도 방식은 어떤 것인가?

## 글쓰기와 학생들의 참여도

우리는 365명의 학부생에게 당시에 듣고 있는 과목들에 관해 설명해 달라고 물었고, 특히 세 가지 질문이 흥미로운 대답을 이끌어냈다.

첫째, 다른 과목들과 비교해 이 과목에 할애하는 총 투자 시간이 어느 정도인가?

둘째, 이 과목에서 어느 정도 수준의 지적인 자극을 느끼는가?

셋째, 이 과목에서 본인의 개인적인 참여도는 어느 정도인가?

인터뷰를 담당한 사람들은 또 각 과목에 어느 정도의 쓰기가 필요한지도 물었다. 물론 역사 과목에서 쓰는 다섯 장짜리 보고서와 생물학 과목에서 쓰는 다섯 장짜리 보고서가 동일하다고 할 수는 없다. 그러나 수십 개의 수업을 모두 통합해보면 학생들이 서로 다른 보고서 작성 과제를 어떻게 수행하고 있는지 전반적인 내용은 짐작할 수 있다.

결과는 전혀 뜻밖이었는데 특정 과목에서 요구하는 쓰기의 양이 그 과목의 다른 어떤 특징들보다도 학생의 참여도에 매우 큰 영향을 미치는 것으로 나타났다. 해당 과목을 공부하는데 쏟는 시간이나 어려운 정도, 혹은 해당 과목에 대한 관심도 등 학생의 참여도를 판단하는 기준이 무엇인가와는 상관없었다. 담당 교수에 대한 선호도, 혹은 그 과목을 선택한 이유(필수 vs 선택, 전공분야 vs 비전공 분야)보다도 쓰기의 양과 학생의 참여도 사이에 훨씬 더 밀접한 관계가 있는 것으로 나타났다. 이처럼 과목에서 요구하는 쓰기의 양과 학생들의 전반적인 참여도 사이의 상관관계를 통해 글쓰기의 중요성을 새삼 확인할 수 있었다.

여기서 몇 가지 주요한 결과를 살펴보자. 첫째, 학기마다 20페이지가 넘는 최종 보고서를 제출해야 하는 과목들에 쏟는 시간이 공식적인 쓰기 과제가 없는 과목들에 비해 두 배는 더 많았다(주당 평균 시간 11시간 vs 6시간). 이처럼 글쓰기가 더 많이 요구될수록 학생들은 더 많은 시간을 투자했다.

둘째, 학생들은 어떤 과목에서 느끼는 학문적인 자극의 수준을 그 과목에서 요구하는 쓰기의 양과 관련지어 생각했다. 더 많은 양의 글쓰기는 더 높은 수준의 지적인 자극과 깊은 상관관계가 있었다.

셋째, 학생들 스스로가 생각하는 참여도에 글쓰기 과제가 미치는 영향은 놀라울 정도였다. 교수라면 누구나 자기가 가르치는 과목에 학생들이 열심히 참여하기를 원하므로 이 결과를 염두에 두어야 할 것이다.

## 글쓰기 과제의 구조

대다수의 교수들은 일상적으로 학생들에게 일정한 양의 보고서를 작성하라고 말하는데 보통 한 학기에 20장 분량의 학기 말 보고서를 제출하는 것이 일반적이다. 그렇다면 학생들이 특히 효과적이었다고 말하는 과목들은 과제를 어떻게 구성할까? 20장 분량의 리포트 제출을 요구하려는 교수들이 한 번에 20장을 다 쓰는 것보다 두 번에 나누어 10장씩 작성하게 하면 어떤 차이가 있을까? 혹은 다섯 장 분량으로 네 번에 나누어 쓰는 건 어떨까?

학생들의 반응을 통해 금세 드러난 사실은 제출해야 하는 총 분량이 같을 때 짧은 분량의 보고서를 자주 요구하는 과목에 더 많은 시간을 투자하게 된다는 것이었다. 학생들은 한 번에 20장 분량의 보고서를 제출할 때보다 5장 분량의 보고서를 네 번 제출해야 할 때 평균 40%나 더 많은 시간을 쏟았으며, 이는 시간으로 따지면 주당 9시간이 채 안 되는 시간과 12시간이라는 제법 많은 차이를 보였다. 한 학기 전체에 걸쳐 모두 통합하면 상당한 양의 시간 차이가 나는 셈이다.

## 학생들은 실제로 얼마나 글쓰기를 하나?

대학의 효율성을 검토하기 위해 모임을 갖기 시작한 첫해에 나는 당시 미국 교육부 장관 윌리엄 베넷William Bennett을 한 모임에 초대했다. 나는 고등 교육의 평가와 사정에 대해 장관의 의견을 물었다. 몇 가지 얘기를 하던 베넷 장관은 기관의 향상을 위한 평가라는 주제가 흥미롭긴 하지만 그 자리에 모인 사람들은 학부생들이 실제로 무엇을 하고 있는지에 관한 기본적인 몇 가지 질문에 대답할 수 있는지 궁금해했다.

"이 학교의 학부생들은 정확히 글쓰기를 얼마나 많이 하고 있나요? 여기 누구 아는 사람 있습니까?"

그의 질문에 잠시 짧은 정적이 흘렀다. 몇몇 참석자들이 우리 학교 학생들은 상당히 많은 양의 글쓰기를 소화하고 있다고 확신한다며 베넷 장관에게 말했다.

"아마 그 말씀이 맞겠지요. 하지만 증거는 어디에 있습니까? 그리고 내 질문은 학생들이 얼마나 잘 쓰는지 묻는 게 아니고 단순히 여러분과 같은 교수님들이 학생들에게 어느 정도 수준의 글쓰기를 요구하고 있는지 질문한 겁니다."

그때는 잘 몰랐지만 지금은 그런 내용도 잘 알고 있다. 우리는 연구 조사를 통해 우리 캠퍼스에 있는 학부생들이 실제로 어느 정도 분량의 글쓰기를 소화하고 있는지에 관해 몇 가지 특정 사실들을 파악했으며, 자연과학 분야를 전공하는 학생들의 경우 실험실과 문제풀이를 위한 쓰기는 조금 다른 형태이기 때문에 데이터 수집 대상에서 제외되었다.

이제 그 단순한 질문에 대답해 보자. 이 학교의 학부생들은 한 학년 동안 길이에 상관없이 얼마나 많은 글쓰기를 소화하고 있나? 전체 학부생의 71%가 1년에 10장 혹은 그 이상의 보고서를 작성하며, 6% 정도의 학부생들만이 1년에 4장 이하의 보고서를 작성했다. 그리고 제출해야 하는 보고서의 개수에 상관없이 매년 한 학생이 얼마나 많은 분량의 글쓰기를 하는지 묻는다면 어떤 결과가 나올까? 이 데이터(자연과학 분야는 제외) 역시 비슷한 결과를 보였는데, 83%의 학부생들은 매년 최종본으로 최소한 60장 이상을 제출하고 있다. 여기서 60장은 가장 낮은 수치이고 대부분의 학생들은 연간 100장이 훨씬 넘는 보고서를 제출하고 있었다. 이러한 결과는 대학생들이 상당한 양의 보고서를 소화해야 한다고 생각하는 교수진들에게 좋은 소식임이 틀림없다. 반면 연간 45장 미만의 보고서를 제출하는 학생들은 겨우 10% 정도에 지나지 않았다.

우리의 연구 조사에서 얻어진 결과들은 학생들이 양질의 글쓰기를 특별히 중요하게 생각하고 있다는 사실을 보여주었다. 수업 시간 중에 광범위한 글쓰기가 포함되면 학생들의 참여도가 높아진다는 사실도 나타났으며 더욱 놀라운 것은 어느 대학에서나 학생들이 실제로 얼마나 글쓰기를 많이 하고 있는지 확인하기가 매우 쉽다는 사실도 알게 되었다. 자료수집도 어렵지 않고 분석도 까다롭지 않았다. 그러면서 동시에 글쓰기 기술을 향상을 위해 노력할 뿐 아니라 실제로 글쓰기에 매진하고 있는 학생들의 모습도 볼 수 있었다.

# 학생들의 글쓰기 능력을 향상시키는 방법

대학에 들어와서 글쓰기 실력을 극적으로 끌어올리는 학생들이 있는가 하면 지지부진한 학생들도 있다. 학생들을 대상으로 인터뷰한 결과 극적인 향상을 보인 학생들은 특별한 방법으로 노력하고 있으며, 그 학생들을 지도하는 교수들 역시 특별한 방법으로 도움을 주고 있다는 사실을 알게 되었다. 이러한 결과를 공유함으로써 학생과 교수 모두가 다른 사람의 경험을 통해 이득을 얻을 수 있을 것이다.

특히 졸업을 앞둔 4학년 학생들 60명을 대상으로 심층적으로 진행된 인터뷰에서 유용한 시각을 얻을 수 있었다. 학생들은 4년 내내 대학에 다니면서 글쓰기 실력 향상을 위해 어떤 노력을 쏟았는지 들려주었으며, 그들이 추천한 세 가지의 효과적인 방법 역시 바로 이러한 경험담에서 우러나온 것이다. 그 세 가지 방법은 각 질문에 대한 대답에서 찾을 수 있었다.

첫 번째 질문. 특히 긴 보고서나 논문을 준비하기 위해서 특별히 글쓰기에 집중적인 노력을 쏟아야 할 때는 언제인가? 많은 학생이 내놓은 대답은 조금 뜻밖이었다. 거의 모든 학생이 글쓰기에 치중하기 제일 좋은 시기를 3학년과 4학년으로 꼽았다. 얼핏 생각할 때는 1학년 때 열정적인 지도를 통해 가장 많은 혜택을 받을 것 같지만 갓 대학에 들어온 신입생 때는 여러 과목의 학업 부담도 만만치 않았고, 대학 생활에 적응하는 시간이 필요한 것 같다고 말했다. 또 4학년 학생들은 자기가 신입생 때 들었던 쓰기 관련 강의가 훌륭했다고 기억하지만 강의 내용을 완전히 이해하진 못했고, 당시에는 그저 '또 다른 필수 과목' 정도로 생각했다고 말했다.

반대로 3학년과 4학년 때는 기본적인 입문 과정들을 넘어선 시기이다. 4학년들은 글쓰기 강의는 학생들이 필요하다고 느낄 때 들어야 가장 높은 효과를 볼 수 있으며 좀 더 수준 높은 연구 논문들을 작성해야 하는 3, 4학년 때가 바로 그런 시기라고 설명했다. 4학년 학생들은 3학년 때 수강한 소규모 세미나들에서 많은 분량의 조사 보고서를 준비하거나 혹은 4학년 졸업 논문을 준비하기 시작하면서 글쓰기 실력을 향상시켜야겠다는 열망이 생겼고, 적극적으로 도움을 찾아 나섰다고 강조했다.

두 번째 질문. 어떤 쓰기 관련 강의가 가장 효과적이었나? 이 질문에 4학년 학생 전부가 거의 비슷한 답을 내놨다. 학생들은 실질적인 분야를 중심으로 체계적으로 구성된 글쓰기 강의의 학습 효과가 가장 높았다고 생각했다. 그들은 전형적인 방식의 쓰기 연습, 즉 '지난 여름방학을 어떻게 보냈는지 다섯 장짜리 보고서를 작성하시오.'와 같은 식의 두루뭉술한 연습은 아무 도움도 되지 않는다며 더 실질적인 내용을 다루는 쓰기 강의의 필요성을 강조했다. 학생들이 생각하는 이상적인 강의는 특정 분야에 관한 글쓰기 과제가 포함된 쓰기 강의였다. 한 4학년 여학생은 수강하던 역사 과목 수업 시간에 르네상스 시대에 여성들이 어떻게 권한을 갖기 시작했는지에 대한 보고서 작성 과제를 받았을 때 쓰기 강의를 열망하기 시작했다고 말했다.

세 번째 질문. 글쓰기 강의를 들으면서 실망한 것은 무엇인가? 많은 학생은 즉시 불만스럽고 별 도움이 되지 않는 특정한 접근법을 대표적인 문제로 꼽았다. 아주 흔한 경우는 아니지만 그래도 다섯 명 중 한 명꼴로 겪는 문제였다. 학생들은 보고서 작성자가 누구인지 잊어버리기라도 한 것처럼 학생의 목소리를 강사 자신의 목소리로 바꾸기 시작할 때 불만을 느낀다고 말했다. 한 여학생은 어떤 문학수업에서 겪었던 경험담을 들려주었다.

"교수님의 의도는 좋았고 우리는 같이 열심히 작업했어요. 난 여러 차례 초안을 수정했죠. 그런데 교수님이 계속해서 내가 쓴 논문에 교수님의 시각을 반영하려고 하는 게 느껴졌어요. 결국 마지막엔 솔직하게 얘기하고 싶었어요. 교수님이 수정한 내용이 물론 잘 읽히긴 하지만 결국은 교수님의 논문이 된 것이나 다름없으니, 이제는 다른 주제를 가지고 나만의 보고서를 다시 시작할 준비가 됐다고 말이에요."

나는 4학년 학생 60명을 대상으로 글쓰기에 대한 접근법에 변화를 가져온 전환점이 있었는지 물었고 그중 한 남학생이 유용한 이야기를 들려주었다. 그는 2학년 때 4명의 학생과 함께 역사와 과학에 대한 그룹 지도시간에 참석했던 경험을 얘기했다. 학기 초에 담당 교수는 다섯 명의 학생에게 각자 최근에 한 과학 저널에 실린 특정 기사를 읽어오라는 과제를 내주었다. 기사에는 일부 기술적인 용어들이 포함되어 있었지만 대부분의 내용은 일반적으로 읽기 쉬운 산문체로 표현되었다. 그리고 다섯 명의 학생들에게 주어진 똑같은 과제는 이 기사가 소개하고 있는 연구의 하이라이트를 요약하고 연구 결과에서 밝혀진 새로운 점을 강조해서 네 장짜리 보고서를 작성하는 과제였다.

그리고 다음 수업 시간에 교수는 학생들 각자가 자신이 쓴 보고서를 학생들 앞에서 읽도록 했다. 우리에게 얘기를 들려준 남학생은 그 방법을 통해 네 개의 서로 다른 과학 보고서의 네 가지 서술 방법이 어떻게 다른지 차이를 알 수 있었다고 말했다. 마지막으로 자기 차례가 되었을 때 그는 앞선 네 명의 보고서와는 다른 부분을 강조했다.

학생들의 순서가 모두 끝난 후 교수는 전적으로 글쓰기 자체에 관한 내용으로 토론을 이끌었고, 학생들에게 내준 과제가 설명식 글쓰기가 아니라 과학 실험을 있는 그대로 요약하는 글쓰기였다는 걸 상기시켰다. 교수는 원문 기사를 읽지 않은 사람이 학생들의 요약 보고서들만 읽어 봐서는 원문 기사의 내용이 무엇인지 이해하기 어려울 거라는 점을 발견했으며, 그게 왜 중요한지 설명해주었다. 학생은 이 수업의 경험을 통해 정확한 글쓰기의 중요성을 깨달았으며 창조적인 글쓰기와 설명식 글쓰기, 그리고 분석 혹은 과학적 글쓰기의 차이에 관해 곰곰이 생각하게 되었다고 말했다.

또 하나의 유용한 사례는 한 여학생의 경험담에서 얻을 수 있었다. 그녀는 자신의 글쓰기에 관해 깊이 관심은 있었지만 그다지 좋은 실력은 아니라고 생각했기 때문에 장문의 연구 논문을 준비하면서 교수에게 초안을 살펴봐 달라고 부탁하기가 꺼려졌다. 그래서 캠퍼스 내 일간 신문인 하버드 크림슨Harvard Crimson에서 기자로 활동 중인 친구에게 주저하는 마음을 털어놓았다.

친구는 그녀에게 신문사에서는 편집자들이 서로의 기사를 무자비하게, 아주 가차 없이 솔직하게 비평한다고 얘기했고, 이러한 평가를 받아들이기는 힘들지만 요긴하고 건설적이어서 크림슨에서 활동하는 학생 기자들에게 아주 큰 혜택으로 작용한다고 말했다. 그러면서 친구는 그녀에게 몇 명의 친구들을 모아 글쓰기 그룹을 만들어보라고 추천했다.

학생은 친구의 조언대로 다른 세 명의 학생들을 모집했고 네 사람 중 누구든 상당한 양의 보고서를 써야 하고 이에 관해 토론하고 싶을 때마다 모임을 가졌다. 모임에는 두 가지 규칙만 있었다. 첫째, 보고서에 대해 친구들의 의견을 듣고자 하는 사람은 반드시 두 번째 초안까지 준비해야 하며 둘째, 나머지 세 학생이 하나하나 단어를 바꾸거나 수정하는 건 금지했다.

학생들은 보통 일주일에 한 번씩 모임을 가졌다. 4학년 때는 네 사람 모두 6장 분량의 보고서를 써야 해서 총 24장의 보고서를 놓고 토론하기도 했다. 여학생은 이 그룹이 자신에게 '전환점'이 되었다고 말했다. 전체 대학 생활 중에서 가장 시간 소모가 큰 모임이었지만 다른 어떤 활동보다도 가장 값어치 있는 활동이었다고 강조하며, 한 번도 모임에 빠지지 않았다고 자랑스럽게 말했다. 이 모임이 자신의 글쓰기 실력 향상에 어떤 영향을 주었는지 얘기하는 모습에서 그녀의 열정을 충분히 느낄 수 있었고, 결과적으로 한때 그녀에게 좌절감을 느끼게 했던 일이 어느새 즐거움으로 변해 있음을 알 수 있었다.

## 학생이 학생에게 주는 조언

졸업을 앞둔 4학년 학생 60명의 얘기를 종합해보니 반복적으로 등장하는 제안들이 몇 가지 있었다.

일대일 면담에서 구체적인 질문을 하라. 학생과 교수의 면담에서 구체적으로 질문을 하는 학생들이 질문을 하지 않는 학생들에 비해 논문을 향상시킬 수 있는 방법에 관해 훨씬 더 많은 조언을 들을 수 있다. 이런 면담은 기본적인 글쓰기 입문 코스나 소규모 세미나에서 가능하며 간혹 대규모 강의에서 조별로 이루어지기도 한다. 어떤 학생들은 질문하면 행여 무식하게 보일까 봐 염려하기도 하지만 오히려 강사 입장에서는 질문을 안 하는 학생들에 비해 질문을 하는 학생들이 자신의 쓰기 실력을 향상시키는 데 진지한 열정을 가지고 있다고 보인다.

여기서 핵심은 '구체적'이라는 말이다. 학생과 교수 모두 여기에 대해 진지하게 생각해봐야 한다. '좀 더 독창적으로 생각하라'거나 '핵심 요점들을 좀 더 창의적으로 소개해보라'라는 식의 추상적인 제안은 나중에 학생들이 자리에 앉아 보고서를 수정할 때 별다른 도움을 주지 못한다. 학생들이 초안을 향상시키기 위해 어떻게 수정작업을 시작해야 하는지에 관한 조언처럼 강사의 실질적이고 구체적인 피드백이야말로 매우 귀중한 제안이 된다.

반복되는 피드백에 관해 질문하라. 때로 학생들은 자신의 보고서에 적힌 교수의 피드백을 이해한다고 생각할지 모르지만 계속해서 같은 내용의 평가를 받는다는 건 교수들의 의도를 제대로 파악하지 못하고 있기 때문이다. 글쓰기 실력이 많이 향상된 학생들은 두 개 혹은 그 이상의 보고서에서 똑같은 피드백을 받으면 적극적으로 나서서 직접 교수들을 찾아가 함께 피드백의 내용을 검토하고 자신이 교수의 의도를 정확하게 이해하고 있는지 확인했다고 말했다.

문제가 있을 때는 구체적인 예를 들어달라고 요청하라. 글쓰기 실력을 많이 향상시킨 학생들은 피드백을 확인한 후 그 내용이 특히 보고서의 어느 부분에 해당하는지 정확하게 지적해달라고 교수에게 요청하여 정확히 확인하고 넘어갔다. 교수에게 문제가 되는 부분을 지적해달라고 하면 다시 수정할 때 어느 부분에 집중해야 할지 파악하는 데도 도움이 된다.

다른 사람들에게 도움을 청하라. 대부분의 학생들은 자신이 작성한 보고서에 대해 다른 사람들의 의견을 들으면 더 도움이 된다는 사실을 알고 있다. 자신의 아이디어나 초안에 관해 상의하기 위해 교수들에게 별도로 면담을 요청하는 학생들도 있고, 캠퍼스 내 글쓰기 센터나 친구들, 급우나 룸메이트들에게 의견을 구하는 학생들도 있다. 이때 자신의 보고서를 읽는 상대에게 특정 부분을 평가해달라거나 특정한 질문을 염두에 두고 읽어달라고 부탁하는 등 원하는 바를 정확히 알려주면 훨씬 더 유용한 의견을 얻을 수 있다.

수정을 위한 전략을 세우는 데 도움을 청하라. 보고서를 어디서부터 어떻게 수정해야 할지 난감한 학생들, 혹은 어떻게 수정해야 할지 모르겠는 학생들은 교수를 찾아가 자신의 수정 작업에 집중하는 데 도움이 될 만한 글쓰기 연습이나 기타 구체적인 활동에 관련한 정보를 알려달라고 청하는 게 좋다.

## 동료 학생들을 위한 글쓰기

글쓰기의 중요성과 글쓰기 실력을 강화시키는 방법에 관한 얘기는 학생들에게 중요한 부분으로 끊임없이 등장한다. 지금부터는 교수진들이 수업을 구상할 때 도움이 될 만한 조사 결과들을 공유하고자 한다. 특히 학생들은 글쓰기 과제를 과정에 결합시키는 방법이 학습 효과를 향상시키는데 특별한 영향력을 발휘한다고 말했다.

졸업을 앞둔 4학년생 60명에게 이런 질문을 던졌다.

"대학에 들어와서 수강했던 모든 과목을 떠올려보세요. 여러분의 사고방식과 학습에, 삶과 세상에 대한 인식에 가장 깊은 영향을 준 과목, 혹은 과목들은 어떤 것인가요? 그리고 그렇게 특별히 기억에 남는 과목들은 어떻게 구성되어 있었나요?"

이러한 질문을 통해 얻은 결과는 내가 예상했던 내용과 달랐다. 학생들은 가장 깊은 영향을 받은 과목들로 흔히 그렇듯 교수들에게만 제출하기 위한 보고서가 아니라 동료 학생들 대상으로도 보고서를 작성해야 했던 과목들을 꼽았다.

수십 명의 학생은 그 과정을 자세하게 설명해주었다. 그들은 소규모 강의에서 매우 효과적인 방법이었다고 지적했으며 특히 한 학기 동안 여러 차례 쓰기 과제가 주어지고 교수가 토론을 이끄는 수업들에 적합한 방법이라고 추천했다. 예를 들어 일주일에 한 번 모여서 두, 세 시간씩 진행되는 세미나 수업이 있다고 가정하자. 참석 학생들은 모두 매주 그 주에 읽어야 하는 분량을 배정받고, 추가로 매주 돌아가면서 몇 명의 학생들(세 명이라고 하자)에게 별도의 글쓰기 과제를 내주고 수업 며칠 전까지 완성하도록 한다.

그럼 이 세 명의 학생은 자신들이 준비한 보고서를 세미나 참석 학생 수만큼 복사해서 한 곳에 모아놓고, 나머지 학생들이 하나씩 가져가서 다음 수업 시간 전까지 세 개의 보고서를 모두 읽어올 수 있게 한다. 그 세 개의 보고서도 그 주에 읽어야 할 수업 준비 자료에 포함되는 셈이다. 그러면 기존에 배정된 일반 읽기 자료와 세 학생이 쓴 세 개의 보고서를 중심으로 토론이 이루어질 수 있는데. 이런 수업에 참가했던 학생들은 수업의 장점들을 열렬히 칭찬했다.

첫째, '이번 주의 보고서'를 담당하는 학생들은 좋은 보고서를 작성하기 위해 밤낮으로 노력한다. 그들의 보고서를 교수만 보는 게 아니라 수업에 참석하는 모든 학생들이 다 읽게 되므로 더 신경을 쓸 수밖에 없다.

둘째, 동료 학생들이 읽는다는 사실을 염두에 두고 보고서를 쓰는 과정에서 많은 것을 얻을 수 있다. 전형적으로 학생들이 교수에게 제출하기 위해 보고서를 쓸 때는 그 주제에 관해 잘 알고 있는 전문가가 읽는다는 가정이 깔려 있기 때문에 가설들을 자세히 설명하지 않고 넘어가거나 모든 논점을 일일이 열거하지 않고 넘어갈 수도 있다. 그러나 동료 학생들을 대상으로 글쓰기를 할 때는 그와는 다른 방법으로 접근해야 하고, 작성자의 목소리도 달라져야 한다. 몇몇 학생들은 맨 처음 이런 보고서를 쓰는 과제를 배정받았을 때 자신들의 방식을 어떻게 바꿔야 하는지 몇 날 며칠을 고민했다고 털어놨다. 동료 집단을 위한 보고서 작성은 점수를 받기 위해 교수님 한 사람을 대상으로 보고서를 작성하는 것과 성격이 매우 다르기 때문이다.

이렇게 단순하고 기본적인 아이디어에서 또 다른 장점들이 등장한다. 수업에 참가하는 학생들은 수업 전에 잊지 않고 동료 학생들의 보고서를 챙겨 읽는다. 곧 자기 차례가 올 것이고 동료 학생들이 자기가 쓴 보고서를 읽고 토론할 것임을 알고 있으므로 모든 학생이 더욱 진지하고 꼼꼼하게 동료 학생들의 보고서를 읽게 되고, 따라서 자연히 수업 중 토론의 질이 매우 높아진다.

일부 4학년 학생들은 미리 보고서를 공유하는 방식의 또 다른 장점을 알려줬는데 다른 학생들의 보고서를 읽어봄으로써 새로운 가능성에 눈을 뜨게 된다는 것이었다. 효과적으로 논점을 제시할 수 있는 여러 가지 다른 방식들을 처음으로 접하게 되면서 직접 보고서를 작성할 때 훨씬 자신감이 생긴다고 했다. 또 많은 학생은 서로 다른 쓰기 스타일과 프레젠테이션 방법을 접할 수 있을 뿐만 아니라 어떤 보고서가 우수하고 어떤 보고서가 조금 부족한지 구별하는 눈도 생겼다고 말했다.

이때 이러한 수업 형태가 실질적인 아이디어와 학업을 중심으로 학생과 교수, 학생과 동료 학생들 사이에 상호작용이 이루어져야 한다는 원칙을 활용하고 있음을 주목하자. 학생들의 보고서를 반 전체가 함께 읽고 공유하면 과거에는 교수 한 사람만 볼 수 있었던 다양한 글쓰기 스타일과 논점들을 모든 학생이 다 함께 공유할 수 있으며, 거의 모두가 이런 형태의 수업을 적극 지지했다.

　우리는 교수진과 학생들에게 현재의 교수법과 학습법을 가장 효과적으로 개선할 수 있는 한 가지 변화를 꼽을 수 있다면 무엇일지 질문을 던졌다. 교수진과 학생 양측에서 나온 아이디어 중 가장 두드러지게 돋보인 두 가지 아이디어가 있었다.

　하나는 학생들이 특정한 한 가지 주제의 세부 내용에만 집착하지 않고 '큰 그림', 즉 '무엇보다 중요한 요점'을 생각할 수 있는 의식을 강화시키는 것이 필요하고, 두 번째는 학생들로부터 주기적으로 요긴한 피드백을 받아 교수들이 학기 중이라도 필요한 부분은 고쳐나가는 게 중요하다는 아이디어였다.

　대부분의 대학과 대학교에서는 각 학기가 끝나고 난 후에 학생들이 작성한 과목 평가서를 받는데 이러한 형태로 전달되는 데이터들은 교수들에게 유용한 정보가 된다. 특정 주제들이 학생들에게 얼마나 잘 전달되었고 다양한 강의들이 어떻게 구성되었으며, 어떤 교재가 가장 효과적이었고 어떤 문제지들이 학습에 가장 많은 도움을 주었는지 등의 내용을 파악할 수 있기 때문이다. 그러나 통상적으로 교수들은 과정이 끝난 후에야 이런 정보들을 접하게 되므로 다음 학기 준비에는 도움이 될지 몰라도 바로 다음 시간이나 다음 주 수업에는 전혀 반영할 수가 없다. 그래서 대다수의 교수들은 아직 즉각적인 변경이나 학기 중 개선이 가능한 시기, 즉 과목이 진행 중일 때 받는 학생들의 평가가 훨씬 유용하다고 말한다.

　현재 캘리포니아 대학교 버클리 캠퍼스University of California at Berkeley의 명

예교수인 패트리샤 크로스Patricia Cross는 큰 그림을 인식하는 중요성과 즉각적인 피드백의 필요성을 모두 아우르는 간단하고 기본적인 방법으로 1분 보고서를 제안했다. 그 실행 방법은 일반 강의나 토론을 수업 시간이 끝나기 1, 2분 전에 마무리하고 학생들에게 종이 한 장을 꺼내 익명으로 다음의 두 질문에 대해 간단하게 대답을 적도록 하는 것이다.

1. 오늘 수업에서 배운 가장 중요한 포인트, 혹은 핵심 아이디어는 무엇인가?
2. 오늘 수업이 끝난 후에도 의문이 해소되지 않은 주요한 질문이 있다면? 오늘 수업에서 가장 '불분명'했던 아이디어는 무엇인가?

그리고 강의실 문 옆에 상자를 준비해 학생들이 나가면서 답을 적은 종이를 집어넣게 했다. 교수가 익명의 종이 뭉치를 들고 다 훑어보는 데는 몇 분 정도면 충분하다. 크로스 교수는 "1분 보고서를 직접 실행해 보면 학생들이 이해한 부분과 정확하게 이해하지 못한 부분을 얼마나 빨리 파악하게 되는지 자신도 놀랄 것이다. 더불어 다음 수업을 보다 효과적으로 시작할 수 있는 참신한 아이디어가 떠오를 수도 있다."라고 말했다.

이렇게 특별하고 단순한 아이디어는 하버드뿐만 아니라 다른 캠퍼스로도 퍼져 나갔다. 1분 보고서는 학생들이 수업 시간을 되돌아보고 교수에게 피드백을 줄 수 있는 방법으로, 노련한 일부 교수들은 오랫동안 교수 생활을 하며 경험한 방법 중에서 아주 작은 투자를 통해 대단히 큰 혜택을 얻을 수 있는 최고의 사례라고 말했다.

하버드 케네디 스쿨Harvard's Kennedy School of Government의 수석 교수인 내 동료는 최근 자기가 가르치는 경제학 강의에서 1분 보고서를 사용하기 시작했으며 그는 거론되지 않았지만 1분 보고서의 또 다른 중요한 효과가 있다고 알려줬다. 수업이 끝날 때면 으레 1분 보고서를 작성해야 한다는 것을 알고 있기 때문에 수업 시간 내내 집중력이 높아진다는 점이다. 학생들은 끊임없이 '여기서 가장 중요한 아이디어가 뭐지?', '내가 정확히 이해 못하는 부분이 무엇이고 그 부분을 단 몇 문장으로 어떻게 효과적으로 표현할 수 있을까?'라고 스스로에게 묻게 된다. 결국 강의시간에 1분 보고서에 적을 내용과 연관해서 생각하게 되므로 이 단순하고 기본적인 방법은 효과적으로 학생들이 수업에 집중하도록 도와준다는 것이다.

내 동료는 또 전 수업 시간에 받는 1분 보고서들의 내용을 짤막하게 되짚으면서 수업을 시작하면 강의의 연속성도 높일 수 있다고 덧붙였다. 더불어 어떤 착오가 있는 경우에는 쉽게 바로잡을 수 있는 기회도 된다. 다른 교수들은 학생들도 즉각적이고 특정한 피드백을 줄 수 있는 기회에 대해 호의적인 반응을 보였다고 전하며 특히 특정 수업이 잘 진행되지 않는 경우에 더욱 효과적이라고 말했다.

프레더릭 모스텔러Frederick Mosteller는 자기가 가르치는 기본 통계 방법 수업에서 1분 보고서를 사용했고, 심지어 몇 가지 단계를 추가해 좀 더 확장시켰다. 수업이 끝난 후 학생들이 제출한 1분 보고서에서 얻은 정보들을 간략하게 요약해서 메모하고, 그 메모를 다음 수업 시간에 학생들에게 나누어주었는데 학생들은 이런 메모가 특히 유용했다며 긍정적인 반응을 보였다. 교수는 강의 내용 중 분명히 전달된 부분과 좀 더 설명이 필요한 부분에 대해 빠른 피드백을 받았고, 학생들 역시 자신들의 답변을 요약한 내용에서 배울 점을 찾을 수 있었다. 학생들은 강의를 함께 들은 다른 학생들이 정확히 이해한 부분과 모호하게 생각했던 부분이 무엇인지 파악할 수 있고 자신이 제기한 특정한 의문을 다른 학생들도 느끼는지 확인할 수 있었다.

〈강의 내용 중 가장 모호한 부분을 피드백 장치로 삼기The Muddiest Point in the Lecture as a Feedback Device〉라는 제목의 글에서 모스텔러는 이러한 획기적인 방법이 자신의 교수법을 어떻게 변화시켰는지 설명했다. 그는 1분 보고서의 내용을 요약하는 데 드는 시간은 각 수업 당 30분 정도라며 "전체적으로 보면 어쨌거나 항상 준비하는 2개의 인쇄물 외에 예전에는 없었던 인쇄물을 6개 더 준비하는 게 전부다."라고 말했다. 그는 수업이 시작하면 약 6분 정도 할애해서 학생들이 질문했던 부분에 관해 설명하고 난 후 본격적인 수업에 들어가고, 몇 분 정도 수업을 일찍 끝내서 학생들이 1분 보고서를 적을 수 있도록 했다. 전체로 보면 수업 시간(53분 수업)의 15%에 변화가 생긴 셈이다.

그렇다면 학생들은 어떤 점이 변했을까? 모스텔러는 이렇게 말했다.

"바로 다음 수업이 없는 게 분명한 학생들 몇몇은 내가 기다리는 동안 슬슬 짜증이 날 만큼 오랫동안 숙고하고 정성 들여 보고서를 적고 나서 자신들이 쓴 답에 매우 만족해하는 듯했다. 수업에 들어오기 전부터 미리 쓸 답을 준비하고 오는 학생들은 없다고 생각한다. 수업 시간이 줄어들었다고 불평하는 학생은 하나도 없었다. 그리고 일반적으로 생각하는 것처럼 여러분도 학생들의 참여도가 학습 효과를 높인다는 사실을 믿는다면, 이런 방법을 통해 각 수업마다 학생들의 학습 수준을 높이고 계속 유지하는 효과를 거두었다는 사실을 짐작할 수 있을 것이다." (모스텔러 1989, p16)

한마디로 요약하면 1분 보고서는 많은 장점을 가지고 있다. 물론 모든 과정에 다 적합하진 않겠지만 로버트 윌슨Robert Wilson, 1986이 말하는 유용하고 획기적인 교수법을 통해 얻을 수 있는 네 가지 효과를 충분히 만족시키는 것만은 분명하다.

1. 학생들이 열정적으로 강의를 경청하게 된다.
2. 교수들이 특별한 도움이 필요한 학생이나 적절한 수업 준비가 부족한 학생들을 파악하는 데 도움을 주며, 더 나아가 학생들 스스로가 자신

이 어떻게 하고 있는지 깨닫는 데 도움을 줄 수 있다.

3. 학생들이 쓰기에 집중하고 실력도 향상된다. 과정이 시작된 지 얼마 안 된 초반에 나온 보고서에 비해 후반에 나온 1분 보고서의 답변들이 훨 씬 더 길고 사려 깊고 명확하다.

4. 학생들이 실제로 그 과목을 들으며 뭔가 실질적인 것을 배우고 있다는 걸 기록하는 데 도움이 된다.

# 자연 과학에 대한 낭설

내 동료 교수들은 대부분 과학 분야에 중점을 두고 싶어 한다. 과학 분야를 전공하는 학생들의 수가 너무 적다는 국가적인 우려가 점점 커지고 있음을 인식하고 있기 때문이다. 그리고 과학 분야를 전공하지 않는 학생들은 그와 관련한 주제에 대해 아는 게 별로 없다는 결론을 내린다. 대학에서 과학 분야 강의를 수강했던 학생들의 경험을 듣고 어떤 점을 배울 수 있을까? 하버드에서는 모든 학부생이 반드시 최소 3개 이상의 과학 관련 과목을 이수하도록 규정하고 있다. 그들의 경험은 어땠을까? 교수진들에게 제안하고 싶은 건설적인 건의 사항들은 어떤 것들이 있을까?

우리의 연구 조사를 통해 얻은 결과들 가운데 분명한 한 가지 사실은 과학 분야의 강의에 관한 오해들이 아주 많다는 점이다. 증거도 없는 몇 가지의 잘못된 얘기들이 줄기차게 거론되었는데, 이러한 오해들이 과학 분야를 전공하는 학생들과 전공하지 않는 학생들 모두에게 큰 영향을 미치고 있다고 생각한다. 지금부터 가장 흔히 알려진 여섯 가지 인식에 대해 간단히 짚어보자. 정확한 것도 있고 전혀 얼토당토않은 내용도 있다.

첫 번째 인식은 대다수의 학부생들이 처음 대학에 들어오면 과학 관련 분야에는 별 관심을 보이지 않는다는 것이다. 이는 잘못된 인식으로 최소한 하버드에서는 그렇지 않으며 다른 많은 대학에서도 마찬가지라고 생각한다. 수학과 자연 과학, 컴퓨터 과학과 공학을 한 그룹으로 묶어보면 학생들이 전공 분야를 선택할 때 다른 어떤 과목 그룹보다도 강한 흥미를 보이는 그룹이고, 남학생이나 여학생 모두 마찬가지이며 분명한 사실이다.

두 번째 인식은 과학 분야 교수진들이 연구를 강조해서 학생들이 불만을 토로한다는 것이다. 이 또한 잘못된 인식이며, 오히려 거의 그 반대라고 봐야 맞다. 몇 년 전 60명의 학생들에게 직접 이런 질문을 했을 때 오직 7명만이 그렇다는 의견을 냈고, 나머지 53명은 매우 강하게 부정했다. 그리고 53명 중 절반 가까운 학생들은 이 대학에 오는 가장 큰 이유가 교수진이 최첨단 연구에 몰두하고 있기 때문이라고 말했고, 적어도 상급생이 되었을 때는 자신들도 그런 연구 활동에 참여해서 도울 수 있기를 바란다는 희망을 피력했다. 그들은 연구 활동을 피하려고 이 학교에 온 것은 아니라는 게 분명했다.

이 질문과 관련해 추가적인 조사를 실시했을 때도 비슷한 결과를 얻었다. 과학 분야를 전공하는 4학년 학생 50명 중에서 독자적으로 활발한 연구 활동을 벌이지 않는 교수진과 작업하고 싶지 않다고 직접적으로 말한 학생들이 42명이었다. 한 학생은 이렇게 말했다.

"물론 훌륭한 선생님이고, 친절하고, 기꺼이 나를 이끌어주시고, 언제든 만날 수 있고, 인내심 많고 늘 명확하게 설명해줄 수 있는 지도 교수님을 원하죠. 하지만 그렇게 완벽한 수준의 지도 교수님을 만나기 위해서 연구 활동이 뜸한 교수님들만을 찾아야만 한다면 굳이 그런 지도 교수님을 찾을 이유가 없을 것 같아요.

내 목표는 단순히 생물학을 배우는 게 아니거든요. 그보다 훨씬 더 큰 목표가 있는데 특히 3, 4학년 때가 되면 정말 어떻게 하는 것이 생물학인지 공부하는 게 목표죠. 그래서 내가 원하는 방향으로 생물학을 공부하려면 실제로 그 분야에서 활발하게 활동하고 있는 사람에게 배우는 게 당연하다고 생각해요."

하지만 모든 게 완벽하진 않다. 완벽한 건 드물다. 앞서 말한 50명의 학생 중 절반가량이 지도 교수와 밀접하게 교류하고 있다고 말했고, 나머지 반은 어느 정도 지도를 받고 있지만 더 많은 지도를 원한다고 말했다.

가장 성공적인 결과를 얻은 학생들은 두 가지 방식으로 광범위한 지도를 받고 있었다. 하나는 교수가 이끄는 팀원이 되어 실험실 연구 작업에 직접 참여하는 것이었다. 이런 경험의 가장 큰 이점은 같은 팀에서 작업하는 동료 학생들 사이에 형성되는 협력 관계이며, 때로는 그런 팀에서 일하는 또 다른 교수를 알게 되기도 한다. 두 번째 지도 형태는 졸업논문을 쓸 때 접하게 된다. 인터뷰에 참여한 50명의 학생들 가운데 24명이 졸업 논문 작성이 대학에서의 모든 학문적 경험 중에서 최고였다고 꼽았고 모두가 자신의 논문을 자랑스러워했다. 강의를 중요시하는 교수와의 작업과 연구를 강조하는 교수와의 작업 사이에 하나를 선택해야 한다면 어떻게 하겠느냐고 물었을 때, 24명 거의 모두가 굳이 그걸 고민할 필요가 없다고 답했다. 대개 활발하게 연구 활동을 벌이는 교수가 가장 훌륭한 선생님이기도 하기 때문이었다.

세 번째 인식은 많은 학부생들은 가장 자신 있고 익숙한 분야가 주로 인문학 분야이지 수학이나 과학이 아니라서 수업을 잘 따라가지 못할 거라는 걱정 때문에 과학 분야의 수업을 꺼린다는 인식이다. 이 내용은 절반 정도 잘못됐다고 할 수 있다. 대학에서 필수적으로 요구하는 최소한의 수학 및 과학 과목만 수강하는 학생 중에서 약 30%는 준비가 부족하다며 걱정했고, 나머지 70%는 잘할 수 있을 거라고 자신했지만 다른 이유로 과학 분야가 아닌 다른 과목들을 선택했다.

네 번째 인식은 과학 분야의 과목을 꺼리는 학생들은 신중하게 고민하고 선택한 것이며 나중에 가서도 자신의 선택에 만족한다는 인식이다. 이 역시 절반은 잘못된 인식이다. 거의 모든 학생이 자신의 과목 선택에 신중하게 임하긴 하지만 모든 3, 4학년 학생들이 과학 과목을 좀 더 많이 수강하지 않았던 자신의 선택에 만족하진 않았다.

인터뷰 중 한 질문이 이런 얘기를 이끌어냈다. 인문학을 전공한 졸업예정자들에게 '학업적인 면에서 가장 크게 후회되는 점이 무엇인가?'라는 질문이었는데 특정한 제약을 두지 않아서 학생들이 하고 싶은 말을 자유롭게 할 수 있었다. 인터뷰 진행자의 어떤 유도도 없이 학생들이 자발적으로 쏟아낸 답변 중에서 가장 많은 내용 중 하나는 "과학 과목을 좀 더 들을 걸 그랬다."라는 대답이었다. 인문학을 전공한 학생 중 39%가 이렇게 대답했다. 다른 캠퍼스의 학생들은 이와 같은 질문에 어떤 대답을 할지 알 수 없으나, 경험 많은 4학년 학생들에게서 나온 이런 답변을 곰곰이 생각하면 많은 다른 학교의 학생들도 배울 점을 찾을 수 있을 것이다.

다섯 번째 인식은 다른 분야의 과목들에 비해 학습량이 월등히 많기 때문에 많은 학생이 과학 분야의 수업을 피한다는 인식이다. 이 인식은 일부 맞는 말이다. 서로 다른 분야의 10여 개가 넘는 과목을 대상으로 요약한 학생들의 학습량 평가에 따르면 자연 과학 분야의 학습량이 꽤 높았다. 그러나 언어학 분야의 과목들과 비슷한 학습량이었고, 인문학이나 사회과학 분야와 비교하면 살짝 높은 수준을 보이는 정도였다.

여섯 번째 인식은 다른 분야에 비해 과학 분야에서 학생들 간에 학점 경쟁이 치열하다는 인식이다. 이 인식은 분명히 맞는 내용이다. 서로 다른 다섯 개 분야 과목들의 학점 경쟁에 대한 학생들의 평가를 보면 확실히 알 수 있다. 과학 분야의 과목들이 나머지 네 분야에 비해 단연 월등히 높았다.

# 과학 분야
## 교수진을 위한 제안

몇 차례에 걸친 깊이 있는 인터뷰를 통해서 학생들이 특히 어떤 상황에서 과학 과목에 관심을 보이고 열심히 참여하게 되는지 4가지 요소를 찾을 수 있었다.

### 학습량과 학점 경쟁

첫째, 수학과 과학 쪽에 강하면서도 대학에서 과학 과목을 피하는 학생들을 중점적으로 생각해 보자. 과학 과목을 피하는 학생들 대부분은 과도한 학점 경쟁을 그 원인으로 제시하지만 그런 답변의 진정성에 의심이 드는 게 솔직한 심정이다. 어떤 학생들은 과학 강의에서 요구하는 많은 학습량을 감당할 자신이 없어서 과도한 경쟁을 이유로 둘러대는지도 모른다.

다행히 우리는 학점 경쟁이 심한 과목들에 관한 실증적인 데이터를 가지고 있으며 이들 데이터는 최근의 과목 평가에서 얻어진 것이다. 전반적으로 질적인 면에서 학생들이 가장 우수하다고 평가한 15개의 자연 과학 과목들을 대상으로 학점 경쟁과 학습량의 평균적인 학생 평가를 산출하는 것은 어렵지 않다. 또한 질적인 면에서 가장 낮은 평가를 받은 15개의 자연 과학 과목들에 대해 같은 데이터를 산출하는 것도 마찬가지다. 그렇게 얻은 결과는 학생들의 답변을 재차 확인해주었다. 상위 15개 과목은 학점 경쟁이 적당한 것으로 나타난 반면 하위 15개 과목은 학점 경쟁이 상당히 심한 것으로 나타났다.

이런 차이들은 통계적으로 별 의미가 없다. 그러나 그게 중요한 게 아니라 요점은 어떤 과목이 좋은 과학 과목인가에 대한 학생들의 인식이 학점 경쟁이 높은 과목보다 적당한 과목에 맞춰져 있다는 것이다.

부정적으로 생각하는 사람은 학생들이 사실은 산더미 같은 학습량에 불만을 느끼면서 괜한 학점 경쟁을 비난하는 게 아닌지 의심할 수 있다. 이 부분을 확인하기 위해 우리는 상위 15개 과학 분야 과목의 학습량과 하위 15개 과목의 학습량을 비교했고 두 그룹의 학습량이 사실상 동일하다는 결과를 얻었다. 오히려 학점 경쟁이 적은 과목들의 학습량이 조금 더 많은 것으로 나타나지만 통계적으로 별 의미가 없는 정도의 작은 차이에 불과했다.

과학 분야 교수들은 이런 결과에서 무엇을 추론할 수 있을까? 부담스러운 학습량 때문이 아니라 과도한 학점 경쟁 때문에 과학 과목의 선택이 꺼려진다는 학생들의 대답은 사실임이 확인되었으니 과도한 학점 경쟁 때문에 수강을 주저하는 학생들(대개 과학 분야를 전공하지 않는 학생들)이 수강 선택을 긍정적으로 고려할 수 있도록 강의를 구성하는 방법을 고려해봄 직하다고 생각한다.

## 소규모 스터디 그룹

소규모 스터디 그룹은 다른 어떤 분야의 과목보다도 과학 과목에서 그 중요성이 훨씬 더 큰 것으로 보인다. 학생들이 강의실 밖에서 소규모 그룹으로 모여 함께 공부를 하는지 안 하는지 여부만으로도 과학 분야에서 얼마나 많은 과목을 수강할 것인지 예측하는 가장 확실한 지표가 되었기 때문이며, 결과적으로 소규모 그룹으로 모여 공부하는 학생들이 과학 과목을 더 많이 수강하는 것으로 나타났다.

이 아이디어는 어떤 교수라도 쉽게 실전에 적용시킬 수 있다. 수강 인원이 10명이든 200명이든 상관없이 학생들에게 강의실 밖에서 소규모 스터디 그룹을 짜서 공부하도록 얼마든지 격려할 수 있고, 만약 학생들이 스스로 하기를 주저한다면 교수가 직접 그룹을 짜줄 수도 있다. 과학 분야에서 이런 스터디 그룹이 성공적으로 운영되려면 학생들 각자가 먼저 문제지를 다 풀고 난 후에, 혹은 실험 과제나 수업을 위한 자료 읽기를 다 마친 후에 만나는 게 가장 중요하다. 각자 그런 작업을 다 마치기 전에 만나는 경우에는 스터디 그룹의 생산성이 훨씬 떨어지는데, 이는 각자가 직접 과제를 해 봐야 혼자서는 풀지 못한 문제들과 해결하기 어려운 부분들이 무엇인지 파악하고 함께 모여 머리를 맞대고 해결할 수 있기 때문이다. 이처럼 학생들이 강의실 밖에서 삼삼오오 모임을 만들어 함께 협동적으로 과제를 해나가도록 격려하는 과학 분야 교수들의 숫자가 점차 늘어나고 있다.

## 상호 작용 늘리기

다른 어떤 내용보다도 많은 수의 학생들이 제안한 내용은 과학 분야의 실질적인 과제들은 학생과 학생, 혹은 학생과 교수진 사이에 더 많은 상호 작용을 이끌어낼 수 있도록 구성되어야 한다는 것이었다. 과학 과목의 진지한 연구들이 인간미가 없다고 생각하는 사람들이 많고, 화학을 선택했다가 인문학으로 바꾼 한 여학생의 말처럼 인문학이나 사회과학 분야는 '사람들이 실생활에서 겪는 딜레마와 기쁨, 비극과 어려움 등 사람들과 밀접한 관계를 갖는' 학문이라고 생각하는 사람들이 많다.

내가 과학 분야의 교수진에게 이런 얘기를 전했을 때 한 교수가 이렇게 말했다.

"그렇지만 물리학과 화학, 생물학도 아름답고 풍성하고 깊이 있는 학문이에요. 다만 그걸 표현하는 방법이 다를 뿐이지요."

물론 나도 알고 일부 학생들도 알고 있는 사실이다. 그러나 이런 과학의 아름다움에 대한 인식을 더 많은 사람과 나누기 위해 교수들이 의식적으로 노력하지 않는 한 과학 과목을 택하는 학생들의 수는 계속 줄어들 것이다.

그리고 과학 과목들을 선택한 학생들의 말처럼 이런 인식을 공유할 수 있는 가장 효과적인 방법은 소규모 그룹을 짜서 학생들 서로가 더 밀접하게 교류하도록 하는 것이다. 예를 들어 실험실에서 진행되는 주요한 실험이 끝나고 나서 소규모로 모여 토론하는 시간을 가지면 수업이 끝나고 혼자 집으로 돌아가는 대신 실험 결과와 실험 중 어려웠던 부분, 미처 예상치 못했던 놀라운 부분들을 다른 학생들과 공유할 수 있으며 또래 과학자들끼리 계속 대화를 이어갈 수 있는 한 고리가 된다.

이런 제안에 당혹감을 느끼는 교수들도 있을 것이다. 그게 학생을 유능한 과학자로 훈련시키는 데 무슨 영향을 준다는 건지 의구심이 들 수도 있다. 학생들은 실험실에서의 실험 후에 소규모 그룹 토론이 이어져 봐야 까다로운 과학 과목들을 자신들의 수강 과목 목록에 포함시키는 데 별 효과를 미치지 못할 거라고 생각한다. 그러나 소규모 그룹 활동을 통해 분명히 성취할 수 있는 것이 있으며 이는 학생들도 매우 중요하다고 꼽은 부분으로, 삼삼오오 모이는 그룹 활동을 통해 대학 공동체 안에서 동료애를 기를 수 있으며 이는 과학 분야에서 성공하는 데 꼭 필요한 요인이자 학생들이 갈망하는 부분이었다.

학부생들이 과학 과목 강의에 관해 얘기할 때 과학에 관심을 갖는 학생들이 소규모 커뮤니티를 형성할 수 있게 도와준 교수들을 반복적으로 언급했으며, 매번 감사와 존경이 담긴 표현이 뒤따랐다. 한 학생은 그 교수를 '학문적인 성장뿐만 아니라 개인적으로도 내게 매우 큰 영향력을 발휘한 사람'이라고 말했다.

## 더 많은 학생을 모으고 유지하는 방법

앞서 얘기했듯이 과학 분야에 대한 잘못된 인식 중 하나는 대부분의 학생이 대학에 들어올 때 과학 분야의 과목에 별 흥미가 없다는 생각이다. 하지만 데이터를 살펴보면 얘기가 달라진다. 많은 캠퍼스에 적을 둔 대다수의 1학년 학생들은 과학 과목 공부에 강한 흥미를 보이며, 상당한 수의 학생들이 컴퓨터 공학과 응용 수학을 비롯해 과학 분야에서 전공을 선택할 계획을 가지고 있다.

많은 학생이 과학 과목에 열정을 가지고 있고 열심히 노력하며, 지적인 자극을 받고 깊이 파고들다가 결과적으로 과학 분야를 평생 진로로 선택하는 학생들도 많다. 한편 이처럼 만족스러워하는 무리의 학생들과는 달리 과학 분야에 경험도 많고 대학에 와서도 전공할 계획을 가지고 들어왔지만 얼마 지나지 않아서 다른 분야로 전공을 바꾸는 학생들도 적지 않다.

이 두 그룹에 속하는 학생들에게 어떤 방식으로 학습했는지 물었을 때 마치 전혀 다른 세계를 설명하는 것과 같은 상반된 대답이 나왔다. 과학 분야에 남은 학생들은 정규 수업 외에 강의실 밖에서 학생들끼리 조직한 소규모 스터디 그룹에 대해 얘기했고, 우수한 실험실 강사와 치열하면서도 개인적인 교류가 이루어졌다며 긍정적인 경험담을 들려주었다. 반대로 원래는 과학 분야에 관심을 갖고 있다가 방향을 바꾼 학생 중에는 스터디 그룹에 가입한 사람이 거의 없었고 다른 학생들과 함께 여럿이 모여 공부한 경험도 없다시피 했다. 그들은 강의 부분과 실험실 강사들을 무뚝뚝하고 무엇보다도 인간미가 없다고 묘사했으며, 매일 저녁 각자 방으로 돌아가 혼자서 공부했다고 말했다.

앞에서도 언급한 것처럼 강의와 실험실 연구에서 학부생들이 동료 학생들과 협조적인 관계를 유지하며 공부할 수 있도록 도와준 과학 분야의 교수들이 학생들에게 높은 평가를 받았고, 그런 교수를 소개할 때 '영감을 주는'이라는 말이 자주 등장했다. 이런 교수들은 과학 분야에 흥미를 느끼는 학생들뿐 아니라 다른 과목에 관심을 가진 학생들도 모두 자기 수업으로 끌어올 수도 있으며, 이러한 성공적인 반응은 어떤 신비로운 카리스마나 학생들을 즐겁게 하는 특별한 재주 덕분이 아니라 강의 내용을 효율적으로 구성한 덕분이었다.

# 외국어
# 수업

대학에 갓 입학한 1학년 학생 중에서 학업의 상당 부분을 외국어나 문학 분야에 집중하려고 계획하는 경우는 소수에 불과하다. 신입생들에게 직접 물어봤을 때 대다수는 언어에 대한 특별한 관심도 반감도 표시하지 않았고, 외국어 과목은 그저 필수과목일 뿐이고 최대한 힘들지 않게 무사히 마치고 싶다는 반응이 보편적이었다.

십여 군데 다른 캠퍼스를 방문했을 때도 이와 비슷하게 외국어에 대한 관심 부족이 일반적이었다. 왜 그런 시각을 갖게 됐는지 학생들에게 직접 물어봤을 때 몇몇 학생들은 고등학교 때 들었던 외국어 교육의 수준을 거론했는데 직접 그 언어를 사용하는 원어민에게 배운 경우도 드물고 단조롭고 제한된 암기 교육이 태반이었다.

그러나 하버드에 재학 중인 학생 중에는 언어 관련 과목을 공부하는 과정에서 어떤 개인적인 변화를 경험하는 학생들도 있다. 언어 과목들은 개별지도를 제외한 다른 어떤 그룹의 과목들보다도 훨씬 높은 평가를 받고 있으며 이러한 평가는 학생들이 말하는 전반적인 평가와 교수법의 질에 대한 평가 내용을 고려한 결과이다. 학생들은 언어 분야 과목들의 학습량이 매우 많다고 말했지만, 관련 분야에 대한 대다수 학생의 관심도 또한 상당히 높은 것으로 나타났다.

그리고 이러한 평가는 특정한 언어 혹은 언어그룹을 초월한 것으로 로망스어나 게르만족 언어, 아시아 언어나 슬라브어, 혹은 고전어이든 언어의 종류에 상관없이 3, 4학년들이 가장 많이 성장했다고 느꼈던 과목들로 언어 분야의 과목들을 꼽았다. 그리고 언어 과목을 수강한 학생의 60%가 수업에 대해 "매우 힘들긴 했지만 정말 즐거웠다"라고 말했다.

내가 이런 반응들을 처음 접했을 때는 학생들이 특별한 기술, 특히 당장 써먹을 수 있는 기술의 습득을 중요하게 생각하며 외국어 강의가 손쉽게 그런 기술을 제공하기 때문이라고 생각했다. 그러나 그 후 100% 외국어로 외국 문학을 공부하는 고급 외국어 강의에 대한 평가가 제법 높은 평가를 받은 기본 외국어 과목들보다 훨씬 더 높다는 사실을 알게 되면서 쉽게 넘겨짚을 수 있는 결과가 아니라는 걸 깨닫게 되었다. 그래서 335명의 학부생을 대상으로 특히 외국어와 문학에 초점을 맞춰 추가 인터뷰를 진행했고, 670명의 졸업생에게 설문지를 돌렸다.

이런 추가 조사를 통해 언어 분야의 과목들을 선택한 학생들은 그 과목에 엄청난 시간을 쏟았다는 걸 알게 되었으며 학생들은 그렇게 땀 흘린 노력이 여러 차례 보상으로 돌아왔다고 말했다. 그들은 동시에 언어와 문학을 탐구하는 데서 특별한 즐거움을 느끼고 있었다.

우리는 학생들이 이미 외국어를 충분히 습득하고 우리 학교에 온다는 사실을 알게 되었고, 그런 학생들은 거의 예외 없이 학교에서 지정한 필수 외국어 수업을 받지 않아도 되는 수준이었다. 그러나 초기에 실시한 조사에서 상급반으로 건너뛸 수 있는 선택권을 행사한 사람은 31%에 지나지 않았고, 더욱 최근에 실시한 조사에서는 그 수치가 25%로 떨어지기까지 했다. 우리 학교 전체 학생의 절반 정도가 한 가지 외국어나 문학 강의를 듣고 있었고, 20%는 현재 두 개 이상의 관련 수업을 듣고 있었다.

그렇다면 학생들은 대학에서 배울 외국어를 어떻게 선택할까? 어쨌거나 학생들의 외국어 경험은 대개 고등학교에서 선택했던 외국어 수업에 국한돼 있으며 대다수의 학생이 고등학교 때 시작한 외국어를 그대로 선택했다. 고등학교에서 배우기 시작한 외국어를 계속 공부하면서 최소한 또 하나의 다른 외국어를 추가로 더 선택한 학생들도 제법 있었고(16%), 12%의 학생들은 고등학교에서 배운 외국어와 상관없이 전혀 새로운 외국어를 시작했다.

대부분의 학생은 외국어와 문학 공부에 관해 유용한 조언을 받을 수 있을까? 최소한 하버드에서 그 대답은 '아니오'였다. 사실 이 부정적인 답변은 매우 도드라지게 눈에 띄었으며 오로지 12%의 학생들만이 외국어 과목 선택 시 요긴한 조언을 받았다고 대답했다. 다른 대학에서는 외국어와 관련한 조언이 어떻게 이루어지는지 질적 수준에 대한 체계적인 데이터는 가지고 있지 않지만, 여러 캠퍼스를 다녀본 결과 많은 대학들도 이런 점에서 하버드와 비슷한 분위기라는 느낌을 강하게 받았다.

## 졸업생들의 조언

졸업생들은 학부생 때 들었던 외국어 및 문학 관련 강의에 관해 분명한 의견을 가지고 있었다. 졸업 후 10년 사이에 상당한 수의 졸업생들이 전문 분야를 확장했는데, 28%의 졸업생들은 대학 졸업 후에도 한 가지 외국어를 계속 공부했으며, 두 개 혹은 그 이상의 외국어를 공부하는 학생들도 16%나 됐다.

그들이 현재 학부생들에게 주는 조언들은 하나의 중요한 요점으로 압축할 수 있는데, 외국어 강의는 들을 수 있는 만큼 많이 들으라는 조언이었다. 믿기 힘들 정도로 94%에 달하는 졸업생들이 이런 의견을 보였고 전체의 57%나 되는 졸업생들이 '시험을 통과해 공식적으로 수강을 면제받는다 해도' 외국어와 문학 수업을 배제하지 말고 수강하라고 적극 권장했다. 전체 졸업생의 21%는 학부생들에게 배운 언어를 사용하는 나라에 직접 갈 수 있는 기회를 만들라고 격려했고, 또 16%는 한 가지 이상의 외국어 강의를 선택하라고 권했다. 가능하면 시험을 통해 외국어 과목 수강을 면제받는 방법을 추천한 졸업생들은 오로지 6%에 불과했다.

## 이러한 열정의 이유

위와 같은 결과를 통해 알 수 있는 건 학생들이 가장 열정적으로 참여하는 수업은 개인적인 참여도를 극대화하고 다른 학생들과의 상호작용을 이끌어낼 수 있도록 구성된 수업이라는 사실이다. 외국어 관련 과목들이 학생들에게 높은 찬사를 받은 건 말로 설명할 수 없는 미스터리한 이유가 있어서가 아니다. 이런 찬사를 받는 이유는 학생들이 보이는 반응의 질적인 면을 살펴보면 이해할 수 있다.

학생들은 언어 과목 수업을 어떻게 묘사할까? 대체로 15명이 채 안 되는 소규모 강의로 이루어지며 학생 수가 10명 미만인 수업도 있다. 강사들은 학생들 하나하나가 고루 수업에 참여하고 발표할 수 있도록 적극적으로 나서며 수줍음이 많은 학생도 예외는 없다. 또 강의실 밖에서 소규모 그룹으로 모여 함께 공부할 것을 권했고, 수업 시간에는 보고서 작성이나 연습 문제 등 매주 꾸준히 쓰기 과제를 내주며 수시로 퀴즈를 내서 학생들에게 끊임없이 피드백을 제공해 과정 내내 계속해서 교정할 수 있게 해주었다. 요약하자면 이런 수업들의 공통점은 과목의 종류와 관계없이 학습 효과를 강화하고 수업 참여도를 높이는 데 가장 효과적이라고 학생들이 꼽은 방법들을 진작부터 실제로 강의에 적용하고 있었다는 것이며, 그 결과 학생들의 높은 호응도를 이끌어 냈다고 할 수 있다.

# 5

## 훌륭한
## 멘토링과
## 조언

홀륭한 조언을 받는 건 성공적인 대학 생활을 이끌어내는 필수적인 요소 중 하나이면서도 가장 과소평가 되고 있다 해도 과언이 아닐 것이다. 졸업을 앞둔 4학년 학생들은 뜻밖의 질문을 던지는 특정한 스타일의 조언 방법이 그들의 성공에 매우 중요한 역할을 했다고 소개했다.

한 4학년 여학생은 3, 4학년 때 만난 학과 지도 교수에 관해 얘기했다. 그녀는 행정학을 전공하는 뛰어난 학생이었는데 자기가 존경하는 교수, 강의를 들었던 교수, 그리고 그녀를 잘 알고 그녀의 우수한 성적도 알고 있는 교수 등 여러 명의 교수와 면담했던 얘기를 풀어놓으며 그중에서도 다른 교수들과 분명 차별화되는 특정 교수와의 경험담을 들려주었다. 다음은 그녀의 얘기를 어느 정도 압축한 내용이다.

"2학년이 끝나갈 때쯤 연구 주제와 졸업 논문에 대해 교수님들과 몇 차례 면담을 했어요. 그때마다 우리의 대화가 매우 학구적이긴 했지만 학문적인 내용과 내가 개인적으로 중요시하는 가치관과 확신 사이에 연결고리가 부족하다는 느낌을 지울 수 없었어요.

나는 행정학 박사 과정을 염두에 두고 대학원에 진학할 생각을 하기 시작했는데 대학원 공부를 하기로 마음먹은 바에야 내가 실질적인 관심이 있고 내 의견을 피력할 수 있는 분야여야 한다고 생각했죠. 더불어 현실 세계에서 내가 중요하게 생각하는 것과 동떨어질 정도로 지나치게 학문적인 주제만은 반드시 피하겠노라고 단단히 마음먹고 있었어요.

그때 훗날 내 학과 지도 교수가 된 교수님을 만나게 됐어요. 그리고 교수님과의 첫 번째 면담에서 현실에서 내가 개인적으로 중요시하는 부분들을 선택할 때 추상적이고 관념적인 학문을 연관시키고 싶은 나의 바람을 교수님이 이해하고 있다는 느낌을 받았어요.

교수님은 먼저 내게 제일 많은 영향을 준 한 권의 책이 무엇인지 물었고 나는 망설임 없이 성경이라고 대답했어요. 교수님은 내 대답에 전혀 놀라지 않으셨고 시작부터 조짐이 좋았어요. 교수님은 다시 전공 분야에서 내 사고 체계 형성에 가장 중요한 영향을 준 다섯 명의 작가는 누구인지 물었고, 나는 특별한 순서 없이 알렉시스 드 토크빌Alexis de Tocqueville, 아리스토텔레스Aristotle, 에드먼드 버크Edmund Burke, 데이비드 흄David Hume과 존 롤스John Rawls를 들었죠. 내 말을 들은 교수님이 미소를 지으며 내가 "어떤 생각을 하는지 감을 잡을 수 있을 것 같다"라고 말했는데, 그 말이 그렇게 기쁠 수가 없었어요. 교수님은 내가 중요하게 생각하는 게 무엇인지 이해하는 데 관심을 보인 첫 번째 교수님이었어요. 정의에 대한 롤스의 입장이 가진 강점과 약점이 내게 어떤 의미가 있는지 잘 파악하지 못한 상태에서 그 내용을 토론하는 데 급급한 교수님들이 대부분이었거든요. 하지만 어차피 수백 시간을 투자해 써야 하는 논문인데 학문적인 우수성도 중요하지만 개인적으로도 내게 의미가 있는 논문을 쓰고 싶었기 때문에 아쉬움이 없지 않았죠.

교수님은 내가 깊이 있게 공부하고 싶은 분야에 관해 한층 심도 있는 질문을 던졌고 난 집단의 성공과 복지에 초점을 맞춘 정치학과 개인의 복지에 초점을 맞춘 정치학 사이의 딜레마에 관심이 있다고 대답했어요. 그 둘 사이의 갈등을 파고들면 현대 민주주의의 정치 철학에서 수많은 의견 충돌이 발생하는 이유를 설명할 수 있을 것 같았거든요. 물론 다들 탁월하긴

하지만 이쯤에서 곧장 정치 철학에 대한 관념적인 토론으로 들어가는 스타일의 교수님들과 달리 이분은 내 말에 밖의 질문을 던지셨어요.

"데이비드 해어David Hare의 스카이라이트Skylight라는 작품을 본 적 있나?"

나는 그런 작품을 본 적도 없고 사실 들어본 적도 없었어요. 교수님이 계속 말했어요.

"지금 학생이 생각하는 두 개의 주제처럼 서로 대립하는 두 사람에 관한 얘기지. 이 작품에는 빈민가 지역의 아이들을 가르치기 위해 같이 살던 남자의 곁을 떠난 여자가 등장하는데 그녀는 사람들을 어떤 특정 그룹이나 카테고리의 일부로 생각하는 경향이 있고, 남자는 어떻게 그런 생각을 할 수 있느냐며 여자를 이해하지 못하지. 여자를 찾으러 온 남자가 여자를 향해 하는 말은 작품 속 가장 극적인 대사로 유명해. '사람들을 사랑하는 건 당신에게 쉬운 일이야. 하지만 한 사람을 사랑하는 것, 그건 분명히 다른 문제지.' 학생이 쓰고 싶은 논문이 그런 건가?"

그 말을 들었을 때 내가 얼마나 들뜨고 흥분했는지 몰라요. 교수님은 내 생각이 무엇인지 물었을 뿐만 아니라 정말 '내 머릿속을 들여다보기 위해' 노력하는 진심을 느낄 수 있었기 때문이죠. 그것이야말로 한마디로 차원이 다른 경험이었어요.

더불어 한 가지 더 덧붙이자면, 그 당시 제2차 세계대전과 홀로코스트에 관한 책을 쓰고 있던 교수님은 내가 논문을 준비하면서 생각해봐야 할 의문점들을 제기한 사람과 책에 관한 정보도 아낌없이 주셨어요. 그 예로 한 번은 면담에서 교수님이 엘리 비젤Elie Wiesel의 말을 인용하셨어요. '의문은 사람들을 연합하게 하고 대답은 사람들을 분열시킨다.' 그리고 내가 논문의 내용을 구성할 때 이 말이 도움을 줄지 궁금해하셨죠. 교수님 덕분에 정말 여러 측면에서 많은 것을 고려하고 생각해보게 됐어요.

또 다른 면담에서는 언어가 개념이나 논쟁 형성에 미치는 영향에 초점을 맞춰보면 어떠냐는 제안을 하면서 네덜란드 출신의 작가 아벨 헤르츠버그Abel Herzberg의 말을 인용했어요. 이 작가는 유대인 수용소에서 살아남은 생존자로 자신의 저서에서 6백만 명의 유대인이 살해당했기 때문에 홀로코스트가 벌어진 것이 아니라 한 명의 유대인이 살해당하고, 또 한 명이 살해당하고, 또 한 명이 살해당하고, 그렇게 6백만 번의 살해행위가 이어진 것이 홀로코스트라고 강조했어요. 교수님은 집단에 미치는 결과와 개인에 미치는 결과를 구분하는 정치철학을 분석하는 내 논문 작성에 그 작가의 얘기가 도움이 될지도 궁금해했어요.

학생들이 학업적인 연구와 개인적인 열정을 통합시킬 수 있도록 모든 지도 교수가 발 벗고 나서서 특별한 노력을 기울여야 한다고 주장하면 지나친 요구라고 할 수도 있어요. 하지만 그렇게만 된다면 더 바랄 것 없는 최고의 조언이 될 게 분명해요. 마지막으로 한 가지 더 하고 싶은 말이 있어요. 교수님과의 면담 시간에 교수님이 의도적으로 개인적인 의견을 거론하지 않으셨기 때문에 지도 교수님의 개인적인 정치관을 이해하는 데 오랜 시간이 걸리긴 했지만, 알고 보니 교수님과 내 견해는 일치하는 것보다 일치하지 않는 부분이 훨씬 더 많았어요. 하지만 지금 되돌아보면 그런 사실 또한 교수님과 나의 교류를 더욱 견고하게 다지는 작용을 했다는 생각이 들어요."

대학에 막 도착한 남학생들과 여학생들은 여러 가지를 선택해야 하는 상황에 맞닥뜨린다. 어떤 과목을 선택할 것인가? 어떤 분야를 전공할 것인가? 어떤 과외 활동에 참여해야 하나? 공부는 얼마나 해야 하나? 어떻게 공부해야 하나? 이런 선택들은 대단히 개인적인 부분이며 학생들은 별다른 정보 없이 선뜻 결정하는 경우도 많지만 그런 선택으로 인해 심각한 결과가 따를 수 있다. 그냥 건너뛴 과목 혹은 특정 수업에 적합하지 않은 공부 방법 등으로 인해서 선택할 수 있는 기회가 제한되거나 줄어들고, 심지어 완전히 없어져 버릴 수도 있기 때문에 지도 교수들의 역할이 매우 중요하다는 것이다. 지도 교수들은 학생들에게 광범위하고 다양한 질문을 하고, 몇 가지 제안을 함으로써 지속적으로 깊은 영향을 줄 수 있다.

# 효과적인
# 조언의 위력

이 책을 위해 10년 넘게 연구 조사를 진행하는 동안 내가 방문한 대학만 해도 90여 곳이 넘는다. 선별적으로 학생을 뽑는 학교도 있고 거의 개방 입학에 가까운 학교들도 있었지만 그 중간이 가장 많았고, 사립과 공립, 대규모와 소규모, 주립 대학과 2년제 대학들도 있었다. 어느 학교에서나 교수진과 학생이 가장 어려운 부분이라고 언급한 것 중 첫 번째가 효과적인 학업 조언이었다.

학과 조언의 중요성은 누구나 알고 있으며 각 학생의 개별적인 상황에 따른 맞춤식 지도가 최고의 효과를 낼 수 있다는 것도 동의한다. 각 학생의 고유한 출신 배경, 강점과 좀 더 노력이 필요한 분야, 희망과 꿈까지 고려한 맞춤식 지도라면 더 말할 나위 없을 것이다. 그러나 현실을 살펴보면 서로 다른 캠퍼스마다 매우 다른 조언 방법을 실시하게 된다. 2,000명 정원의 소규모 사립 미술학교는 20,000명 정원의 대규모 공립 대학교에 비해 조언을 해주는 자원에 제약이 있으므로 그와 다른 시스템을 고안하는 게 당연하다.

학생들과의 인터뷰에서 얻은 효과적인 조언 방법에 관한 몇 가지 내용은 다른 많은 캠퍼스에도 도움이 될 수 있는 내용이라고 생각하며, 지도 교수들이 학생들과 공유하기도 쉽고 학생들이 실행하기도 쉬운 것들이 대부분이다.

그중에서도 학생들이 대학 시절 경험담을 반추하는 과정에서 반복적으로 제기된 간단하고 특별한 제안이 한 가지 있는데, 그 바탕에는 성공적인 대학 교육에서 사람과 사람 사이의 인간적인 관계를 빼놓을 수 없다는 명백한 사실이 자리하고 있다.

학생 각자가 한 명 혹은 여러 명의 교수와 그런 관계를 맺을 수 있다면 가장 이상적이라고 할 수 있다. 여기서 나는 명백한 사실이라고 강조했지만 신입생들에게 앞으로의 대학 생활에 대한 계획과 목표에 관해 질문을 던져 보니 그들은 이런 부분에 대해 생각해 본 적이 없는 듯 아무도 언급하지 않았다. 그래서 나는 학과 조언을 위해 새로운 학생들을 만날 때마다 잊지 않고 그 얘기를 해 준다.

나는 해가 바뀔 때마다 새로운 학생들과 일대일로 만나는데 해가 바뀔 때마다 나와 학생과의 대화는 비슷한 패턴을 따라 흘러간다. 우선 학생이 대학에서 성취하고자 하는 목적에 관해 이야기를 나누고, 학생의 출신 배경에 대해 짧은 대화를 나눈다. 그다음에는 주요한 요점인 '학습 계획'에 대한 상담으로 이어지는데 학생이 1학년 때 어떤 과목을 수강할 계획이고, 그 과목들이 앞으로 어떤 과목들로 이어질 것인지 얘기를 나눈다. 나는 학생들에게 가장 중요한 첫 1년 동안 어떤 과목들을 수강해야 앞으로 이어질 3년간 현명한 선택을 하는 데 도움이 될지 곰곰이 진지하게 따져봐야 한다고 적극 권장한다. 특히 어떤 특정 과목들을 수강해야 앞으로 선택할 과목을 공부하는 데 도움이 될지, 더 나아가 몇 년 후 전공 및 집중 학습을 선택할 때 도움이 될지 심각하게 고려하지 않고 단순히 재미있을 것 같다는 이유로 아무 과목이나 선택하는 경솔한 결정은 절대 피하도록 주의를 준다.

그런 다음에는 내가 제일 좋아하는 대화가 이어진다. 나는 "자, 이제 우리가 꼭 필요한 얘기는 어느 정도 다 했고, 그럼 이번 학기에 학생은 어떤 일을 해야 한다고 생각하나?"라고 묻는다. 그러면 거의 모든 학생들이 예외 없이 열심히 공부하고 성실하게 생활하겠다고 대답한다. 내가 좀 더 파고들어 또 어떤 목표를 세울 수 있는지 물으면 이번에는 캠퍼스 내의 과외 활동 참여에 집중된 대답이 쏟아진다. 그러면 나는 이번 학기 동안 그들의 목표는 무엇인지 다시 한 번 같은 질문을 되풀이한다.

이쯤 되면 대부분의 학생들 얼굴에 당혹스런 표정이 떠오르고 내가 무슨 대답을 기대하고 같은 질문을 계속 던지는지 궁금해한다. 그러면 나는 신입생들에게 내가 해줄 수 있는 가장 중요한 한 가지 조언을 해준다.

"특정 교수와 가까이 교류하면서 친분을 쌓고, 더불어 그 교수에게 학생이 누구고 어떤 사람인지 분명히 알리는 것이 이번 학기에 학생이 꼭 해야할 일이야."

신입생들 대부분은 이렇게 구체적인 목표를 생각해보지 않은 게 분명하다. 나는 이 목표를 달성하려면 어느 정도의 공들인 노력과 계획이 필요하다는 사실도 분명히 강조한다. 그러나 그런 노력을 기울였을 때 얻을 수 있는 혜택을 한 번 생각해보자. 어쩌다 그 목표의 절반을 달성하는 데 성공한대도 대학에서 보내는 8학기 동안 최소한 4명의 교수와 친분을 쌓고 잘 아는 사이가 된다는 사실을 학생들에게 상기시킨다. 물론 교수들도 그 학생에 대해 잘 알게 된다. 그리고 이 목표를 달성했을 때 얻을 수 있는 실질적인 혜택에 대해 생각해 보면 4학년이 돼서 졸업을 앞두고 직업을 구하거나 대학원이나 전문 대학원에 지원할 때, 혹은 졸업 후 어떤 장학금을 따려 할 때도 추천서를 받거나 도움을 받을 수 있고, 추천인으로 올릴 수 있는 네 명의 교수를 확보하는 셈이다.

나는 거의 10년 동안 신입생들에게 이와 같은 조언을 잊지 않고 해주고 있다. 1학년 때 내게 조언을 받았던 학생이 졸업을 앞두고 나를 찾아와서 신입생 때 받았던 그 조언이 매우 유용했다고 말해준 경우가 종종 있기 때문이며 지금은 내 동료들도 학생들에게 같은 조언을 해주고 있다. 물론 일부 대규모 캠퍼스에서는 학생들이 이 조언을 실행에 옮기는 게 어려울 수도 있다. 그래도 나는 포기하지 말고 계속 노력해보라고 적극 권한다. 어떤 대규모 대학에서는 한 학생이 한 학기가 아니라 졸업할 때까지 4년 동안 단 두 명의 교수와 친분을 쌓는다고 해도 가까이 교류하고 지낸 교수가 단 한 명도 없는 학생에 비해 훨씬 더 나을뿐더러, 대학 생활 동안 훨씬 더 풍요로운 경험을 쌓을 수 있다고 확신하기 때문이다.

# 성공적인
# 학생들에게
# 배우기

　어떤 조언이 정말 훌륭한 조언인지 어떻게 판단할 수 있을까? 이 문제는 두 그룹으로 나누어 한쪽은 특정한 종류의 조언을 주고 다른 쪽은 주지 않는 식의 대조 실험을 할 수 있는 문제가 아니므로 그 대신 누가 봐도 성공적인 대학 생활을 한 사람들을 찾아 물어볼 수는 있다. 성공적인 결과를 낸 학생들을 만나 인터뷰하면서 과거로 거슬러 올라가 어떤 종류의 학문적 조언이 그들에게 큰 영향력을 발휘했는지 탐색해 볼 수 있다. 이러한 후향적 분석은 통계학적인 정확성으로 따지면 그다지 이상적인 방법이 아니라고 비평을 받기도 하는데 특히 처리와 결과 사이에 우연한 추론이 가능하기 때문이다. 그렇지만 어떤 방법으로든 시작해야 했기 때문에 그런 방법을 택했고, 그 결과 성공적인 학생들과 나눈 대화들 속에서 효과적인 조언 방법에 대해 놀라운 통찰력을 얻을 수 있었다.

　내가 인터뷰 대상으로 고른 학생들은 로즈 장학생들Rhodes Scholars, 영국 옥스퍼드 대학에서 공부하는 미국, 독일, 영연방 공화국 출신의 학생들에게 주어지는 장학금과 마샬 장학생Marshall Scholars, 영국에서 미국의 우수한 대학원생들 선발해 수여하는 장학금들이었다. 분명 그 정도의 성공적인 결과를 얻어낸 학생들이라면 훌륭한 조언 방법에 꼭 필요한 요소가 무엇인지 중요한 통찰력을 가지고 있을 거라고 기대했기 때문이다. 어떤 중요한 부분이 이 학생들과 매우 훌륭하게 맞아떨어진 것이 틀림없으니까 말이다. 나는 총 30명의 학생을 일대일로 만났고 그들이 받았던 학문적 조언에 대해 심층적인 질문을 던지며 인터뷰를 진행했다.

이들과의 대화를 통해 드러난 매우 중요한 사실이 하나 있었다. 30명 중에서 22명은 내가 뭐라고 유도하기도 전에 대뜸 얘기를 꺼냈는데, 대학 시절 매우 결정적인 순간에 학업 지도 교수가 질문을 던지거나 지적인 자극을 주는 등 각자 방법은 달라도 학생들로 하여금 자신의 학업과 개인적인 삶의 연관성을 진지하게 숙고해 보는 기회를 갖도록 이끌어 주었다고 말했다.

"작은 공립 고등학교를 졸업하고 대학에 들어왔을 때도 난 여전히 철부지였어요. 처음으로 학업 지도 교수님을 만나는 면담에서 무슨 얘기를 해야 할지 전혀 몰랐기 때문에 이것저것 준비를 했죠. 6과목 중에서 4과목을 선택할 생각이라서 그 목록을 만들었고 과학 분야별 차이점은 무엇이고 각 분야별로 어떤 부분에 집중해야 하는지에 관해 여러 질문들을 쭉 적어갔어요.

뜻밖에도 교수님은 나에 대해 어느 정도 알고 있었고, 나를 편안하게 해주려고 노력했어요. 서로 인사를 나누고 자리에 앉으라고 권하시더니 곧장 질문을 던지셨어요.

"학생은 왜 여기 왔지?"

나는 왜 교수님을 만나러 왔는지 묻는 줄 알고 과목 선택에 관한 질문들을 꺼내기 시작했어요. 그러자 교수님은 내 말을 막으며 다시 물었어요.

"아니, 왜 여기 하버드에 왔느냐고 묻는 걸세."

내가 예상했던 말이 아니었던 터라 뜻밖의 질문에 좀 당황했고, 잠시 후에 최고의 인문 교육을 받기 위해 하버드에 왔다고 대답했어요. 그 말에 이어진 교수님의 질문은 그날 이후 4년 동안 내 머릿속을 떠나지 않았죠.

"그렇다면 학생은 '최고의 인문 교육'이란 어떤 것이라고 생각하나?"

난 그 자리에서 적당한 대답이 생각나지 않아서 곰곰이 생각해보고 다음 주 면담 때 과목 수강 카드에 사인을 받으러 와서 말씀드리겠다고 대답했어요.

　다른 사람에게 어떻게 해야 한다고 말하고 싶은 생각은 없어요. 그렇지만 내 경우를 말하자면 초기의 면담 내용을 내게 맞춰 이끌어주고, 대학에서 내가 성취하고자 하는 목적이 무엇인지 질문하고, 어떻게 물리학을 공부해야 내가 자랑스럽게 대답한 훌륭한 인문 교육의 정의에 맞출 수 있을지 진지하게 고민하라고 강조하신 교수님께 많은 영향을 받았어요. 그때 교수님이 내게 던진 질문들과 우리의 대화는 아직도 머릿속에 생생하게 남아 있어요. 물론 내가 어떤 한 과목에서 거둔 성공적인 결과가 그 교수님 덕분이라고 말하기는 어렵겠지만, 하버드에 있는 동안 내가 고른 선택들을 돌아볼 때마다 첫 번째 만남에서 교수님이 내게 던졌던 그 질문이 귓가에 생생하게 맴돌았다는 것만은 분명해요."

　여러 인터뷰에서 공통적으로 등장한 한 가지 내용은 지도 교수들과 '더 큰 아이디어'에 관해 이야기를 나누며 교류했던 학생들이 그런 대화를 통해 대단히 중요한 도움을 받았다는 사실이다. 지도 교수를 만나 그저 과목 수강 카드에 후딱 서명만 받고 나온 학생들은 자신들이 공부하는 분야에 관한 인식과 그 분야를 공부하는 이유, 지금 공부하고 있는 분야가 앞으로 자신이 원하는 미래의 큰 그림에 어떻게 통합될 수 있는지, 고려해볼 만한 새로운 아이디어는 무엇인지 등 변화를 가져올 수 있는 대화의 기회를 놓치는 셈이다.

　한 로즈 장학생과의 인터뷰 내용은 여러 번의 효과적인 면담과 조언을 통해 어떤 결과를 이끌어 낼 수 있는지 다시 생각하게 한다. 이 남학생은 생물학을 전공했고 2년간 옥스퍼드 대학교에서 공부하고 나면 의대에 진학할 계획이었는데 신입생 때 지도 교수에게 받았던 뜻밖의 충격에 관해 들려주었다. 지도 교수는 그가 내민 수강 카드에 서명만 하고 끝내지 않고 그에게 의사가 되고 싶은 이유를 집요하게 물었고, 지도 교수가 특별한 방식으로 자신을 돕고 있다는 사실을 깨달은 남학생은 계속 그를 찾아갔다고 말했다.

"내 지도 교수님 덕분에 진정한 변화가 일어났어요. 교수님은 당시에 내가 하고 있던 일을 왜 하고 있는지 그 이유를 매우 집요하게 물었고, 다른 대안을 생각해 본 적이 있는지도 물었어요. 그리고는 의대 진학에 필요한 필수 과목들을 모두 이수하면서 동시에 좀 더 전통적인 인문학 분야에도 집중할 수 있다고 알려줬지요. 어머니께서 의대 진학 준비에 집중할 것을 권했다는 말을 했을 때 교수님과 나는 실제로 의대 입학 안내 자료를 꺼내 놓고 찬찬히 살펴봤고, 그때 처음으로 과학 분야 과목들만 잔뜩 들을 필요가 없다는 걸 알게 됐어요.

그리고 내가 진정으로 관심을 가지고 있는 분야는 철학이라는 사실을 깨달았어요. 난 하버드에 다니고 있는 흑인 학생이고, 나와 같은 흑인 학생들 중에 철학을 공부하는 학생은 많지 않았죠. 어쨌든 철학부에서 나를 반갑게 받아들여 준 덕분에 난 공식적으로 철학을 집중 학습 분야로 선택할 수 있었어요. 그리고 철학을 공부하며 그 안에서 제기되는 딜레마들을 통해 맨 처음 내가 의대에 가고 싶다는 생각을 갖게 한 몇 가지 의문점들을 더욱 깊이 있게 이해할 수 있게 되었어요. 예를 들면, 나는 지금까지 노인들의 삶의 질과 수명 연장 사이의 상충관계에 관해 방대한 독서를 했고 그 결과 장래 전공 분야를 생각할 때 노인학 쪽으로 점차 생각이 기울고 있어요. 물론 앞으로 또 마음이 바뀔 수도 있지만 지금으로써는 그래요.

내가 강조하고 싶은 건 그때의 지도 교수님이 내 학업과 개인적인 관심사를 진지하게 연계시킬 수 있도록 계속 밀어붙였다는 점이에요. 교수님과 몇 차례 만나고 난 후에 나는 의대에 대한 관심이 처음 어떻게 시작됐는지 털어놓았어요. 우리 엄마는 옛날에 심한 폐기종으로 고생하셨는데 당시에 의료혜택을 제대로 받지 못하셨던 것 같아요. 엄마는 초등학교 교사였고 생활은 넉넉하지 않아서 관리 의료managed care를 받는 대상이었죠. 이제 엄마도 나이가 드셨고 적절한 삶의 질을 유지하는 게 쉽지 않기 때문에 내가 할 수 있는 한 어떻게든 도와드리고 싶어요. 돌이켜보면 교수님이 대학에서의 학업과 개인적인 상황을 통합시킬 수 있도록 끊임없이 나를 독려했던 것이 의대를 준비하는 한편 철학을 공부할 수 있도록 자극했던 것 같아요. 그런 소중한 조언 덕분에 좀 더 훌륭한 의사가 될 것이고, 더 좋은 아들이 될 수 있을 거라고 분명히 확신할 수 있어요."

# 시간
# 기록법

키스 W. 라이트Keith W. Light, 작가와 아무 관계도 아님가 성공적인 결과를 얻은 아이디어가 있는데 지도 교수들이 학생들에게 제안해 볼 만하다고 생각한다. 아이디어 자체는 매우 단순한 것으로 개인적인 시간을 기록하면서 일정 기간 동안 30분 단위로 시간을 나누고 그 시간을 정확히 어떻게 썼는지 상세한 내용을 기록하는 방법이다.

이 아이디어를 실행으로 옮길 때는 3단계로 나누어 진행할 것을 권장한다. 첫 번째는 신입생들이 자발적으로 하루나 이틀 이상 자신들이 쓴 시간을 세세히 기록하도록 적극 권장하는 단계이며, 우리는 여기서 2주를 선택했다. 두 번째는 각 학생과 일대일로 만나서 그들의 시간 기록지에 적힌 내용에 관해 얘기를 나누는 것이다.

이때 일대일 면담은 한 학생 당 대개 15분 정도의 시간이 소요되어 다소 직접적인 노력이 필요한 부분이다. 그러나 전체 신입생 가운데 소수의 일부 학생만이라도 이 방법이 효과적이라는 걸 발견할 수 있다면, 그 15분을 대학 생활 4년으로 나누면 한 학생에게 1년에 4분 정도를 투자해서 학생들과 학교 측 모두에 엄청난 혜택을 안겨줄 수 있는 제안이 아닐 수 없다.

세 번째 단계는 면담 후 몇 주 동안 각 학생이 시간 기록지를 바탕으로 한 면담을 통해 깨달은 통찰력이나 제안들을 실제로 실행에 옮기고 있는지 지켜보는 것이다. 그런 변화를 실행에 옮기고 지속할 수 있도록 격려하는 확인 전화 한 통이 실제로 여러 학생의 삶에 상당한 변화를 가져온 것으로 나타났다.

키스 라이트는 173명의 신입생을 대상으로 이 단순한 아이디어를 실천했다. 그는 학생들에게 2주 동안 시간을 어떻게 썼는지 30분 단위로 기록할 것을 권했고, 2주가 지난 후에(몇몇 동료들과 함께) 학생들을 개별 면담했다. 면담 중에는 각 학생에게 예상 가능하면서도 개별적인 상황을 고려한 질문을 던졌다. '실제로 어떻게 시간을 썼나?', '하루하루를 보내는 지금의 방식에 만족하고 있나?', '혹시 특별히 바꿔보고 싶은 부분이 있다면 무엇인가?', '그런 변화들을 실행에 옮기는 데 효과적인 방법은 무엇인가?'.

이때 학생들에게 체계적으로 자신들의 시간을 기록하는 것은 첫 번째 단계일 뿐이라는 사실을 강조하는 게 중요하다. 기록된 내용을 바탕으로 면담을 하고 학생들이 원하는 변화를 실제로 이끌어 낼 수 있도록 격려하는 것이 성공적인 결과를 얻는 길이다. 각 학생들과 일대일로 만나 실행 방법을 구체적으로 의논하지 않고서는 이처럼 공들여 시간 기록을 유지한 노력에 대한 보상이 물거품이 될 수 있다.

시간 기록법을 직접 실천한 동료 교수인 프레더릭 모스텔러는 이 방법을 실천하는 학생들에게 두 가지를 제안했다. 첫째는 하루를 세 부분, 즉 오전, 오후, 저녁으로 나누어서 생각하면 도움이 된다는 제안으로. 각 부분을 어떻게 사용할 것인지 꼼꼼히 계획을 세우면 최소한 세 부분 중 하나는 따로 떼어 어느 정도 지속적인 시간이 필요한 작업에 몰두할 수 있다는 내용이었다. 둘째, 면담에서 가장 중요하게 초점을 맞추어야 할 부분은 정해진 일과와 일과 사이의 시간을 활용하는 방법이다. 예를 들어 한 학생이 오전 9시에서 10시까지 수업이 있고, 다음에는 정오부터 오후 1시까지 수업이 있다고 가정하면 중간에 2시간이 남는다.

그 학생은 이 시간을 어떻게 활용해야 할까? 친구들과 수다를 떨 수도 있고, 방으로 돌아가 공부를 할 수도 있다. 몇 가지 할 일을 처리할 수도 있고, 운동이나 스포츠를 즐길 수도 있다. 이때 무엇이 옳다고 할 수는 없지만 어떤 것을 선택하든 곰곰이 잘 생각하고 판단해서 행동해야 한다는 게 핵심이다.

키스 라이트는 시간 기록을 했을 때 얻어지는 또 다른 개인적인 장점들을 강조했는데 시간 기록의 과정에서 학생과 지도 교수가 만날 수 있는 기회가 생긴다는 점을 지적했다. 학생들에게 좀 더 자주 지도 교수를 찾아가지 않는 이유를 물었을 때 대부분이 어색하거나 꺼려지기 때문이라고 대답했다. 특히 아주 중요한 이유나 분명한 안건, 급하게 상담할 문제가 없는데도 그냥 지도 교수를 찾아가는 건 뭔가 어렵다고 했다. 그런 면에서 시간 기록 방법은 지도 교수와 학생들이 좀 더 편안하고 자연스럽게 소통할 기회를 마련해주는 훌륭한 화제인 셈이다.

그럼 시간 기록에 관한 면담을 통해 무엇을 얻을 수 있는지 생각해보자. 학생의 입장에서는 믿을만한 선배이자 연장자인 지도교수와 함께 현재 자기가 어떤 방식으로 시간과 에너지를 쓰고 있는지 검토하는 소중한 기회가 된다. 학생 자신은 '현재의 상황에 만족하는가?, 불만을 가지고 있는가? 수정하고 싶은 부분이 있다면 무엇일까? 그런 부분을 실제로 수정에 옮기려면 어떻게 해야 할까?'와 같은 부분을 함께 검토하고 살펴보며, 지도 교수는 학생에게 본격적으로 도움을 줄 수 있다. 지도 교수로서 학생과 마주 앉아 남학생 혹은 여학생이 매일매일, 매시간을 어떻게 보내고 있는지 이야기하는 것만큼 그 학생을 잘 파악하는 방법도 없다.

그러므로 이런 면담은 학생이 편안하게 느끼고 제시하는 선 안에서 지도 교수가 개인적으로 학생과 교류할 수 있는 기회이며 진심 어린 조언을 해줄 수 있는 최상의 기회이기도 하다.

# 실질적인
# 1:1 멘토링

"강의실 안에서 학습 준비가 충분치 않을 때 어려움을 겪는 건 오로지 자기 자신뿐이에요. 지금 내가 제출하는 보고서는 교수님이 점수를 매겨야 하는 학업의 일환임을 잘 알고 있죠. 그러나 내 멘토인 한 여교수님이 자신의 일을 얼마나 진지하게 생각하는지 이해하고 내 스스로가 그 중요성을 느끼면서 단어 하나하나를 대하는 마음가짐이 달라졌어요. 우리의 연구 내용이 어떤 책의 한 챕터로 들어갈 예정이었는데, 내 멘토 교수님은 그 책이 대학에서 자연 과학 분야를 연구하는 여성들의 영향력에 대한 새로운 기준이 되기를 바랐어요. 우리의 연구도 최고의 과학적인 리서치 디자인에 의해 실시되었죠. 그래서 교수님이 연구 조사의 결과 내용을 작성하는 과정에 내 도움을 청했을 때 단어 하나하나의 선택에 매우 신중할 수밖에 없었죠.

그 어느 때보다 어깨가 무거웠고 평소와는 차원이 다른 진지함과 책임감을 가지고 임했어요. 단순히 교수님께 제출하거나 점수를 받기 위한 글쓰기가 아니라 여성들이 과학 분야에서 재능을 발휘할 수 있는 기회를 더 많이 만들기 위해 교수님과 내가 함께하는 작업이었으니까요. 그래서 멘토 교수님의 도움을 받아 우리가 얻은 결과물을 가장 강렬하고 흥미진진하게 표현할 방법을 찾아야 했어요."

'멘토링'이라는 단어는 학생들과의 인터뷰에서 매우 자주 등장하는 말이며 멘토링이 불필요하다고 생각하는 교수는 단 한 명도 만난 적이 없다.

그렇다면 훌륭한 멘토링에 필요한 것은 무엇일까?

졸업을 앞둔 4학년 학생들을 대상으로 인터뷰한 결과 어떤 종류의 멘토링이 학생들에게 효과를 주는지 짐작할 수 있었다. 앞서 언급한 것처럼 여러 가지 기술 중에서 학생들이 가장 향상시키고 싶은 첫 번째로 꼽은 것이 글쓰기였다. 그래서 몇몇 인터뷰 진행자와 나는 졸업을 앞둔 4학년 학생들을 무작위로 선정해 강의실 안과 밖에서의 경험을 포함해 대학 생활을 되돌아보는 질문을 던졌다. 학생들의 학업 향상에 특히 인상적인 영향을 끼친 특별한 활동을 꼽으라면 무엇이 있을까? 특히 그들의 글쓰기 실력 향상에 영향을 준 활동이 있다면 무엇일까?

그 결과 글쓰기 실력을 향상시킨 대다수 학생은 공통적으로 한 가지 특정한 경험을 공유하고 있었는데 다름 아닌 교수의 지도를 받으며 멘토링이 포함된 일대일 연구 프로젝트에 참여한 경험이었다.

우리 캠퍼스에서는 학생들이 그런 프로젝트에 참여할 수 있는 여러 가지 비공식적인 기회를 제공하고 있다. 이런 기회들을 비공식적이라고 말하는 이유는 모든 학생이 의무적으로 참여해야 하는 활동은 아니며, 정규 학점과도 아무런 관련이 없기 때문이다. 이런 기회들 대부분은 멘토로 참여하는 정규 교수진과 함께 작업하게 되며 간혹 초빙 교수나 기타 연구 전문가들과 작업하는 경우들도 있는데 여기에는 과학 학부나 캠퍼스 단체에 소속된 초빙 연구가들뿐 아니라 여러 학문 분야를 포함하는 학술 센터에 소속된 전문들도 포함된다. 하버드에 있는 단체들로는 유러피언 스터디 센터The Center for European Studies, 러시안 리서치 센터Russian Research Center, 라틴아메리카 스터디 센터Latin American Studies Center, 그리고 동아시아 스터디 센터Center for East Asian Studies들이 있으며, 다른 캠퍼스들도 물론 자체 기관들이 존재한다.

이런 기관들을 하나하나 따져보면 긴 목록을 작성할 수 있을 정도이며 그게 바로 중요한 점이다. 학생들이 잠재적인 멘토들과 교류할 기회가 무궁무진하다는 뜻이기 때문이다. 더불어 인터뷰를 통해 일반적인 강의실 밖에서 이루어지고 학점과 관련 없는 멘토링 경험이 학생들에게 매우 긍정적인 영향을 미쳤음을 알 수 있었다. 그중 매우 구체적인 일부 경험들은 우리 학생들의 대학 생활 자체를 크게 변화시켰다.

그럼 이러한 멘토링 기회들은 어떻게 진행될까? 먼저 학부생이 소정액의 재정 지원을 신청하고 일대일로 연구를 지도해 줄 교수를 찾는다. 다시 한 번 강조하지만 이런 활동은 학점과 아무 관련이 없다. 아울러 이런 활동은 소수의 교수진이 아니라 백 명이 넘는 교수진이 관련되는 활동이라는 점을 분명히 하고 싶다.

이런 활동을 통해 무엇을 성취할 수 있을까? 몇 가지가 있는데 특히 학생들에게 해당한다. 멘토를 확보하고 성공적인 제안서를 작성한 학생은 교수의 연구 보조로 활동하면서 약간의 급여를 받을 수 있다. 단순하지만 모두에게 플러스가 되는 상황이 아닐 수 없다. 학생은 약간의 경제적 도움을 받게 되니 마다할 리 없고, 교수는 양측이 모두 관심이 있는 주제에 대해 참신하고 젊은 학생을 지도하고 함께 연구할 수 있는 기회를 갖게 된다. 그러므로 교수는 간접비용이 줄어서 좋고 이런 활동에 자원하는 학생들 역시 대부분 커다란 만족감을 표시했다.

이런 프로젝트에 참가하는 교수들은 학생 멘토링과 관련해 한 번 정도 프로그램 코디네이터와 의논하는 자리를 갖는데 이때 이 과정을 어떻게 진행할 것인가에 대해 의견을 나누게 되고, 교수들은 학생들이 기억에 남는 긍정적인 경험을 할 수 있도록 어떤 구체적인 단계를 거칠 것인지에 관해 설명한다. 캠퍼스에서 가장 바쁜 교수들과 저명하고 학식이 뛰어난 수석 교수들을 포함해 많은 교수들이 이런 활동에 자발적으로 참여하고 있다.

내가 방문했던 일부 다른 캠퍼스에도 이와 비슷한 프로그램을 시행하고 있었다. 나는 그런 기회가 있으면 학생 누구나 참여해 보는 것이 좋다고 굳게 믿는다.

여기서 캠퍼스 리더들에게도 간단히 전할 말이 있다. 멘토링이 포함된 인턴십 프로그램에 드는 비용이 비쌀까? 물론 공짜는 아니라서 그런 여력이 없는 캠퍼스들도 있을 수 있다. 하지만 대체로 학생들에게 주는 장학금은 몇백 달러 정도의 소액이다. 등록금과 일반 비용을 고려하고, 딱 한 번 그 정도의 비용을 지불해서 많은 학생으로부터 긍정적인 변화를 이끌어낼 수 있다면 마땅히 실시하는 게 맞지 않을까? 그 비용을 4년으로 나누면 투자 비용은 그다지 높다고도 할 수 없으니 말이다.

그럼 이러한 멘토링 프로그램에 대한 학생들의 의견을 들어보자. 여기 한 4학년 여학생의 경험담이 있다.

"제일 좋은 점은 실제로 롤모델이 생긴다는 거예요. 좀 유치하게 들릴 수도 있지만 사실이에요. 특히 내 멘토는 나보다 겨우 열 살 위였기 때문에 더욱 그랬어요. 나와 우리 엄마 사이의 나잇대에 있는 사람을 알게 돼서 정말 기뻤죠. 더구나 그녀가 10년이라는 짧은 시간 안에 많은 성과를 올렸을 뿐 아니라 지식 발전에 많은 기여를 하고 있다는 사실에서 정말 큰 영감을 받았어요. 그녀는 생물학자인데 전에는 과학자들이 자신의 프로젝트 보고서를 작성할 때 단어 하나하나에 얼마나 많은 심혈을 기울이는지 미처 몰랐어요. 진작 알고 있어야 하는 건지는 모르겠지만 난 정말 몰랐거든요. 멘토를 만나고 나서 그걸 알게 됐고 내 글쓰기에 대한 생각도 완전히 바뀌었어요.

어느 날 오후에 내가 작성한 짧은 연구 결과 보고서 초안에 대해 함께 얘기를 나눴는데 내 멘토는 보고서의 마지막 문단이 우리가 얻어낸 결과의 본질을 기대만큼 정확하게 표현하지 못한 것 같다는 의견을 냈어요. 그래서 멘토가 몇 마디 바꾸고 수정하겠구나 생각했죠. 그런데 마지막 문단에 들어갈 단어를 선택하고 문장을 다듬느라 그날 오후 내내 약 4시간에 걸친 토론이 이어졌어요. 겨우 6 문장밖에 안 됐는데 말이에요! 그 경험이 내 글쓰기 스타일에 결정적인 영향을 미치게 될지 그때는 미처 몰랐어요. 난 점차 그런 과정을 즐기게 됐고 정말 끝없는 노력이 필요한 작업이라는 걸 깨달았죠. 그리고 앞으로도 쭉 계속될 거라고 믿어 의심치 않아요."

　어떤 학생들은 자기가 수강하는 과목은 모든 과제와 읽기 과제, 시험에 이르기까지 모두 담당 교수의 주도로 이루어진다고 말했다. 물론 그런 방법도 괜찮고 이해할 수 있다. 학생들 역시 이런 점을 불만으로 삼지는 않았지만 학생 스스로 직접 프로젝트를 설계하는 경험이 일반적인 강의와 매우 다르며 많은 노력이 필요하다는 점을 언급했다. 그 외에 멘토링이 포함된 인턴십이나 정식 연구에 참여하는 경우도 마찬가지이다. 그러므로 정규 학점과는 아무 상관이 없지만 이처럼 멘토링이 결합된 프로젝트들은 학생들을 강의실이 아닌 최첨단 프로젝트 연구 환경으로 이끌어 줄 수 있다. 이때 핵심은 단순히 교수의 지도에 따라 수행하는 것이 아니라 학생이 직접 맨 처음부터 프로젝트를 계획한다는 점이다. 대단히 많은 노력이 필요하고 쉽지 않은 일이지만 직접 참가해본 학생들은 특별히 효과적인 학습 경험이었다며 찬사를 아끼지 않았다.

# 그룹 활동
# 참여 권장하기

　지금까지 효과적인 조언이나 멘토링의 중요성과 관련해 학생들에게 들려준 얘기들을 살펴보면 한 가지 공통된 맥락이 있는데 모두 학생들의 학업 활동에 초점을 맞추고 있다는 점이다. 그러나 학업적으로 어려움을 겪은 학생들과의 인터뷰를 통해 한 가지 더 알게 된 결과는 학업적인 부분과 관련된 내용은 아니었다. 일부 학생들의 경우 지도 교수가 해줄 수 있는 가장 큰 조언 한 가지는 사회적으로나 개인적으로 도움을 받을 수 있는 캠퍼스 내 각종 단체나 그룹에 가입하도록 적극 권장하는 것이다.

　소수 집단 출신의 일부 학생들도 그 부분을 강조했고, 자기 집안에서 처음으로 대학에 입학한 사람이라고 말한 학생들도 그런 부분을 강조했다. 그리고 고등학교 때 자신을 지지하고 격려해주던 중요한 지지 그룹을 뒤로 하고 떠나온 학생들도 동의했는데, 부모님을 포함해 특히 학생들을 적극적으로 지원해준 고등학교 선생님이나 카운슬러, 종교 단체 카운슬러나 운동부 코치 등이 그런 지지 그룹에 포함된다.

　조언 방법에 관해 조사를 하는 과정에서 각 학생들에게 특정 종류의 지지 그룹이 특별히 중요한 역할을 한다는 점도 알게 됐다. 대학에서 제대로 실력발휘를 못 하는 학생 중 대부분은 성공적인 고등학교 시절을 보내는 데 핵심적인 역할을 한지지 그룹을 떠나온 후 대학에서 아직 그와 유사한 그룹을 형성하지 못한 경우가 많았다. 그렇게 되면 캠퍼스에서 쉽게 외로움을 느낄 수 있고 새로운 커뮤니티에 빠르고 쉽게 흡수되지 못할 수밖에 없다. 결국 그런 학생들은 학업뿐만 아니라 사회생활에서도 뒤처질 수 있고 점점 안정감을 얻기 힘들어진다. 이런 일이 생기면 학업 성적과 강의실 밖 과외 활동 사이의 연결고리가 얼마나 중요한지 새삼 깨닫게 된다.

이런 결과 내용을 고려하면 어떤 방침을 시행하는 게 필요할까? 지도 교수들은 학생들이 대학에 발을 디딘 첫날부터 적극적으로 가입할 과외 활동 단체를 찾으라고 권장해야 한다. 그 첫 번째 단계로 각 지도 교수들은 자신이 지도하는 학생들에게 강력하게 추천해야 한다. 물론 모든 학생이 이러한 제안을 그대로 받아들이지 않고, 일부 학생들의 경우에는 새로운 환경에 적응하느라 시간이 좀 걸릴지 몰라도 그런 권고를 듣지 않았을 때에 비해 과외 활동에 대해 좀 더 많은 관심을 갖게 된다.

여기서 그런 조언이 엄청난 변화를 가져온 사례를 들어보자. 한 학생 인터뷰 진행자가 하버드 2학년 학생인 남태평양 섬 출신의 한 여학생을 인터뷰했다. 그녀는 저소득 가정 출신이며 부모 모두 대학을 나오지 않았고, 오빠도 마찬가지였다. 그 학생은 고등학교 내내 수석을 놓치지 않은 수재였지만 인터뷰 진행자에게 하버드에 들어와 며칠이 지나자마자 당장에라도 짐을 싸서 집으로 돌아갈까 말까 심각하게 고민했다고 털어놓았다. 그녀는 모든 게 버거웠고, 갖가지 과외 활동과 대학 생활의 속도감, 선택해야 하는 과목들, 가까이 있는 복잡한 대도시뿐만 아니라 그녀 주위의 다른 학생들조차도 감당하기 벅찼다고 말했다.

그리고 수업이 시작되기 며칠 전 처음으로 지도 교수를 만났을 때 교수는 그녀의 상황을 즉각 눈치챌 수 있었다. 또한 학업과 강의실 외 과외 활동의 연계 및 지지 그룹의 중요성에 대한 우리의 조사 결과를 기억하고 있던 덕분에 지도 교수는 그 여학생에게 그녀가 즐길 수 있고 다른 친구들을 사귀는데 도움이 될 만한 과외 활동부터 찾으라고 적극 권장했다.

지도 교수는 캠퍼스 신문사 중 한 곳에 글을 써 볼 것을 제안했지만 학생은 거절했다. 노래 모임인 글리 클럽은 어떨까? 학생은 노래를 부를 만큼 목소리에 자신이 없었다. 그럼 연주할 줄 아는 악기는 있는지? 아니, 그녀가 연주할 줄 아는 악기는 하나도 없었다.

지도 교수는 매우 진지하게 상담에 임했고 쉽게 포기하지 않았다. 그는 학생의 반응을 유심히 살피다가 특별한 제안을 했다. 다음 주에 하버드 밴드 회원 모집을 위한 테스트가 있으니 꼭 가서 테스트를 받으라고 권했고, 그녀는 다룰 줄 아는 악기가 없다는 사실을 재차 강조했다.

"괜찮아. 그냥 가서 드럼을 들고 싶다고 말해요."

지도 교수는 하버드 밴드의 드럼들이 너무 커서 종종 드러머 외에 드럼을 들 수 있도록 도와주는 보조자가 있다는 사실을 알고 있었다. 그 결과 이 여학생은 하버드 밴드에 들어갔고 그 과외 활동이 결과적으로 그녀를 하버드에 남게 한 이유가 되었다. 더 나아가 학과 성적도 좋았을 뿐 아니라 전반적인 대학 생활에 만족하고 대단히 즐거워했다는 사실을 보면 극적인 성공이라고 해도 과언이 아니다. 인터뷰 진행자가 그 여학생에게 성공 원인을 자세히 분석해달라고 요청했을 때 그녀는 반복해서 밴드를 언급했다. 밴드 활동을 통해 다른 학생들을 많이 알게 되었을 뿐더러 밴드의 일원으로 풋볼 경기나 대학 내 다른 행사에 참여하면서 무엇보다 자신이 특정 커뮤니티의 일원이라는 느낌, 소속감을 가질 수 있게 됐다고 말했다.

이 여학생은 인터뷰 진행자에게 이 모든 일들은 1학년 때 만난 지도 교수와의 대화 덕분에 가능했다며, 아마 자기 혼자서는 밴드에 들어가 드럼을 들고 있을 생각은커녕 밴드에 가입할 생각조차 못 했을 거라고 고백했다. 그녀의 출신 배경을 이해하고 지지 그룹의 중요성을 인식하고 있던 현명한 지도 교수와의 짧은 대화가 그처럼 의미 있고 큰 변화를 이끌어낸 것이다. 결국 지도 교수의 통찰력이 한 학생의 학업 참여도와 개인적인 행복을 포함해 전반적인 대학 생활의 질을 근본적으로 바꾸었다고 할 수 있다.

# 협력 관계
# 권장하기

이 책 전반에 걸쳐 나는 협력 관계의 중요성을 강조했는데 그 부분을 적극 강조하게 된 이유는 내가 신입 대학원생이었을 때 직접 경험했던 일 때문이다.

나는 통계학 박사과정을 이수하기 위해 하버드에 들어왔다. 다시 어려진 것 같았고 상당히 긴장했던 기억이 난다. 하버드에 도착한 지 일주일 만에 강의실 외의 활동에서 내 지도 교수를 통해 매우 중요한 교훈을 얻었고, 협력 관계의 진정한 의미가 무엇인지 깨닫는 계기가 있었다.

나는 본격적인 가을 학기 수업이 시작되기 며칠 전에 통계학과에 들렀다. 입학 통지서에 내 지도 교수로 지정된 교수와 만날 약속을 잡기 위해서였는데 그의 이름은 프레더릭 모스텔러였다.

그런데 뜻밖에도 그 자리에서 그를 바로 만날 수 있었고 그는 내게 들어오라고 청했다. 잠시 인사를 나누고 나서 과목 선택에 관해 조언이 필요해서 면담 약속을 잡고 싶다고 묻자 그는 흔쾌히 동의하며 그 주가 가기 전에 만날 약속을 정했다. 그러고 나서 나가려고 일어서는데 모스텔러 교수가 잠시 기다리라고 말하더니 소량의 종이뭉치를 들어 종이 클립으로 고정시키고는 내게 건넸다. 종이뭉치에는 〈통계학 조사의 비표본오차: 사회과학 국제 백과사전용 챕터Non-sampling Errors in Statistical Surveys: A Chapter for the International Encyclopedia of the Social Science〉라고 적혀 있었다.

"리처드, 다음에 만날 때까지 이 초안을 한번 읽어보고 수정이 필요한 부분을 표시해 올 수 있겠나? 이 초안을 같이 훑어보고 자네는 어떻게 생각하는지 의견을 듣고 싶은데 말이야."

나는 당황했다. 아직 첫 번째 과목 수업도 시작하지 않았는데 내 지도 교수는 벌써 자기가 쓴 논문에 대해 내 의견을 묻고 있었다. 그 후 이틀 동안 고전하며 내용을 열 번은 읽은 후에야 비로소 어느 정도 이해할 수 있었다. 이틀 후 나는 약속한 면담 시간에 지도 교수를 찾아가 그의 초안을 돌려주면서 여러 차례 읽어보면서 많은 것을 배웠으며 내게 보여줘서 고맙다고 말했다. 그리고 매우 훌륭한 내용이며 다른 사람들도 많이 배울 거라고 덧붙였다.

모스텔러 교수는 미소를 지으며 친절하면서도 직접적인 말투로 내 대답과는 다른 반응을 기대했다고 말했다.

"나는 자네를 동료처럼 대했는데 자네는 나를 그렇게 대하지 않았군."

그는 군데군데 맞춤법도 틀리고 문법도 잘못된 첫 번째 초안을 보여주면서 내가 동료 전문가의 입장에서 읽어보고 초안을 향상시킬 수 있게 도움을 주기를 기대했다고 말했다. 그러니까 나는 모스텔러 교수의 동료 입장에서 내용을 꼼꼼히 읽고 확인한 후 특정한 수정내용을 제안했어야 하는 거였다.

그는 칭찬을 들으면 기분이 좋은 건 사실이지만 내 얘기는 실제로 별 도움이 되지 않았다고도 말했다. 내가 도움을 줄 수 있는 방법은 초안의 내용을 향상시킬 수 있는 개선 방법을 제안하는 것이며 수정 부분을 붉은색으로 표시하고, 많으면 많을수록 좋다고도 했다. 그것이 좋은 동료가 줄 수 있는 최고의 도움이라는 말을 덧붙이면서 내 제안을 모두 반영하겠다는 약속은 할 수 없지만 중요한 건 그게 아니라 함께 그 과정을 거치면서 전문가가 되는 것이라고 말했다.

나는 모스텔러 교수의 말을 매우 진지하게 받아들였고 며칠 후에 붉은 잉크로 뒤덮인 초안을 들고 다시 찾아갔다. 심지어 문체와 시제의 선택, 부제의 선정 및 기타 세세한 내역까지 많이 기록했다. 그로부터 일주일 후 모스텔러 교수와 다시 만난 면담 자리에서 그러한 내 노력에 대한 보상을 받을 수 있었다. 그는 내가 붉은 잉크로 표시한 초안을 책상에 꺼내 놓았고 우리는 1페이지부터 내가 적어놓은 제안들을 하나하나 검토하기 시작했다. 짐작대로 내 제안들은 대부분 받아들여지지 않았지만, 몇 가지 채택된 것도 있었다. 그리고 다른 내용에 관해서도 유익한 대화를 많이 나누었다. 물론 주로 설명하는 쪽은 모스텔러 교수였다.

마침내 나는 깨달았다. 맨 처음 그의 제안을 받았을 때는 마치 그가 나의 도움을 요청하는 것처럼 보였지만 사실은 모스텔러 교수가 내게 도움을 주었다는 사실을. 그는 자신의 역할에 충실하게 그것도 아주 훌륭한 방법으로 내게 조언을 해 준 것이었다.

모스텔러 교수는 내게 두 가지를 가르쳐주었다. 하나는 쓰기는 여러 번 초고를 작성하고 수정해야 하는 외롭고 힘든 작업이며 필요할 때는 과감히 큰 부분을 삭제해버릴 줄도 알아야 한다는 것이었다. 스물한 살 시절의 나는 그걸 몰랐다. 두 번째는 협력관계에 대해 알려주었는데, 손볼 데가 많은 부족한 자신의 초안을 주저 없이 다른 사람들과 공유하는 것이 얼마나 중요한지 가르쳐주었다. 그는 진행 중인 작업에 대해 상대와 협력하고 토론하는 것이야말로 진심으로 그 사람을 칭찬할 방법이라는 걸 몸소 시범을 통해 보여주었다.

나는 그때의 교훈을 절대 잊어버리지 않았고 오랫동안 내가 지도하는 학생들에게 똑같이 대했다. 내가 이 이야기를 꺼낸 이유는 지난 30년간 내가 지도했던 학생 중 대다수가 지금도 나와 연락을 이어가고 있기 때문이다. 또한 이런 단순한 행동, 즉 갓 들어온 학생에게 논문의 초고를 보여주며 자신의 생각을 표시하고 적어 와서 함께 토론하며 검토한 행동 하나가 다른 어떤 것보다 학생들의 마음속에 깊이 새겨져 있고, 자주 입에 올리는 내용이기 때문이다. 그들은 그런 방법 덕분에 글쓰기에 대한 태도가 바뀌었고 나이는 어리지만 스스로를 전문가로 생각할 수 있었다고 말했다.

6.

변화를
만드는
교수진

자신이 학생들에게 어느 정도 영향을 준다고 생각하는지 평가해 보라고 동료 교수들에게 물었을 때 대부분 '보통'이라고 대답했다. 일부 교수들의 경우에는 이런 예상이 맞을 수도 있지만 학생들의 전반적인 발전에 미치는 자신의 영향력을 지나치게 과소평가하는 교수들도 의외로 많이 있다. 특정 교수들로부터 대단히 깊은 영향을 받았다고 말하는 학부생들 많은 것은 학생들이 젊은 학자이자 훌륭한 시민, 훌륭한 인간으로 성장하는 데 교수들이 중요한 역할을 한다는 뜻이다.

이러한 메시지는 여러 학생과 인터뷰들을 하는 동안 더욱 분명해졌다. 우리는 졸업을 앞둔 4학년 학생들에게 이런 질문을 던졌다.

"대학에 다니는 동안 특별히 중요한 영향을 받은 특정 교수를 기억할 수 있나요? 학생 자신이나 삶에 대해, 학생을 둘러싼 세상과 학생의 미래에 대한 인식을 형성하는데 영향을 준 교수가 있나요? 만약 그렇다면 그 교수의 어떤 면 때문에 강력한 영향을 받았는지 얘기해주세요."

이런 질문을 받은 전체 학생의 89%는 그 자리에서 자기에게 특별한 의미가 있는 교수를 떠올렸고 그 교수 덕분에 어떤 변화가 일어났는지 자세하게 설명해주었다. 더불어 그렇게 대답한 학생들의 2/3는 거기서 멈추지 않고 그들의 대학 생활에 큰 영향을 미친 교수들의 이름을 한 명 이상 얘기할 수 있다고 말했다. 특별하게 기억하고 있는 교수가 없는 학부생들은 오로지 8%에 지나지 않았다.

그렇다면 특정 교수들은 어떤 면에서 학부생들의 기억 속에 특별한 사람으로 남는 것일까? 30년 넘게 교수로 재직하고 있는 입장에서 이 질문에 대한 학생들의 반응을 접하고 특별히 기분이 좋았다. 어찌나 열정적으로 자신의 경험담을 들려주는지 얘기를 중단시키기가 힘들 정도였는데 학생들이 이렇게 신이 나서 길게 자신의 얘기를 들려주는 이유 중 하나는 지금껏 한 번도 그런 질문을 받아본 적이 없었기 때문이며 어느 캠퍼스에나 자기 경험담을 들려주고 싶어 하는 학생들이 많이 있었다.

지금부터는 학생들이 진정한 변화를 이끌어준 교수들을 설명하면서 꼽은 주요한 요점들을 짚어보고자 한다. 이러한 사례들에서 가장 중요한 건 학생들이 교수가 가진 타고난 성격적 특성에 영향을 받은 것이 아니라 특별한 교수들이 공들여 계획하고 준비한 노력에 영향을 받았고, 그 부분을 인정한다는 점이다.

나는 여기 실린 결과들이 어느 캠퍼스에나 적용될 수 있다고 믿는다. 내가 교수 생활을 하면서 달성하고자 하는 목표는 학생들의 삶에 진정한 변화를 주는 것이다. 교수가 된 이유도 바로 그 때문이며 하버드뿐 아니라 다른 대학에 몸담고 있는 나와 같은 목표를 가진 교수들을 많이 알고 있다. 나를 포함해 모든 교수가 학생들이 들려주는 경험담 속에서 통찰력을 얻을 수 있으리라 확신한다.

# 적확한 언어 사용의
# 중요성 가르치기

한 학부생이 자신이 특히 감사하게 생각하는 특정 교수에 대해 들려준 이야기는 수백 명의 생각을 대변한 것이나 마찬가지라고 생각한다.

> "내가 특별히 그 교수님을 기억하는 이유는 한 번도 우리에게 어떤 생각을 하라고 얘기한 적이 없기 때문이에요. 그 대신 우리가 어떻게 하면 창의적으로 생각할 수 있는지 배울 수 있게 도와줄 방법을 연구하셨죠."

이 학생의 말처럼 언어의 선택이 얼마나 중요한지 생각하게 하는 기회를 만들어준 교수님들의 사례를 들려준 학생들이 많았는데, 이들은 적확한 단어의 선택이 한 사람의 의견을 바꿀 수 있고 날카롭고 명쾌한 분석도 가능하게 한다고 말했다. 더 나아가 심지어 사람들이 생각하는 사고방식까지 바꾸기도 하는데 일부 교수들은 잊지 않고 수업에 이런 아이디어를 활용했고, 그런 수업에 참석했던 학생들은 시간이 한참 흐른 뒤에도 당시의 특정한 사례들을 기억하는 것 같았다,

> "내 기억에 가장 또렷하게 남아있는 교수님은 2학년 때 행정학 세미나를 담당했던 젊은 여자 교수님이에요. 세미나 주제는 소득 분배와 재분배였고, 단어 선택에 대해 많이 생각하고 신중에 신중을 기하는 교수님의 강의를 들으며 내가 생각하는 방식을 다시 한 번 돌아보게 되었죠. 사실 생각 자체를 바꾸는 계기가 됐다고 해도 과언이 아니에요. 그건 교수님의 예

리하고 탁월한 능력 덕분이었는데 교수님을 통해 적확한 언어의 선택이 어떤 영향력을 미치는지 깨달을 수 있었어요.

교수님은 수업 중 토론을 하면서 학생들에게 '정부'라는 말을 사용하지 말도록 고집스럽게 강요하셨어요. 정부가 많은 부분에서 건설적인 역할을 하는 건 맞지만 궁극적으로 거기에 필요한 비용을 부담하는 건 시민들 개개인과 납세자들이라는 사실을 상기시켰고, 교수님의 제안대로 해보면 정부의 역할에 대해 새로운 생각을 갖게 될 수도 있다고 말했어요. 나는 정치적으로 민주당 쪽을 지지하기 때문에 처음에는 교수님의 말을 반신반의했지만 결과적으로는 교수님 말이 절대적으로 옳다는 걸 깨닫게 됐죠. 한 가지 예를 들어 볼게요.

2000년 대통령 선거를 위한 토론에서 부통령인 알 고어Al Gore는 어린 자녀를 둔 가정들이 믿을 만한 탁아 시설을 찾는 데 많은 어려움을 겪고 있다고 지적했어요. 그래서 연방정부가 데이케어 프로그램을 늘리기 위해서 추가 비용을 부담할 것을 제안했고, 특히 직장을 구하고 일하고 싶어 하는 워킹 맘들을 도와야 한다고 주장했죠. 나 역시 그 아이디어에 적극 찬성했고 두말하면 잔소리일 만큼 당연한 얘기라고 생각했어요. 그래서 수업 시간에 알 고어의 제안을 정부의 건설적인 역할의 예로 들어 설명했어요.

교수님은 매우 친절한 목소리로 '정부'라는 단어를 사용하지 말고 다시 한 번 설명해보라고 하셨어요. '정부' 대신 '나와 같은 납세자들'이라는 단어를 써보라고 제안하셨죠.

그래서 나는 알 고어 부통령의 제안을 지지한다고 말하며 나와 같은 납세자들이 직장 여성들을 위한 탁아 시설 보조금을 지불하는 게 마땅하다고 말했어요. 그러자 교수님이 이렇게 얘기하셨어요. 먼저 내가 결혼을 해서 아이를 낳았는데 어린 아기와 함께 집에 있고 싶어서 가족을 위해 직장에 나가 벌어들이는 소득을 포기하는 선택을 했다고 가정하고, 이런 질문을 하셨어요. 나 자신은 물론 나처럼 집에 남은 다른 가족들에게도 그런 선택을 위해 세금을 부과해도 좋다고 생각하는가? 또 나는 아이와 집에 남기 위해 돈을 포기하겠다고 선택했지만 나와는 달리 돈을 벌기 위해 직장에 나가기로 결정한 다른 여성들 위해 내가 보조금을 부담하는 게 옳다고 생각하나?

말을 그렇게 바꾸고 보니 내 생각에 대한 확신이 줄어들더군요. 그러고 나서 교수님은 본격적으로 나를 몰아붙였어요.

"만약 학생이 마음을 바꿔서 직장에 나가 일을 하겠다고 결정했다고 가정해보자. 그러면 아이는 탁아 시설에 맡겨야 하겠지. 그렇다면 학생의 선택을 지지하는 데 따르는 비용을 부담하기 위해서 같은 동네에 사는 학생과 같은 납세자들에게 세금을 내라고 얼마나 열심히 독려할 수 있을까?"

그 말이 정곡을 찔렀어요. 나는 교수님에게 미처 생각해보지 못한 질문이라 생각할 시간이 필요하다고 말씀드렸죠.

매우 적확한 언어 선택을 고집스럽게 강조하신 교수님의 말이 머릿속에서 떠나지 않았고, 덕분에 그때까지 내가 생각해오던 방식이 완전히 바뀌었죠. 그 수업이 끝난 후 교수님을 좀 더 잘 알게 됐는데 기본적으로는 내가 가진 진보적인 정치관에 많은 부분 동의하셨어요. 그렇지만 내 믿음이 초래하는 결과에 대해서도 반드시 철저하고 엄밀하게 판단할 줄 알아야 한다고 강조하셨고, 그런 말씀을 하실 때도 역시 단어 하나하나 허투루 쓰는 법이 없으셨죠. 특히 교수님의 주장이 정치적으로 진보적이거나 보수적인 성격을 띠지 않고 다만 명확한 생각의 중요성을 강조하고 있다는 사실에 특히 깊은 인상을 받았어요. 교수님은 강의를 수강한 모든 학생이 그 점을 기억하길 바라셨죠. 그분이야말로 내게 가장 깊은 영향을 준 교수님이에요."

# 지적 책임감
# 공유하기

교수와 학생이 일대일로 프로젝트를 진행하게 되면 학생들이 학구적인 프로젝트를 계획하고 실행하는 과정에서 일정한 책임감을 갖게 되며 이러한 경험들을 통해 일반 강의에서는 배울 수 없는 특별한 뭔가를 배우게 된다.

"3학년 때 교수님의 지도로 연구 논문을 썼는데 좋은 평판을 얻고 있는 젊은 교수님을 지도 교수님으로 선정했고, 내가 선택한 주제는 독일과 프랑스를 중심으로 한 19세기의 역사와 문학이었어요.

교수님은 첫 번째 만남에서 기대치를 분명하게 밝히셨어요. 학기가 끝날 때까지 약 50~70페이지 분량의 최종 논문 완성을 목표로 했고, 그러기 위해 매주 한 번씩 만나기로 하고 그다음 주 면담에 필요한 읽기 과제는 교수님과 내가 번갈아 선택하기로 했죠. 교수님은 이런 연구 형태가 내게 상당한 책임감을 안겨줄 거라고 분명히 강조하셨고, 나는 2주에 한 번씩 내 연구에 필요한 자료를 직접 선택해야 했어요. 교수님은 또 내가 선택하는 자료 중에는 교수님이 모르는 내용도 포함될 게 분명하므로 내가 선택한 자료에 관해서는 토론을 주관하는 것도 내 몫이라고 말했어요.

이전에 선택했던 다른 과목들과는 전혀 다르게 그때부터 '교과 과정 설계'를 전적으로 내가 책임지게 된 셈이었어요. 그래서 내가 일부 지적인 리더 역할을 맡게 되었고 이런 역할 분담은 첫 만남 때부터 분명해졌죠. 읽기 자료를 내가 선택했던 첫 번째 만남에서 교수님은 수시로 내 얘기를 중단시키며 어려운 질문들을 던졌어요. 나는 최선을 다했지만 충분치 않다는 걸 느낄 수 있었죠.

교수님도 내가 당황하고 있는 걸 파악하셨는지 얘기를 중단하고는 교수님이 그렇게 하는 이유를 설명했어요. 우리 두 사람이 함께 배우고 있는 과정이라는 사실을 지적했고, 단둘이서 진행하는 연구이므로 진행 과정에서 내가 '학생'의 역할과 '교수'의 역할 일정 부분을 모두 맡아야 한다는 사실을 강조하셨어요. 솔직히 얼마 후부터는 나도 꽤 잘했다고 생각해요. 그리고 그런 식으로 교수의 역할을 경험했던 것이 대학원에서도 계속 공부할 분야를 정하는 데 큰 영향을 주었어요.

아무리 열심히 노력해서 내 기준에 만족스러운 초고가 나와도 교수님은 늘 내 한계를 넓히고 확장하도록 요구하셨어요. 문학적인 내용을 쓸 때마다 역사적인 맥락에서 본 문학 토론으로 나를 이끌었고, 역사적인 관점에 초점을 맞추면 그 반대로 나를 이끌었어요. 그렇게 시간이 갈수록 점차 이 훌륭한 교수님이 내 '개인 트레이너'처럼 느껴지기 시작했어요. 운동선수들이 몇 걸음이라도 빨라지도록, 조금이라도 더 높이 뛰어오르도록 늘 옆에서 강하게 밀어붙이는 개인 트레이너가 있는 것처럼 나도 학구적인 면에서 그런 사람을 만났다는 기분이 들었죠. 그렇게 1년을 보내고 나자 학년이 끝날 때쯤에는 교수님이 나를 강하게 밀어붙이지 않으면 실망할 정도가 됐어요. 언젠가 아버지께서는 더 훌륭한 선수가 되는 방법은 경기에서 나보다 조금 나은 상대를 이기기 위해 좀 더 열심히 하는 것이라고 말씀하신 적이 있어요. 내 지도 교수님은 분명히 나보다 훨씬 더 많은 것을 알고 있으면서도 가장 좋은 의미로 내가 '경기를 이끌어가고', '책임을 다하도록' 요구하셨어요. 나는 대학에서 경험한 그 어떤 것보다도 교수님과의 일대일 경험을 통해 역사와 문학에 대해, 그리고 내 능력을 키우고 확장하는 법에 대해 많은 것을 배웠다고 확신해요."

이 학생은 자신에게 직접 연구에 필요한 자료 목록 작성에 참가할 것을 요구했던 교수를 존경하고 있다고 말했는데 이는 어린 학생에게는 생소한 역할이며 결코 쉽지 않은 일이다. 그러나 교수의 도움을 받아 차근차근 배워가는 동안 이 학생은 학문적으로나 개인적으로 크게 성장했고 새로운 자신감을 얻게 되었다. 나는 학부생과 개별적인 프로젝트를 진행할 수 있는 교수라면 누구나 이러한 방법을 고려해 볼 필요가 있다고 생각한다. 또한 진심으로 자기가 공부하는 분야를 더 깊이 파고들고 새로운 기술을 배우고 싶은 열망을 가진 학생이라면 기꺼이 이런 멘토링을 제공해줄 수 있는 교수를 열망할 거라고 확신한다.

# 학구적인 아이디어와 학생들의 삶을 연계시키기

학생들에게 현재 수강 중인 과목들을 평가해 달라고 물었을 때 대부분 가장 엄격하고 부담이 큰 과목들을 높은 순위에 올렸다. 그리고 여러 인터뷰들을 통해 학생들이 자신의 사고 체계와 생활에 특별히 큰 영향력을 발휘했다고 꼽은 특정 교수들과 관련해 주목할 만한 내용을 발견할 수 있었다. 의외로 학생들은 강의스케줄이 빡빡하고 개개인의 생활 및 가치관, 개인적인 경험들을 연계시킬 수 있도록 도움을 준 교수들로부터 많은 영향을 받았다는 반응을 보였다.

학생들이 특히 높이 평가한 교수들은 강의 내용에 그런 연결 고리를 짜넣은 교수들이었다. 나는 인터뷰에 응한 학생들에게 교수가 어떤 방법으로 그렇게 했고, 왜 기억에 남을만한 효과가 있었는지 설명해 달라고 요청했다.

한 학생이 3학년 때 들은 행정학 세미나에 관해 얘기했다. 어떤 주에 담당 교수가 존 스튜어트 밀John Stuart Mill의 〈자유론On Liberty〉을 꼼꼼히 읽고 다음 미팅 때 있을 몇 가지 핵심 포인트에 대한 짧은 퀴즈에 대비해오라는 과제를 내주었다. 이 학생은 그 세미나를 수강하는 학생들 사이에 몇 개의 소규모 스터디 그룹이 있었기 때문에 수업 하루 전에 미리 학생들끼리 만나서 주요 자료를 읽고 의견을 교환하며 토론을 준비했다고 말했다.

다음 세미나 시간에 강의실에 도착한 열다섯 명의 학생들은 짧은 퀴즈를 풀었고, 교수는 퀴즈로 학생들이 과제를 충실히 이행했는지 확인하는 의무를 다했으니 이제부터 두 가지 질문을 가지고 '자유론'에 관해 본격적인 토론을 시작하자고 말했다. 두 질문은 이랬다.

"존 스튜어트 밀은 저서에서 자신들을 정치적 보수주의자라고 칭하는 사람들을 '멍청한' 당의 일원들이라고 묘사했다. 첫째, 왜 그렇게 말했을까? 그의 추정은 무엇이고 논점은 무엇인가? 그런 말이 나오게 된 맥락은 무엇인가? 둘째, 그 말에 동의하는가, 반대하는가? 밀의 저서나 다른 자료를 바탕으로 해도 좋고 자기 자신이나 가족, 혹은 커뮤니티에서 겪은 개인적인 경험을 바탕으로 밀의 주장을 고찰해도 좋다."

학생은 그 세미나 토론에서 매우 격렬한 내용이 오고 갔으며 교수가 제기한 질문이 학생들로부터 일부 상충되는 답변을 이끌어냈기 때문이었다고 말했다. 일부 학생들은 밀의 통찰력은 흠잡을 데 없이 완벽하다고 주장하는 반면, 다른 학생들은 오류가 있는 일반화를 만든 밀을 질책해야 한다고 주장했다. 또 일부 학생들은 당시에 밀이 사용한 '보수적인'이라는 단어는 현재 우리가 생각하는 그 말의 의미와 분명히 다르다는 점을 지적했다. 학생은 그 교수에 대해 다음과 같이 열정적인 호평을 남겼다.

"그 훌륭한 한 번의 수업을 통해 우리가 무얼 얻었는지 생각해 보세요. 첫째, 수업 준비를 위해서 밀의 저서를 꼼꼼하게 읽었고, 둘째, 강의 시간에 벌어질 토론에 대비해서 밀의 철학적 논쟁에 관한 우리의 입장을 미리 생각하고 정리해야 했어요. 셋째, 세미나 수업 하루 전에 우리끼리 밖에서 만나 서로 토론하면서 각자의 생각을 다시 한 번 검토했고, 넷째, 강의실에 모인 나머지 열네 명 학생들의 이야기를 통해 다양한 의견과 경험, 그리고 해석을 접할 수 있었어요.

그 날 그 토론에서 내가 깨달은 통찰력은 지금도 생생히 기억하고 있어요. 그 모든 걸 가능하게 한 핵심 요인은 바로 교수님이었어요. 우리들 각자가 실생활에서 보고 느낀 경험 속에서 토론 주제와 밀접한 관점을 뽑아낼 수 있도록 이끌고 격려하셨기 때문에 훨씬 풍요로운 그룹 토론이 이루어졌죠. 무엇보다 내게 가장 큰 의미를 준 부분은 서로 다른 출신 배경 때문에 똑같은 책을 읽고도 해석하는 방법이 아주 달라질 수 있다는 사실을 알게 됐다는 점이에요. 그런 차이가 눈앞에서 그처럼 생생하게 드러나는 걸 본 적이 없었으니까요.

그중에서 특히 한 학생의 얘기가 기억에 남아요. 그녀의 얘기는 한 개인의 자유와 개인이 느끼는 커뮤니티에 대한 의무감 사이의 관계를 다시 한 번 생각해보게 했거든요. 이 여학생은 세미나 전체에서 가장 보수적이라는 평을 받던 학생이었는데 기독교 근본주의를 엄격하게 따르는 집에서 자랐대요. 토론에서 그녀는 어린 시절 그녀의 가족과 교회로부터 어떤 가르침을 받으며 자랐는지 설명했고, 특히 그녀가 속한 커뮤니티에 대한 책임감을 강조했기 때문에 그녀는 자기가 속한 커뮤니티의 안녕과 복지에 매우 강한 연대감을 가지고 있었죠.

그녀는 자기가 살던 커뮤니티에서 기본적으로 소수 집단에 속하는 가족 안에서 성장한 경험을 밀의 저서에서는 훨씬 더 관념적으로 표현된 커뮤니티와 개인의 책임감에 대한 논쟁과 연결시켰어요. 내게는 전혀 새로운 참신한 시각이었죠. 그런 분위기의 집안에서 자란 사람을 한 번도 만나본 적이 없었으니까요. 더구나 읽기 과제를 자신의 삶과 의무감에 직접 연결시켜 생각한 그녀의 관점이 매우 놀라웠어요.

학생들의 관심을 수업내용에 깊이 끌어들이고 동시에 추상적인 개념과 실생활에서 겪었던 경험을 연결시킬 수 있도록 강의를 진행하는 교수는 분명 학생들의 머릿속에 특별한 교수로 남을 거라고 생각해요. 그런 강의에서 얻는 깨달음은 순수하게 학구적인 지식을 초월해 우리 의식 속에 선명하게 각인되니까요. 더불어 최고의 학업 수준을 유지하면서 동시에 그런 특별한 강의를 이끌어가는 교수님들이야말로 정말 최고라고 인정하지 않을 수 없어요.

마지막으로 얘기하고 싶은 요점이 하나 더 있어요. 캠퍼스에서는 학생들이 서로를 통해서도 배운다는 얘기를 많이 해요. 그런 측면을 고려하면 학생들 각자가 가지고 있는 놀라운 다양성을 강의시간에 제대로 활용하지 않는 교수님도 많은 것 같아요. 그런 다양성을 활용하는 데 학문적인 읽기 과제와 실생활 속에서 각자 경험했던 일들을 관련지어 생각하도록 격려하는 것보다 더 좋은 방법이 있을까요? 그렇게 하면 때로는 추상적이고 관념적으로만 느껴질 수 있는 이론에 대한 개인적인 이해도가 훨씬 깊어질 수 있다고 생각해요.

　학생들 각자가 가지고 있는 고유한 시각과 경험, 나름의 해석을 풀어놓으면 강의실 내에서 이루어지는 토론은 풍성해질 수밖에 없고, 그 결과 모두가 훨씬 더 많은 것을 배울 수 있다고 확신해요. 더불어 그런 특별한 기회를 만들어준 교수님은 모든 학생들의 머릿속에 오랫동안 기억될 게 틀림없죠."

# 대규모 강의에서 학생들의 참여도 높이기

연구 중심 대학에는 어쩔 수 없이 대규모 강의들이 있다. 대부분의 대규모 강의들은 생물학이나 경제학, 심리학과 같은 분야의 입문 과목이나 기본 과목들이며, 대규모 강의의 수가 줄기를 바라는 학생들도 많다.

그렇지만 대규모 강의들이 사라지면 결과적으로 높은 비용이 발생하기 때문에 그럴 가능성은 매우 희박하다. 그래서 대규모 강의에서 학생들의 참여도를 높이는 분위기를 만드는 교수들에 대한 얘기를 들으면 특별한 관심을 갖게 된다. 어느 학교를 막론하고 학생들은 과목을 선택할 때 대규모 강의라 할지라도 강의실에서 이루어지는 수업 내용에 적극적으로 참여할 수 있게 유도하는 교수를 찾고 싶어 한다.

이런 주제에 관해 확고한 의견을 가진 4학년 학생이 있었다. 경제학을 전공하던 그 남학생은 하버드에 대규모 강의가 너무 많다며 비판적인 의견을 쏟아냈고, 더 나아가 대규모 강의를 진행하면서 학생들이 수업에 적극적으로 참여하도록 노력하는 교수들은 극소수에 불과하다고 지적했다.

학생에게 적극적인 참여를 유도한 교수를 만났던 실제 사례를 들어달라고 요청하자 그는 행동경제학 강의실에서의 경험담을 들려주었다. 많은 학생이 수강하는 대규모 수업이었는데도 담당 교수는 강의 내용과 프레젠테이션 외에도 학생들이 그 자리에서 머리를 굴려 참여하는 '실전 연습문제'를 내주었다. 더구나 그런 연습 문제는 학생들에게 그 과목에서 다루는 주제 중 하나인 집단행동에 관해 가르쳐주기 위해 준비된 방법으로, 각 학생의 반응을 강의실에 모인 모든 학생들로 구성된 대규모 집단 반응의 일부로 사용한 교수법이었다.

학생은 대규모 집단의 행동을 이해하는 데 초점을 맞춘 한 수업 시간에 있었던 일을 들려주었다. 교수는 협상과 개인적인 결정에 중요한 요소로 작용하는 집단행동의 이해에 대해 강의했고, 합리적 행동 이론에 관해 설명하고 나서 잠시 강의를 멈추고 주머니에서 종이 한 장을 꺼내 보이면서 무료 피자 쿠폰이며 강의를 듣고 있는 학생 중 한 사람이 가져갈 수 있다고 말했다.

교수는 강의실 내 모든 학생들에게 0에서 100까지의 숫자 중 아무 숫자나 적어서 내라고 말했다. 그러면 교수가 종이를 모두 걷어서 평균을 내고, 그 평균 숫자의 절반에 가장 가까운 숫자를 적은 사람에게 무료 피자 쿠폰을 증정하겠다고 말했다. 그래서 학생들 모두가 하던 일을 멈추고 약 2분간 종이에 자기 이름과 숫자를 적어 앞쪽으로 넘겼다. 맨 앞줄에 앉은 학생이 숫자들을 종합해 평균을 내고 결과를 말했다.

나는 이 학생이 말하고자 하는 요점이 무엇인지 정확히 파악할 수 없었다. 교수가 대규모 강의에 참석한 모든 학생들을 수업에 '참여'시키려고 한 것은 분명하지만 그게 왜 그렇게 특별하다는 걸까? 학생은 이렇게 대답했다.

"그건 매우 놀라운 학습 경험이었어요. 맨 처음에는 내가 이길 수 있는 유일한 방법은 50보다 적은 숫자를 쓰는 거라고 생각했어요. 강의실 전체에서 나올 수 있는 가장 높은 평균은 분명 100이므로 그 절반인 50을 예상하면 피자를 받을 수 있죠. 그런데 그때 내 주위에 앉아있는 똑똑한 학생들 모두가 나와 같은 생각을 할 거라는 사실을 깨달았어요. 그리고 그들 모두가 나와 같은 생각을 해서 숫자 50을 적는다면 우승 숫자는 25가 되겠죠. 하지만 내가 그 생각을 할 때쯤이면 당연히 강의실 안에 있는 다른 학생들도 그와 비슷한 생각을 하고 예상 숫자를 낮출 게 분명하므로 나도 낮은 숫자를 적어야 한다는 생각이 들었죠. 그때 문득 이게 끝이 없이 이어지고 최저치 한계가 0이 되는 점근선 과정이라는 걸 깨달았어요. 하지만 여기서 또 한 번 그 큰 강의실에 있는 학생 모두가 같은 생각을 할 것이고, 모든 학생의 행동이 합리적일 거라는 예측을 했죠. 그래서 결국에는 숫자 16을 적기로 했어요.

강의실 전체가 이 간단한 과정에 대해 토론했어요. 맨 앞줄에 앉은 학생이 전체 그룹의 숫자를 모아 총계를 내는 동안 우리는 이 문제를 어떻게 생각하는지 서로 얘기를 나눴죠. 교수님은 그저 말없이 앞에 서서 결과를 기다리고 있었어요. 한 2분쯤 지나자 계산을 마친 학생이 강의실 전체가 제출한 숫자의 평균은 22라고 발표했어요.

학생 중에 11을 적어 정확히 답을 맞힌 여학생이 있었어요. 교수님은 과장된 몸짓으로 그 여학생에게 무료 피자 쿠폰을 전달했고 우리는 모두 박수를 쳤고 일부 학생들은 일어나서 기립박수를 보냈죠.

그 수업은 절대 잊지 못할 것 같아요. 내가 공부하는 분야에서 매우 중요한 원칙들을 배웠거든요. 아마 그날 그 강의실에 있던 학생들 대부분이 나와 같은 생각을 했을 거예요. 학생들 각자가 참여해야 하는 문제를 만들고 모두들 실제로 번호를 적어 내게 함으로써 교수님은 적극적인 참여를 유도했고, 정확한 답을 맞히기 위해 여러 가지 예측을 하는 과정을 통해 실전 경험을 시킨 셈이죠. 그 짧은 몇 분의 시간 동안은 학생 수도 많고 때로는 인간적인 미를 느낄 수 없다고 생각했던 대규모 강의가 마치 소규모 수업처럼 느껴졌어요. 모두 주변에 앉은 다른 학생들과 그 문제를 어떻게 생각하는지 서로의 의견을 나눴지요.

교수님은 여학생에게 피자 쿠폰을 준 것으로 끝내지 않고 합리적인 집단행동 이론에 대해 자세히 설명했어요. 그 내용을 효과적으로 전달하기 위해 학생들에게 그런 문제를 냄으로써 모든 학생의 관심이 집중될 수 있었고, 우리는 교수님이 말하고자 하는 내용이 무엇이고 그게 왜 중요한지 더 잘 이해할 수 있었어요. 예를 들면 어떤 종류의 협상이든, 특히 여러 집단의 이해가 걸린 협상에서라면 더더욱 이런 종류의 분석이 매우 중요한 역할을 하죠. 정말 효과적인 강의 방법이었어요.

학생들에게 강력하고 긍정적인 영향력을 발휘한 수업 사례들을 수집하고 계신다면 내 경험담도 꼭 포함시키세요. 이런 방법이 대규모 수업에 사용될 수 있다면 인간미 없고 딱딱한 수업이 훨씬 더 개인적인 경험으로 바뀔 수도 있거든요. 내게 오래 기억에 남는 교수님들 명단을 작성하라고 하면 아마 그 교수님이 맨 위를 차지할 거예요. 그분은 대규모 강의실에서도 효과적인 교수법을 실행에 옮길 수 있다는 사실을 보여주신 분이에요."

# 전문가처럼 생각하도록 가르치기

    물리학과 경제학, 심리학을 가르치는 모든 유능한 교수들은 강의시간에 각 분야의 원리들을 소개하고 설명한다. 학생들이 가장 많이 기억하는 교수들은 그런 원리 소개를 넘어서 학생들에게 '물리학자는 어떻게 생각하는지' 혹은 '심리학자는 어떻게 생각하는지'를 전달할 수 있는 교수들이다. 학부생들은 이런 이상적인 상황을 상반되는 경우와 비교하는데 예를 들면 심리학 교수가 꼭 필요한 여러 정보를 다음과 같이 단조로운 강의 형식으로 전달하는 수업이다.

    "심리학 발달에 미친 프로이드의 영향은… 그리고 스키너는 행동심리학을 창시하고 구체화하는 데 도움을 주었는데, 그 말은 즉… 발달 심리학은 수십 년째 타고난 유전과 환경에 대한 논쟁을 벗어나지 못하고 있으며, 유전을 지지하는 사람들은…, 반면에 환경을 지지하는 사람들은…"

    물론 관련 분야의 기본적인 정보를 가르치는 것은 매우 중요한 부분이며 학생들도 알아야 하고 알고 싶어 한다. 학생들이 그런 정보 전달이 없는 수업을 원하는 것은 아니다. 그러나 졸업을 앞둔 4학년 학생들은 만약 과거로 돌아가 다시 공부할 수 있다면 교수들이 질문이나 문제점을 제시하고 학생들이 '심리학자처럼 생각하는 법을 배울 수 있는' 강의를 더 수강하고 싶다고 말했다.

    이와 같은 경험적 결과들은 교수법의 중요성을 뒷받침하는 증거가 되며 학생들은 전공분야를 선택할 때 다른 어떤 요인보다 이 부분에 많은 영향을 받는다. 즉 학생들이 '경제학자처럼 생각한다'라는 말의 뜻을 진정으로 이해할 때 경제학에 집중할 가능성이 훨씬 높아진다는 의미이다.

학생들이 인터뷰를 통해 이런 얘기를 들려줬을 때 나는 좀 더 구체적인 사례를 요청했다. 건축의 역사에 관해 논문을 쓰고 있던 한 4학년 학생은 1학년 때 처음으로 그 분야의 과목을 선택했을 때는 거기에 대해 아는 게 거의 없었다고 말했다. 그에게는 완전히 새로운 모험이었지만 결과적으로 그때 수강한 과목이 매우 긍정적이고 강한 영향력을 발휘해서 자신을 둘러싼 물리적 환경을 전혀 새로운 시각으로 보게 되었다고 말했다. 그는 담당 교수가 어떤 방법으로 '건축 역사학자는 어떻게 생각하는지'를 깨닫게 해주었는지 다음과 같이 설명했다.

"교수님은 역사적으로 서로 다른 시대, 서로 다른 문화에 걸쳐 중요한 의미를 갖는 건물들과 소규모 커뮤니티들의 예를 보여주셨어요. 다양한 건축 스타일에 대해 강의하고 이름과 설명을 나열하는 대신 그런 부분들은 읽기 과제로 내주셨죠. 그리고 당장 첫 주부터 강의를 듣는 학생들 모두가 과제를 착실히 읽어올 것을 전제로 하는 선례를 만들었어요. 교수님은 귀한 수업 시간을 이용해 몇 가지 단계를 실행했는데, 그 추가적인 단계들이 커다란 변화를 가져왔다고 생각해요.

매시간 과제에 대해 토론할 때마다 교수님은 특정 건물이나 커뮤니티와 연관 지어서 생각하도록 질문을 던지셨어요. 예를 들면, 이런 질문이었죠.

"이 특정 건물이 왜 중요하다고 생각하지? 물리적인 건축 구조가 워낙 세밀하기 때문에? 아니면 이 건물이 세워진 방식이 주변 도시의 삶의 형성에 영향을 미쳤기 때문에? 역사학자는 특정 건물이나 소규모 동네가 도시의 문화 발달에 어떤 중요한 역할을 했는지 어떻게 판단할 수 있을까?"

교수님은 학생들 사이에 토론을 적극 권장했고 때로는 "바로 그게 역사학자가 그 건물에 대해 생각할 수 있는 방법이고, 내가 그렇게 말하는 이유는 바로 이것 때문이야."라는 말을 덧붙이며 학생의 발언 내용을 확장시켜 주셨어요.

교수님이 그런 방법으로 접근할 때마다 강의실은 눈에 띄게 조용해졌어요. 모두가 교수님과 교수님 동료들은 실제로 어떻게 생각하는지 알고 싶어 하는 게 분명했죠. 우리가 정말 관심 있는 건 그거였고, 그런 얘기야말로 교재를 읽어서는 잘 알 수 없는 부분이니까요.

나는 그 수업을 통해 매우 중요한 걸 배웠어요. 내가 방금 읽었거나 쉽게 책에서 찾을 수 있는 내용을 교수님이 단순히 다시 한 번 훑어주거나 반복하는 수업은 바람직한 시간 활용이 아니라는 걸 깨달았죠. 수업 시간은 매우 소중해요. 그래서 교수님이 그 분야에 종사하는 전문가는 특정 주제에 대해 실제로 어떻게 생각하는지 이해할 수 있도록 도와줄 때가 가장 흥미진진했어요. 물론 교수님 입장에서는 그게 늘 쉬운 일이 아니라는 건 알아요. 그래도 모든 교수님이 시도해주었으면 하는 바람이에요. 솔직히 내가 바닷가에서 책을 읽으며 혼자 배울 수 없는 내용을 교수님이 꼭 수업 시간에 가르쳐 주었으면 좋겠어요. 나 혼자 힘으로 할 수 있다면 내가 왜 여기에 있겠어요? 더구나 이렇게 비싼 학비를 감당하면서 말이에요."

# 교수의 의견에
# 반박하도록
# 독려하기

    동료 교수인 데이비드 필레머David Pillemer와 셀든 화이트Sheldon White가 예전에 시행한 조사에 근거해 우리는 인터뷰에 응한 4학년 학생들에게 교육 측면에서 특히 중요한 순간이나 잊을 수 없는 경험에 대해 들려달라고 부탁했다. 모든 학생이 한 명도 빠짐없이 응답했고 그중 61%가 실질적인 학업과 관련해 교수와 교류했던 경험을 꼽았다.

    그 가운데 절반 이상은 학생들 자신이 학문적으로 상당한 책임을 안고 교수와의 교류를 주도적으로 이끌었던 상황에 대해 설명했다. 특히 교수들이 제시하는 내용에 대해 학생들이 건설적으로 반박할 것을 권장했던 교수들에 대한 얘기가 많았다. 학생에게 모든 책임을 넘기는 것과 학생에게 적당한 책임감을 부여해서 자신의 아이디어와 논쟁을 구체화할 수 있도록 이끌어주는 것 사이에는 미묘한 차이가 있으며, 그 미묘한 차이를 분명하게 파악하고 활용하는 교수들은 학생들의 존경을 받는다.

    다음에 나오는 한 학생의 경험담에서 알 수 있듯이 학생들이 반대 의견을 피력할 수 있도록 격려하는 것은 전문가처럼 생각하는 법을 가르치는 한 방법이 될 수 있다.

    "난 그때 정말 어떻게 해야 할지 난감했어요. 그 자리에서 무슨 말을 해도 교수님이 평생을 헌신한 탁월한 업적에 정면으로 반박하는 것 같은 느낌이었거든요. 방금 교수님이 한 얘기에 동의한다면 교수님 저서에 실린 주요 가정과 논쟁에 반대하는 게 되고, 내 말을 지지하기 위한 근거 자료로 교수님 책을 인용한다면 오늘 수업에 전혀 귀를 기울이지 않은 꼴이 되고 말 테니까요.

그런데 나만 그런 생각을 하는 게 아닌 것 같았어요. 아무도 선뜻 말을 꺼내지 않았거든요. 마침내 교수님이 활짝 미소를 지으며 이런 말을 하셨죠.

"좋아. 너희들이 어떤 선택을 해야 할지 몰라 혼란스러워하는 걸 보니 내가 두 가지 서로 다른 논쟁을 성공적으로 제시한 모양이군. 나처럼 이 분야에 종사하는 사람들은 늘 겪는 일이지. 자, 그럼 논쟁을 하나씩 살펴보도록 하자. 첫째, 책에서 나온 논쟁부터 짚어보고, 둘째 오늘 수업 시간에 제시한 논쟁을 살펴보고 나서 과연 정치학자는 어떻게 생각하는지 알아보자. 정치 이론가는 그런 문제에 대해 어떻게 접근하는지부터 살펴보도록 하지."

와, 그때만큼 학생들의 관심이 초 집중된 적도 없을 거예요. 학생들 대부분은 정치 이론에 대해 제법 해박한 지식을 가지고 있었어요. 존 롤스의 '정의론'이나 니체가 말하는 기본적인 선이나 선의 부재, 인간의 존재에 대해 충분히 토론하고도 남을 만큼 이론적으로는 상당히 아는 게 많다고 자부하지만 내가 직접 정치 이론가들의 입장이 되어 생각해보는 건 그때가 처음이었어요. 교수님이 다른 사람들의 입에 수시로 거론되는 꽤 유명한 분이라는 사실이 큰 장점이었지만 세미나에 참석한 학생들이 열광했던 건 교수님의 명성보다도 그 분야에 몸담고 있는 사람들은 실제로 어떻게 생각하는지 우리에게 가르쳐주려고 애쓰는 교수님의 노력이었어요.

나는 전부터 법대 진학을 꿈꿔왔지만 자기가 뭘 하고 있는지 잘 모르는 상태에서 법대를 선택하는 사람들도 제법 있다는 걸 알기 때문에 내심 걱정도 많았어요. 그런데 교수님의 정치 이론 수업을 들으면서 나 자신에 대해 많은 것을 깨달았죠. 모두 정치학자처럼 생각하는 법을 배운 덕분이었어요. 교수님은 서로 다른 정치적 시스템을 평가할 때 비교 접근법을 사용하면 도움이 될 수 있다는 제안을 하셨어요. 세미나가 계속 진행될수록 나는 법률 시스템의 차이가 서로 다른 정치적 시스템의 효과적인 운영에 매우 중요한 역할을 하는 핵심 요인이라는 걸 깨닫게 되었어요. 그리고 수업 시간에 그런 내용을 다루었던 다른 교수님들이 떠올랐죠. 그분들은 주로 우리에게 설명을 하고 넘어갔지만, '정치 이론가처럼 생각하는 법'을 배울 수 있도록 도와준 그 교수님 덕분에 스스로 깨달을 수 있었어요.

지금은 서로 다른 법 원칙들과 구조들이 어떻게 서로 다른 형태의 민주주의를 형성하는지 스스로 생각하기 시작했어요. 그때의 세미나 수업과 교수님의 강의 덕분에 가능한 일이었죠. 어떤 개념을 진짜 내 것으로 소화하는 유일한 방법은 나 스스로 깨닫는 방법밖에 없다고 생각해요. 이제는 확신을 가지고 법률 공부에 열정적으로 뛰어들 수 있을 뿐 아니라 미래에 대한 분명한 꿈도 생겼어요. 언젠가 내가 한 나라의 헌법을 제정하거나 개발하는 데 도움을 줄 수 있을지도 모른다는 꿈이죠. 물론 그럴 일이 일어날 가능성은 희박하지만 그래도 그 꿈을 포기하진 않을 거예요. 난 뚜렷한 목적의식을 가지고 이 일을 하고 있고 앞으로도 계속 그럴 생각이에요. 그리고 분명한 건 모든 게 그때 그 세미나와 정치학자처럼 생각한다는 게 어떤 건지 이해할 수 있게 도와준 교수님 덕분이에요. 이제 내 삶은 완전히 변했어요."

# 증거 이용법
# 가르치기

   나는 통계학자라서 내가 시행하는 조사와 교수법은 많은 부분 증거를 이용하는 방법에 초점을 맞추게 되는데 전공 분야에 상관없이 자기가 공부하는 분야에서 논쟁이 생겼을 때 증거를 이용해 해결하는 방법을 배우는 것이 매우 획기적인 아이디어라고 얘기하는 학생이 놀랄 정도로 많았다. 어쩌면 우리 교수진 전체가 학생들이 자신들이 옹호하는 입장을 찾고 자기가 공부하는 분야에서 무엇을 선택할지 결정하는 데 필요한 증거를 찾고, 수집하고, 해석하는 법을 모를 수도 있다는 사실을 깨달을 필요가 있는 것 같다.

   체계적인 증거를 찾는 방법을 배웠던 학생들의 경험담은 거의 대부분 신입생 때 들었던 과목에 몰려 있었다. 학생들은 여러 가지 문제에 대해 저마다 강한 의견을 안고 대학에 입학한다. 정치적인 의견일 수도 있고 사회적인 의견일 수도 있으며, 특정한 과학적 견해를 바탕으로 한다는 점에서 지적인 의견일 수도 있으며 효과적인 사회정책에 대한 생각, 혹은 훌륭한 책이나 역사 또는 철학을 만드는 요소에 대한 개인적 의견일 수도 있다.

   그렇다면 학생들의 말마따나 수많은 학문 중에서 어떤 입장을 따를 것인지 어떻게 결정할 것이며, 그런 결정을 내리는 데 어떤 근거를 사용할 것인가가 문제이다. 그렇다고 통계학이나 계량 경제학, 의사결정 분석, 혹은 역사 기록학 등을 자세히 언급하려는 건 아니다. 물론 그런 분야를 공부하는 학생들에게는 꼭 알아야 하는 매우 중요한 정보들이지만, 여기서 내가 말하고 싶은 건 학생들이 특정한 사고 방법을 개발하고 자기 것으로 소화시키는 방법이다. 증거를 바탕으로 하는 사고 방법은 학생들이 여러 가지 대안 중에서 원하는 것을 선택하고 핵심적인 가치관을 형성하며 철석같이 믿고 있는 기존의 생각들을 넘어설 수 있도록 도와주는 방법이다.

여기서 중요한 것은 학생들이 결정을 내리고 논쟁을 해결하는 데 증거를 사용하는 방법을 알려준 교수들을 특별히 감사한 마음으로 기억한다는 점이고, 마찬가지로 교수들도 그 과정에서 개인적으로 순수한 만족감을 맛볼 수 있다. 학부생들과 함께 작업하면서 얻을 수 있는 또 하나의 커다란 기쁨은 우리 같은 중년의 교수들은 너무나 익숙해져 있어서 의문을 품지 않는 이론들에 대해 학생들이 거리낌 없이 제기하는 의문들인데, 때로는 자신들의 질문 덕분에 실제로 어떤 주제에 대한 교수의 견해가 바뀐 경우도 있다고 말한 학생들도 있었다. 어느 대학에나 교수에게 계속해서 질문하고 도전하는 걸 즐겁게 생각하는 학생들이 많다. 물론 먼저 존경심과 예의를 갖추고 묻는 경우가 가장 이상적이지만 어떻든지 학생들은 도전하기 마련이고 교수들은 그런 때를 놓치지 않고 학생들에게 증거 사용법을 가르쳐주는 기회로 삼을 수 있다.

이런 부분에 관련된 사례는 아주 많지만 여기서는 하나만 소개하고자 한다. 학생들은 이 부분에 관해 최대한 많이 알고 싶다고 말했으며, 나는 그들의 말을 믿어 의심치 않는다.

교육 정책에 관한 세미나에서 한 1학년 학생은 자기가 사는 도시와 주에 있는 정치인들이 공공 교육에 돈을 쓰지 않는다면서 계속해서 혹평을 쏟아냈다. 그녀는 벌써 같은 얘기를 여러 차례 꺼냈었고 한번은 학생들의 학업 성적이 계속 떨어지고 있다는 주제로 진행된 토론에서도 또 한 번 언급했다. 그녀는 경비 삭감이 주요 원인이라고 주장했고 그 세미나를 듣는 다른 학생들도 대부분 동의했다. 모두가 목소리를 높였고 모두들 자기 의견이 있었다.

교수도 의견이 있긴 마찬가지였다. 그러나 이 여학생의 말에 따르면 교수는 학생들에게 구체적인 증거를 찾을 때까지는 그 문제에 대한 판단을 보류하라고 권했고 이런 질문을 했다.

"실생활에서 어떤 증거를 수집하면 여러분의 생각을 바꿀 수 있을까?"

여학생은 적절한 대답을 떠올리지 못했다고 말했고, 교수는 좀 더 구체적인 질문을 던졌다.

"만약 더 많은 교육 예산을 투자한 교육청에 소속된 학생들이 대부분의 학과목에서 더 나은 성과를 올린다는 걸 알게 되면 단순한 상관성 연구 결과들이 설득력 있다고 생각할 것인가?"

그 질문에 학생들의 입장은 반으로 나뉘었다. 반은 설득력 있다고 동의했고, 나머지 반은 상관성 연구가 반드시 원인을 암시하는 것은 아니라는 점을 지적하며 이의를 제기했다. 돈이 더 많은 교육청에 속한 학생들이 학업에서 더 좋은 성과를 올리는 이유는 더 부잣집에서 자랐기 때문일 수도 있고, 부모의 학력이 더 높아서일 수도 있으며, 집에 책이 더 많거나 학교 도서관에 더 많은 책이 쌓여 있어서 그럴 수도 있다는 주장이었다. 그리고 나서 학생들 사이에 정책 결정 시에 관측자료 및 단면조사 자료가 갖는 장점과 실험 자료의 장점에 관해 격렬한 토론이 벌어졌다.

그 여학생은 이 토론을 통해 전혀 새로운 사고방식에 눈을 뜨게 되었다고 말했다. 그 결과 우리와 인터뷰를 하던 시점에 그녀는 통계학과 조사 설계에 관한 과목을 4개나 수강하고 있었고, 교육 정책에 중점을 둔 공공 정책 분야로 대학원에 진학할 계획을 세우고 있었다. 그녀가 1학년 때 들었던 세미나를 담당한 교수는 학생들로 하여금 증거의 역할이 무엇인지 생각해 볼 기회를 만들어 주었고, 어떤 종류의 증거가 생각을 바꾸어놓을 수 있는지에 관해 깊이 탐색하도록 이끌어줌으로써 정책 결정에 관한 그녀의 생각을 변화시켰다.

"교수님이 의도한 것이든 아니든 간에 교수님은 내가 대학에 들어오자마자 학교 교육에 많은 돈을 투자해야 한다는 내 의도는 좋은 것이지만 그것이 반드시 설득력 있는 공공정책으로 이어지는 것은 아니라는 사실을 가르쳐주셨어요. 좋은 의도는 훌륭한 출발점이 될 수 있지만 현실에서는 결정적인 순간이 오면 매번 실질적인 증거가 좋은 의도를 누르고 이길 거라는 게 교수님이 전하고자 하는 메시지였죠. 그 교수님의 얘기를 듣기 전까지는 내 과제에 대해 한 번도 그렇게 생각해 본 적이 없었는데 그때 세미나에 참석했던 것을 계기로 모든 학생들이 그런 방식으로 생각하게 된 것 같아요."

# 예측에서 벗어나기

  교수와 학생 간에 가장 이상적인 교류가 이루어질 때 어떤 일이 일어날까? 교수는 특정한 질문들을 던지고 특정 과제를 내준다. 글쓰기일 수도 있고 문제지나 실험실 프로젝트일 수도 있다. 학생이 과제를 수행하면 교수는 그 과제에 대해 상세하게 반응하고 마지막으로 과제 자체의 의미에 대한 교수의 견해를 학생과 공유하는데, 이 마지막 단계를 실행하는 방법이 교수들 사이에 차별성이 생기는 중요한 잣대가 된다.

  이러한 잣대에 의하면 학생들은 쉽게 예측하기 어려운 교수들과 작업하는 걸 압도적으로 선호했으며, 이런 분위기는 특히 사회 과학 쪽에서 강하게 나타났다. 학생들은 훌륭한 글쓰기를 위해 교수들이 무엇을 요구하는지 예측할 수 있길 원하고, 철학자와 생물학자, 경제학자, 심리학자, 역사가 혹은 정치 이론가들의 업적을 어떻게 비평할 것인가에 관해 교수가 어떤 기준을 가지고 있는지 예측하고 싶어 한다. 그러나 일련의 딜레마나 논쟁에 관해 교수가 어떤 견해를 보일지 뻔히 예측할 수 있을 때는 절대 존중하지 않는다. 대다수의 학생들은 작가 앤 파디먼Anne Fadiman의 표현대로 '문화전쟁에서 한쪽 편을 드는' 교수를 만났을 때의 실망감에 대해서도 얘기했다. 그들은 한두 가지의 안건에 대해 그런 교수가 어떤 생각을 가지고 있는지 알고 나면 다른 수십 가지의 문제들에 대해서도 어떻게 생각할지 거의 100% 예상할 수 있으며, 이러한 예측 가능성은 실망스럽기 짝이 없다고 말했다. 나아가 교수가 각 안건을 독립적으로 엄밀하게 평가하고 있는 건지 의구심을 품게 된다고 했다. 교수진이 읽기 과제를 정하고 강의 중 토론을 구성할 때 이런 부분을 꼭 염두에 두면 도움이 될 것으로 생각한다.

# 다른 과목과 통합하기

4학년 학생들은 그들에게 가장 의미 있었던 과목으로 다른 학문 분야의 이론들과 제휴하는 강의를 꼽았고, 그 결과로 자기 분야의 전문가이면서 동시에 전문 분야를 보다 넓은 관점으로 확장시킬 수 있는 교수진에 관한 경험담을 들려주었다. 학생들은 이 부분을 중요하게 생각했는데 현실과 사람들이 현실을 바라보는 방법은 역사나 화학, 문학, 심리학과 정치학과 같은 카테고리로 깔끔하게 나누어지지 않는다는 걸 잘 알고 있기 때문이다.

그러나 대학들은 이러한 학문 분야들 위주로 조직된 단체이므로 학생들은 대학의 근본 조직과는 또 다른 방법으로 자신의 사고방식을 끊임없이 재정비해야 할 필요성을 느낀다. 그들은 대학 조직의 현실성을 전적으로 인식하고 있고 일부 구성 메커니즘의 필요성 또한 이해하고 있다. 그래서 지금과 같은 학과 구조를 재구성해야 한다고 제안하는 게 아니라 때로는 대학 체계에 꼭 필요한 편의성이 학생들이 큰 그림을 이해하는 데는 장애가 되기도 한다는 사실을 지적하는 것이었다.

내가 현재의 학과 구조를 비판하는 의견을 제시하는 학생들에게 어떤 대안을 제시할 수 있겠느냐고 물었을 때, 거의 모든 학생들이 비슷한 답을 내놨다. 그들은 학생이라면 누구나 한편으로는 전문가이면서 한편으로는 그냥 일반적으로 많이 아는 사람에 지나지 않는다는 것에 불안감을 느낀다고 말했다. 한두 가지 분야에서 깊이 있는 전문교육을 받은 것을 뿌듯하게 생각하지만 그것만으로 충분하지 않았고, 다른 학문 분야들과 폭넓게 통합되는 경험을 원했다.

대다수의 학생들이 언급한 이와 같은 내용을 동료 교수들에게 전하자 교수들은 우리 캠퍼스에서 실시하는 학제 간 제휴 아너 프로그램역사와 문학, 역사와 과학, 사회과학, 전통문학과 신화, 환경 정책 연구의 등록 수준이 다른 프로그램들과 더불어 꾸준히 상승하고 있다는 사실을 상기시켜주었고, 복수 전공을 추구하는 학생들의 숫자도 점차 늘어나고 있다는 사실도 알려줬다. 그래서 학과 간 제휴 프로그램을 원하는 학생들의 바람이 그저 추상적인 희망 사항을 늘어놓은 것이 아니라는 결론을 얻을 수 있었다. 그들의 실질적인 행동과 과목 선택, 졸업 논문에 쏟는 노력에도 학생들의 그런 바람이 반영되어 있었고, 학생들의 직접적인 선택과 관련해서 특정 교수진이 진정한 변화를 유도할 수도 있다.

학생들은 서로 다른 학과의 아이디어와 개념들을 어떻게 종합할까? 인터뷰를 통해 세 가지 방법을 알게 되었다. 하나는 의도적으로 통합을 염두에 두고 고안된 과목들을 고르는 것이고, 두 번째는 학생 자신이 스스로 알아서 하는 것인데 이는 특출한 학생들에게도 쉽지 않은 일이며, 세 번째는 교수가 그 과정을 가능하게 해주는 방법이다. 학생들은 특정 학과의 전형적인 수업을 진행하면서 학생들에게 다른 학문 분야들과 연합하는 종합적인 경험을 주려고 일부러 별도의 노력을 기울이는 교수들에게 찬사를 보냈다. 그렇게 하기 위해 교수는 학생들이 가지고 있는 다양한 전문 기술과 배경을 끌어낼 수 있는 과제를 만든다.

가장 자주 언급된 형태는 교수가 공공정책 문제를 제시하고 학문적인 내용 안에서 해결책을 고안하는 방법인데 한 예로 몇몇 학생들은 수업 시간에 미국 북동부와 캐나다에 산성비를 줄일 수 있는 방법에 관한 문제를 제기한 한 지구 과학 교수의 얘기를 들려주었다. 강의는 산성비의 과학적 측면에 초점을 맞추어 시작되었고 교수는 '현실'이라고 부르는 요인을 토론에 끼워 넣었다. 그래서 바람의 흐름과 기후학에 관한 내용이 등장했고,

산성으로 인한 환경 변화까지 언급됐다.

학생들이 과학적인 산성비 통제 방법에 대해 어느 정도 잘 알게 됐다고 생각했을 때 교수는 정치적인 연관성을 제기했다. 어떻게 한 나라가 이런 일을 해결할 수 있을까? 그래서 학생들은 맑은 공기(모두가 깨끗한 공기를 지지했다)와 다른 대안을 찾기 어려운 단순 육체노동자(모두들 그런 노동자들을 위한 일자리를 지지했다)들을 위한 공장 일자리 사이의 상충관계에 관해 생각하기 시작했다. 그리고 마침내 마지막 두 번의 수업에서 교수는 국제적인 문제도 제기했다. 앞부분에서 예로 든 미국과 캐나다같이 두 나라 사이에 협력관계를 가능하게 하려면 어떻게 해야 할까? 특히 한 나라가 산성비를 야기한 원인의 대부분을 제공하는 상황이고, 그 상황을 개선하기 위한 과정에서 두 나라에 미칠 경제적인 결과에 차이가 난다면 과연 어떻게 협력관계를 이끌어낼 수 있을까?

이런 수업은 여러 개 사례 중의 하나일 뿐이다. 내가 이 사례를 고른 이유는 한 학부의 전형적인 한계를 가진 수업 안에서 다른 학부들과 연관되는 아이디어를 적용시킨 교수를 여러 학생들이 특별히 기억하고 있었기 때문이다. 게다가 이 사례가 더욱 눈에 띄었던 이유는 행정학이나 경제학, 역사 등 서로의 분야에 어느 정도 연관성이 있어서 통합 과정이 상대적으로 덜 어렵게 느껴지는 과목들에 비해 학과 간의 제휴가 더 까다롭게 느껴지는 과학 학부의 강의였기 때문이다. 아마도 지구 과학 분야도 여러 학문 분야와 혼합하기 적당한 대상이라고 생각한 학생들은 별로 없었을 것이다.

이 사례는 학생들이 전형적인 학과의 한계선을 넘어 사고를 확장시킬 수 있도록 도와준 교수들을 존경하고 기억한다는 사실을 다시 한 번 상기시켜 준다. 이와 같이 전형적인 학과들을 개별적으로 분리하기보다 서로 연합하고 제휴시키기를 원하는 학생들의 바람 덕분에 학과를 막론하고 모든 교수가 보다 창의적인 방법으로 강의를 준비하고, 학생들의 삶에 진정한 변화를 일으킬 수 있는 기회가 많아지기를 기대한다.

# 7

## 캠퍼스
## 내의
## 다양성

시간이 흐르는 동안 미국의 여러 대학에서 느낀 가장 큰 변화가 무엇이냐고 친구들이 내게 물으면 대답은 간단하다. 누구나 5분만 돌아다녀 보면 금방 알 수 있는 사실인데 변화는 바로 학생들이다. 과거의 대학 캠퍼스에 비해 그들이 누구고, 어떻게 생겼고, 어떤 배경을 가지고 있는지 등 대학에 들어오는 학생들 자체에 커다란 변화가 생겼으며 이를 두고 종종 '새로운 학생 다양성'이라고 부른다. 나는 이런 현상 덕분에 학생들 각자 고유한 출신 배경에서 생기는 다양성을 캠퍼스에 선사하고 있다고 생각한다. 여기서 다양성은 인종, 민족, 정치, 지리, 경제적인 다양성을 의미한다. 35년 전 내가 대학에 다니던 시절과는 비교도 할 수 없을 만큼 지금의 학생들은 강의실 안과 밖에서 훨씬 더 다양한 그룹의 동료 학생들과 섞이고 어울려 생활하고 있다.

내가 대학생이었을 때는 거의 모든 학생이 백인이었고, 남자들이었으며 대부분 중산층 가정 출신이었다. 아이비리그 대학과 주립 대학, 소규모 사립 대학들은 더욱 그런 편향이 가장 두드러졌고 전통적으로 흑인들이 가는 대학을 제외한 고등 교육기관들도 대체로 그랬다.

지금은 대부분의 대학에서 절반이 넘는 학생들이 여성이고 전국적으로 대학에 다니는 모든 학부생의 25% 정도는 백인이 아니다. 뿐만 아니라 경제적으로 넉넉지 않은 가정 출신의 학생들도 상당해서 현재 하버드 학부생 6명 중 1명은 집안의 연간 소득이 2만 불 이하이다.

1963년 하버드의 남녀비율은 남학생 3명당 여학생 1명꼴이었지만 지금은 거의 50명대 50명에 육박한다. 또한 1963년 하버드에 입학한 전체 학생 중 백인이 아닌 학생은 단 17명으로 1%밖에 되지 않았지만, 내가 이 책을 쓰고 있는 2004년 현재 총 입학생 중 백인이 아닌 학생들이 약 600명 정도로 전체 35%를 차지한다. 이처럼 캠퍼스의 모습이 완전히 달라졌다.

　요즘 학생들은 인종을 막론하고 대학에 오면 다양한 커뮤니티의 일원이 될 것임을 잘 알고 있으며 이러한 미국 대학의 새로운 특징이 자신에게 어떤 영향을 미칠지 궁금해한다. 이 장과 다음 장에서는 학생들이 이러한 이질성에 대해 어떤 생각을 가지고 있고 어떻게 받아들이고 있는지 그들의 이야기를 요약해서 담았다.

# 접근성과 교육적인 영향

　인종과 민족을 막론하고 모든 학생들은 캠퍼스 내의 다양성에 대한 토론이 반드시 두 부분으로 나뉘어야 한다고 말한다. 첫째는 접근성에 관한 문제로 가장 단순하게 묻자면 '서로 다른 배경을 지닌 학생들 모두가 똑같이 특정 대학에 갈 기회를 가지고 있는가?' 하는 것이고, 둘째는 교육적인 영향에 관한 문제로 인종과 민족을 막론하고 모든 학생들이 '자기와 다른 다양한 출신 배경을 지닌 동료 학생들과 함께 대학에 다니면서 교육적으로나 개인적으로 어떤 영향을 받는가?' 의 문제이다.

　이 두 가지는 분리할 수 있는 질문이며 두 번째 질문은 첫 번째 질문의 답이 무엇이냐에 영향을 받는 조건부 질문이라 할 수 있다. 백인이 아닌 학생들이 특히 이와 같은 구별에 민감했는데, 그들 대다수는 백인이 아닌 학생들은 역사적으로 대학에 들어올 수 있는 기회를 확보하는 접근성의 문제로 인해 많은 어려움을 겪었다는 사실을 지적했고, 일부 학생들은 지금도 그 문제가 제일 중요하다고 주장했다. 백인이 아닌 학생들 가운데 몇몇(캠퍼스에 모이는 인종과 민족에 관해 인터뷰를 진행한 백인이 아닌 학생 90명 중 다섯 명)은 백인이 아닌 학생들도 백인 학생들과 마찬가지로 대학에서 똑같은 수업을 듣고 똑같은 교수를 만나고, 똑같은 피드백을 받고, 똑같은 활동에 참여할 수 있는 접근성이 가장 중요한 관건이고 다양한 학생들이 모인 조직에서 각 학생들에게 미치는 교육적인 영향은 그다음 문제라고 강조했다.

그러나 압도적인 다수(인터뷰 대상인 90명 중 85명)는 그와 같은 의견에 반대했다. 그들 역시 접근성이 다른 모든 것보다 우선하는 전제조건이라는 사실은 인식하고 있었지만 지금은 접근성의 문제가 상당히 잘 해소된 상태라고 생각했다. 과거에는 입학을 거부당하는 일도 있었지만 더 이상 그런 문제는 없고 '같은 공간에 함께 앉아 있는' 지금 이 학생들의 제일 중요한 바람은 모든 교류에 활발히 참여하는 것이었다. 그 말은 학습과 교습, 공유, 토론, 그리고 질문 제기를 포함해 전반적인 대학 내 활동에 열심히 참여해야 한다는 뜻이다.

내가 인터뷰한 학생들은 누구나 자기만의 독특하고 특별한 가치관이 캠퍼스에서 일어나는 각종 교류를 활성화하는데 보탬이 될 수 있을 거라고 자신하고 있었다. 민족과 인종을 막론하고 모든 학부생들에게는 자기가 무언가 기여할 수 있는 부분이 있다는 확신과 자기와 다른 출신 배경을 지닌 학생들과 교류하려는 열정이 충만했다. 학생들은 캠퍼스 내 다양성과 관련해 처음부터 접근 가능성과 다양성이 가진 교육적 영향력을 구분 지었던 이유는 과거의 싸움을 붙잡고 늘어져 계속 왈가왈부하는 건 무의미하다고 생각하기 때문이라고 말했다. 백인이 아닌 학생 90명 중에서 85명은 오랜 시간 동안 힘들게 싸운 결과 지금은 접근성을 성취해 원하는 사람은 누구나 대학에 들어올 수 있으므로 이제는 대학 커뮤니티의 다양성을 통해 혜택을 얻고자 하는 바람을 실현시키는 데 집중해야 함을 강조했으며, 그러기 위해서는 강의실 안과 밖에서 활발하게 교류할 수 있는 충분한 기회가 필요하다고 말했다.

# 이상적인 환경

학생들은 자기와 다른 출신 배경을 지닌 사람들로부터 뭔가 배울 수 있는 특정한 분위기가 따로 있다고 강조하며 대학이나 대학교, 특히 학생들을 선별 입학시키는 학교 측에서 그런 특정한 환경을 만들어주는 게 중요하다고 지적했다. 학생들은 왜 이렇게 생각하는 걸까? 왜냐하면 각자의 출신 배경과 상관없이 누구나 특정한 목적과 기대감, 포부를 안고 대학에 들어오기 때문이라고 학생들은 말했다. 이런 주제에 대해 미리 곰곰이 생각해본 1학년 학생들 대부분은 대학에 오면 자기와 다른 아이디어를 가지고 있고 경제적, 지리적, 종교적, 민족적, 인종적으로 다양한 출신 배경을 지닌 많은 학생을 만나게 될 거라고 예상하고 있다. 그래도 이러한 차이들은 상당히 현실적인 것이라 막상 대학 생활을 시작하게 되면 어떤 학생들에게는 충격적인 경험으로 다가오는 경우도 있다.

동시에 대학, 특히 선별 입학제 대학에 첫발을 내딛는 1학년 학생들은 대학에서 만날 또래 학생들이 어떤 면으로는 자신들과 공통점도 있다는 사실도 알고 있다. 대학에 들어오기 위해 고등학교에서 열심히, 아주 열심히 공부했을 게 틀림없고, 대학에서도 계속해서 열심히 노력할 것임이 틀림없다. 뿐만 아니라 자기와 다른 생각을 가진 사람들을 만날 거라고 예상하고 있고 실제로 그런 만남을 기대하며, 마찬가지로 자기와는 민족도 다르고 인종도 다른 다양한 학생들과의 만남도 예상하고 있다.

민족적, 인종적인 다양성의 장점을 옹호하는 사람들은 서로 다른 출신 배경을 지닌 사람들이 만나고 교류하면 거의 예외 없이 긍정적인 결과가 발생한다고 주장하지만 우리 학교 학생들은 자기와 다른 출신 배경을 지닌 동료 학생들을 알아가고 실제로 교류하는 과정은 생각보다 훨씬 더 복잡하다고 말했다. 시카고 출신의 한 남학생은 "대도시의 복잡한 길거리를 돌아다니기만 해도 그런 사실을 느낄 수 있다."고 말했다.

여러모로 자기와 다른 학생들과 교류할 때 일어날 수 있는 학습 효과에 관한 학생들의 의견에서 발견한 핵심은 대학이 다른 환경들과는 근본적으로 다른 기회를 제공한다는 것이다. 그 이유는 대학에 들어오는 학생들 모두가 특정 가치관을 공유하고 있을 가능성이 크기 때문이고 그래서 출신 배경에 상관없이 모든 학생들이 비슷한 생각을 하고 거기에 따라 행동할 거라고 예상할 수 있다는 것이다. 이렇게 학생들 모두가 공유하고 있다고 예상할 수 있는 가치관 중 하나는 교수들의 강의를 통해서만 지식을 얻고 배우는 것이 아니라, 학생들끼리 교류하는 경험을 통해서도 배울 수 있다는 생각이다. 대학에서 같이 생활하고, 같이 수업 준비를 하고, 같이 수업 중 토론에 참여하고, 같이 공부하고, 같이 즐기는 과정에서 서로를 통해서도 배울 수 있다는 것을 학생들도 잘 알고 있다.

민족적이고 인종적인 다양성이 학습 효과 향상에 실질적으로 기여할 수 있는지의 여부는 학교 측에서 그런 기본 개념을 어떻게 잘 축적하고, 활용하고, 강화하는지에 크게 좌우된다고 학생들은 지적했다. 반대로 학교의 문화나 교수, 대학 운영진 혹은 학생 주관 단체의 운영진들이 학생들이 공유하고 있는 가치관을 소홀히 하고 무시하면 민족적이고 인종적인 다양성을 통해 얻어지는 긍정적인 교육 효과는 기대할 수 없다고 강조했다. 그런 분위기에서 생기는 거북함이 오히려 학습 효과를 해칠 수 있기 때문이다.

내가 이 부분을 강조하는 건 학생들이 특히 중요하게 생각했던 부분이기 때문이다. 대학에서 보내는 4년은 실제로 거의 모든 구성원이 매우 중요한 일련의 가정들을 공유하고 있는 커뮤니티 환경 속에서 생활할 수 있는 시기이며, 이러한 기회는 평생에 몇 번 만날 수 없는 매우 소중한 기회임을 대다수의 학생들이 인식하고 있다. 꾸준한 노력과 학문적인 열정, 우수함, 강의실 안에서뿐만 아니라 밖에서 일어나는 활동을 중요하게 생각하고 성실하게 임하는 태도 등이 모든 학생들이 기본적으로 공유하는 가정들이라고 할 수 있다.

선별적 입학제를 실시하는 대학을 포함한 특정 기관들은 특히 그런 주요한 가정들이 폭넓게 공유되는 환경을 조성할 수 있으며, 그런 환경이 조성된 커뮤니티에 속한 학생들은 자연스럽게 자기와 다른 출신배경을 지닌 동료 학생들과 일상적으로 얘기하고, 섞이고, 어울리면서 뭔가를 배우게 된다. 학생들은 학교 측에서 적극적으로 그런 캠퍼스 분위기를 조성하고 권장해야 민족적, 인종적으로 자기와 다른 사람들로부터 뭔가 배울 수 있는 긍정적인 결과를 이끌어낼 수 있다고 이구동성으로 말했다. 또한 어느 대학에서나 많은 학생, 특히 상대적으로 동질적인 분위기가 강한 커뮤니티에서 자란 학생들에게 이런 종류의 학습은 새로운 경험이 될 수 있다.

한 3학년 흑인 학생은 다음과 같은 경험담을 들려주며 환경이나 분위기의 중요성을 강조했다.

"호의적이고 좋은 분위기를 형성하는 게 얼마나 중요한지는 아무리 말해도 부족해요. 그런 면에서 1학년 때 내가 만난 기숙사 학생감은 처음부터 그런 분위기 조성에 성공한 케이스죠.

내가 생활하던 기숙사의 학생감은 기숙사 입소 첫 주에 자기 숙소 거실로 우리 모두를 초대했고, 인종과 배경이 서로 다른 학생들 20명 남짓 그 방에 모였어요. 내가 그날을 똑똑히 기억하는 이유는 각자 친근한 자기소개가 끝난 후 학생감이 나를 보고 미소를 지으며 "아프리칸 아메리칸이라고 부를까, 아니면 흑인이라고 부를까?"라고 물었기 때문이에요. 전혀 예상치 못한 질문이어서 난 별생각 없이 "아프리칸 아메리칸이요."라고 단순하게 대답했어요. 그러자 학생감은 "혹시 다른 학생이 잘 모르는 상태에서 무심코 흑인이라고 부르면 기분이 나쁠 것 같니?"라고 다시 물었죠. 물론 전혀 그럴 것 같지 않다고 대답했죠. 나를 모르는 사람이 내가 뭘 원하는 지 어떻게 알겠어요?

그러고 나서 학생감은 다시 라틴계 여학생에게 '라티나'라고 부르는 것과 '히스패닉'이라고 부르는 것에 대해 질문했고. 그다음에는 미국에서 나고 자란 중국계 미국인에게 다른 학생이 단순히 '아시안'이라고 칭하면 어떻겠냐고 물었어요. 심지어는 백인 남학생에게 '백인'이라고 하는 게 좋은지 '코카시언'이라고 하는 게 좋은지도 물었죠. 그리고 매번 학생들의 대답을 들을 때마다 뒤이어 누군가 자신이 선호하지 않는 명칭으로 부른다면 기분이 나쁠지도 물었어요. 한마디로 말하면 '처음 보는 사람이 우리를 칭하는 표현 때문에 그 사람을 인종차별주의자나 생각 없는 사람이라고 생각할 것인가?' 하는 거였죠.

우리는 한동안 어리둥절했지만 곧 우리에게 단순한 아이디어를 전달하고자 하는 학생감의 의도를 깨달았어요. 그녀는 우리를 처음 만나서 각자 어떤 호칭을 선호하는지 모르고 있었지만 우리를 부를 때 자기가 나쁜 의도를 가지고 있지 않다는 걸 몸소 행동으로 보여준 거였죠. 더불어 앞으로 캠퍼스에서 다른 학생들을 만날 때 비슷한 상황이 벌어져도 그들이 무조건 나쁜 의도를 가지고 있어서가 아니라고 생각하길 바란다는 의미였어요.

나는 그 학생감의 행동이 매우 중요한 의미가 있다고 생각해요. 그녀는 민족과 인종을 표현하는 갖가지 다른 표현들에 어떻게 반응할 것인지 생각해보게 했죠. 그녀는 우리 각자가 스스로 생각해서 선택해야 하고, 앞으로 여기서 보낼 4년이라는 시간은 그 선택에 의해 많은 영향을 받게 된다는 사실을 일깨워주었어요. 다른 학생들이 호의를 가지고 있다고 생각하는 쪽을 선택할 수도 있고, 외부 세계로부터 온갖 적대함과 어색함을 끌어들여 부정적으로 생각할 수도 있죠.

나는 대학에 들어온 첫째 주에 그런 일을 경험한 것에 매우 감사하게 생각해요. 덕분에 동료 학생들이 좋은 의도를 갖고 있다고 다시 한 번 마음에 새길 수 있었거든요. 다른 학생들도 비슷한 마음일 거라고 생각해요. 실제로 3년이 지난 지금도 그때 룸메이트였던 우리 여덟 명이 같이 살고 있다는 사실을 감안하면 그들도 나와 같은 생각이라는 걸 확신할 수 있죠. 우리는 어떤 그룹보다 가장 다국적인 그룹임이 틀림없어요. 나를 포함해 같은 방을 쓰는 네 명은 제각각 기독교도, 유대인, 이슬람교도, 힌두교거든요. 사이즈 대비 이보다 더 다양한 구성이 있을 수 없잖아요."

이처럼 긍정적인 분위기가 뿌리를 내리려면 학생들은 특정한 인식을 안고 학교에 와야 하며 각 분야의 캠퍼스 운영진 전체가 적극적으로 그 의식을 강화시켜야 한다. 진보적이거나 보수적인 인식이 아니라 단순히 열린 마음이 중요한데 이는 자기와 다르게 생기고 다른 배경에서 온 사람들을 만나서 교류하고자 하는 순수한 열정을 의미한다. 중요한 것은 이렇게 다양한 배경을 지닌 사람들이 모이면 다채로운 대화와 다양한 질문, 다양한 토론을 이끌어낼 수 있다는 점이며, 이는 백인들끼리, 흑인들끼리, 아시안끼리, 라틴계끼리, 기타 모든 게 끼리끼리 모여 이루어지는 커뮤니티에서는 절대 얻어질 수 없는 장점이다. 학생들은 어느 대학에서나 이처럼 '호의적이고 좋은 분위기'가 먼저 형성되어 있어야 서로가 금세 '다른 생김새'와 같은 사소한 부분을 뛰어넘어 활발하게 교류하고 소통하며 서로가 서로에게서 배울 수 있다고 강조했다.

# 고등학교에서 접하는
# 다양성의 부정적인 영향

학생들이 고등학교 때 겪은 다양성에 관한 경험담을 애기할 때 별로 좋은 그림은 없었다. 고등학교에서 일어나는 교류에 대한 경험담들은 자기와 다른 사람들 사이에 있는 것만으로 반드시 좋은 관계가 형성되고 건설적인 학습 효과가 생길 수 있다는 일부 주장을 일축하는 증거라고 할 수 있다.

최소한 하버드 학생들은 고등학교에서의 다양성은 있으나 마나 했다고 말했다. 첫째 숫자 면에서 그렇다. 이 질문에 관해 직접적으로 인터뷰에 응한 120명의 학부생 중에서 44명은 자기가 다닌 고등학교에서는 민족적인 다양성을 찾아보기 힘들거나 아예 없었다고 대답했다. 그러므로 이들에게는 '얼마나 긍정적인 효과를 내고 있나'라는 질문 자체가 무의미했다.

또 나머지 76명의 경우에는 분명한 패턴을 볼 수 있었다. 사립이나 자립형 사립 고등학교를 나온 22명 중에서 19명은 자기와 다른 민족 그룹에 속하는 동료 학생들과 함께 생활한 경험이 '긍정적'이거나 '매우 긍정적'이었다고 답했다. 반면 일반 공립 고등학교에 다닌 54명의 학생은 그와는 매우 다른 양상을 보였는데 그중 38명, 즉 2/3가 넘는 학생들은 '부정적'이거나 '실망스러운' 경험이었다고 대답했다. 그래서 그들 각자에게 자세한 이유를 물어본 결과 각자 내용은 달랐지만 전체적인 결론은 금세 드러났다. 미국의 공립학교들, 최소한 내가 인터뷰했던 학부생들이 졸업한 고등학교들은 공동체 개념 혹은 학생들이 어떤 문화를 공유하고 있다는 분위기를 정립하는데 놀라우리만큼 소극적이었으며, 이는 사립 고등학교 졸업자들의 경험담과 현저한 대조를 이루었다.

고등학교에서의 다양성 경험이 '실망스러웠다'라고 대답한 공립 고등학교 출신 학부생들의 2/3는 그 이유를 설명하는 데 전혀 망설임이 없었고 고등학교의 운영진이 서로 다른 출신 배경을 지닌 학생들이 함께 공유할 수 있는 가치관을 개발하려는 노력이 부족했거나 아예 없었다고 서슴없이 말했다. 학생들은 각자 바깥세상에서 전해 듣고 얻은 갖가지 편견과 선입견, 그리고 가족과 공동체들로부터 익힌 가치관들을 그대로 품은 채 매일매일 학교에 왔고 학교 안에서도 공통된 가치관을 공유하지 못한 채 각자에게 익숙한 대로 거리낌 없이 행동했다고 말했다.

한 남아시아계 미국인 학생은 자신이 직접 겪었던 거북한 경험담을 다음과 같이 들려주었다.

"나는 고등학교에 다니는 동안 내내 학교 내에서 다양성으로 인해 생기는 딜레마를 겪었어요. 내 경험담은 다른 민족 그룹의 구성원들이 어떻게 생각하고 느끼는지에 둔감한 특정 민족 그룹의 일원들 때문에 탄탄하던 커뮤니티도 산산조각이 날 수 있다는 걸 보여주는 예라고 할 수 있어요. 특히 한 커뮤니티에 속한 서로 다른 민족 그룹의 리더들이 중요하게 생각하는 가치와 보상의 대상이 매우 다를 때는 더욱 그렇죠. 내가 겪었던 경험담을 통해 다른 사람들이 뭔가 깨닫는 데 도움이 되었으면 좋겠어요.

보다시피 나는 분명히 유색인종이에요. 부모님 모두 인도에서 이민을 오셨고 내 피부는 꽤 검은 편이라 어려서부터 줄곧 '유색인종'이라는 표현에 많은 영향을 받았죠. 그 말에는 분명 나도 포함되니까요. 척 보면 알 수 있잖아요. 하지만 그렇게 구분하는 것 자체가 어떤 상처를 줄 수 있다는 생각은 한 번도 해 본 적이 없었어요.

시카고 근교의 고등학교를 다녔는데 학생 전체의 30% 정도가 유색인종이었어요. 상상할 수 있는 민족 그룹들이 다양하게 섞인 적절한 혼합체였죠.

나는 모범생이었고 수업 시간에 진지하게 참여했고 열심히 노력했어요.

심화 APAdvanced Placement, 대학과목선이수제 과목을 몇 개 들으면서도 두 개의 학교 대표 스포츠팀에서 활약한다는 게 특히 자랑스러웠죠. 인종에 상관없이 같이 AP 과목을 듣는 친구들과 가깝게 지냈고, 같은 스포츠팀 선수들과도 친하게 지냈어요. 1학년과 2학년 때는 학교생활이 무척 즐거웠고 인종과 관련된 갈등이나 문제는 전혀 없었어요.

그러다 문제가 터졌어요. 2학년이 끝날 때쯤 일부 '유색 학생'들의 부모가 매년 열리는 파티를 후원하기로 결정했는데 거기까지는 좋았지만 파티에 포함될 시상식이 문제의 발단이 됐어요. 여러 부분에 걸쳐 상을 주는 시상식을 오직 다민족 학생 협회의 회원들만 대상으로 한다고 규정했기 때문이에요. 사실 이런 아이디어를 생각해낸 부모들의 의도 자체가 나쁘다고는 생각하지 않아요. 어쩌면 평소에 피부색이 다른 학생들이 일반적인 시상식에서 상을 많이 못 받는다고 느꼈는지도 모르죠. 우리 학교에는 '2학년 대상 베스트 에세이'나 '3학년 역사 수업 중 최고 토론자'와 같이 다양한 상들이 많았어요. 개인적으로는 어떤 행사에서든 인종적으로 소수 집단에 해당하는 부모들이 피부색이 다른 학생들만을 대상으로 상을 주기 위한 별도의 모임을 갖는 걸 볼 때마다 심기가 불편하곤 했죠. 그런 상황을 접할 때마다 내 머릿속에 맨 처음 드는 생각은 "뭘 위해서 이런 걸 만드는 거지? 특정 학생을 '최고의 유색 토론자'로 지정해서 뭘 증명하려는 걸까?"였어요. 그래 봐야 오히려 나뿐만 아니라 피부색이 다른 모든 학생을 비하하는 것밖에 안 된다고 생각했으니까요. '서로 다른 사람들 사이에 공동체 의식을 형성하는' 의도와 정반대되는 일인 것만은 분명하잖아요.

나는 심기가 불편한 정도였지만 우리 엄마는 불같이 화를 내셨고 그런 일에는 일절 관여하지 않겠다고 선언했어요. 민족적인 소수 그룹이 주체가 되어 상을 준다는 아이디어 자체가 엄마가 내게 가르친 모든 신념에 반대하는 행위였죠. 이상적인 세상에서는 모든 사람이 하나의 개인으로 평가받아야 마땅하지만, 이 아이디어는 사람들을 인종적으로 나누고 분류하는 거나 마찬가지였어요. 오직 특정 인종에게만 상을 받을 자격을 부여했으니까요. 엄마는 백인 엄마들끼리 그룹을 만들어 백인들만을 대상으로 하는 시상식을 열겠다고 하면 어떤 반응이 나오겠냐고 반문하셨어요.

여기서 내 딜레마가 시작됐어요. 일부 부모님들의 무모한 아이디어 덕분에 나와 대부분의 많은 친구들이 난감한 처지에 놓였거든요. 학교 대표 스포츠팀의 친구들을 포함해 피부색이 다른 내 친구들의 입장은 둘로 나뉘었고, 급기야 서로에게 불만을 품고 말도 섞지 않는 지경에 이르렀어요. 한 그룹은 좋은 아이디어라고 찬성했고, 또 다른 그룹은 나처럼 학생들을 민족적인 소그룹으로 나누어 각 소그룹별로 상을 주는 건 학교를 분리시키는 행위이며 아파트르헤이트예전 남아프리카 공화국의 인종차별정책나 다름없다는 입장이거든요.

주변의 백인 친구들도 마찬가지로 둘로 나뉘었어요. 대다수는 슬프고 딱한 일이라고 웃어넘겼고 일부는 나처럼 모욕감을 느꼈죠. 그들 역시 개인적인 탁월함과 성취도는 민족적인 배경과 아무 상관 없는 거라고 생각했어요.

안타깝게도 상황은 점점 악화됐어요. 이 아이디어는 일부 부모들의 모임에서 출발한 것이었고 그들은 백인이 아닌 모든 사람을 '유색 인종'으로 규정했어요. 물론 나를 포함해 모든 '아프리칸 아메리칸' 학생들, '아시안 아메리칸' 학생들과 '라티노' 학생들이 그 대상에 포함됐어요. 행사 준비가 진행되는 동안 이 일에 전혀 관여하지 않겠다고 선언한 사람이 나와 엄마 뿐만은 아니었어요. 대부분의 아시아계 학생들과 다른 모든 인도 학생들도 거부했어요.

결국 몇 주 후 이들 소수의 부모들이 뜻하지 않게 최고의 아이러니를 만들어낸 결과가 나타났어요. 가장 강력한 적대감을 표현한 건 당연히 '유색 인종' 소그룹들이었어요. 아시아계 학생들과 인도 학생들 대부분이 이 행사에 참석하지 않겠다고 선언했고, 두 아프리칸 아메리칸 부모는 명백한 인종차별적 행사라며 비난했어요. 나를 보세요. 내 피부색을 좀 보세요. 나 같은 사람이 인종차별주의자라는 비난을 받으면 어떤 기분이 들겠어요? 그런 비난을 받고서 아무렇지 않게 예전으로 돌아갈 수 있는 사람이 누가 있겠어요?

교수님은 대학에서의 다양성을 어떻게 생각하는지 고등학교 때 받은 경험에 대해 물으셨죠. 내 경우 그때 그 상황에서 워낙 강력한 교훈을 얻었기 때문에 이곳에서의 다양성이 몇 배는 더 소중하게 느껴지는 것 같아요. 그리고 나처럼 피부색이 다른 동료 학생들에게 이 학교에 다니는 동안 우리 모두가 비슷한 경험을 할 수 있도록 노력하자고 적극 권하고 싶고, 우리 모두가 공통된 가치관을 공유하고 있기 때문에 가능하다고 생각해요. 모두들 열심히 노력하고 좋은 성과를 올리기 위해 분투하니까요. 그리고 열린 마음을 가진 친구들이 대부분이라고 믿어요. 난 정말 어떤 식으로든 고등학교 때의 경험이 되풀이되지 않기를 간절히 바라요."

이 학생의 이야기 속에서 서로 다른 민족 출신으로 실제로 매우 다른 가치관을 가진 학생들이 고등학교 안에서 매일 매일의 일상생활을 소화하고 있음을 알 수 있다. 고등학교 때 다른 어떤 민족보다도 아시아계 미국인 학생들이 매주 숙제를 하는데 훨씬 더 많은 시간을 투자하고 있다는 얘기를 들으면 놀라운가? 앵글로 색슨 백인 학생들, 특히 학구적으로 진지하고 열정적인 백인 학생들은 같은 반에 영어를 거의 못하는 학생들이 있으면 자신들의 학습 효과나 토론에 안 좋은 영향을 미칠까 봐 달가워하지 않는다는 사실을 알면 놀랄 것인가?

이 두 가지 예는 내가 인터뷰한 학생들이 가장 많이 언급한 내용들이다. 나와 면담을 한 학생들은 모두가 자신들이 좋은 의도를 가지고 있다고 생각하지만 동시에 현실을 무시할 수는 없다고 털어놨다. 특히 이런 현상은 도시 학교에 널리 퍼져있는데 학업을 중시하는 학생의 진지한 열정이 인종 및 민족적 다양성을 고려한 어떤 상황으로 인해 부정적인 영향을 받게 되면 다양성에 대해 좋은 감정을 가지기 힘든 게 어쩔 수 없는 현실이다. 그렇게 되면 그런 다름이 긍정적인 학습의 기회를 제공하는 대신 갈등을 조장하게 되고, 개인적인 경험과 관찰을 통해 기존에 가지고 있던 고정관념과 편견을 약화시키는 대신 더욱 강화시키는 역효과를 낸다. 인터뷰에서 나온 모든 주제 중에서 다양성과 관련한 고등학교 시절의 경험이 유일하게 부정적인 목소리가 많았다.

고등학교와 대학교 사이의 이러한 극명한 차이 때문에 많은 학생은 다양성의 장점에 대한 추상적이고 이론적인 의견들이 긍정적이고 희망적으로 들리긴 하지만 종종 관념보다 현실이 우선하는 결론에 도달하게 된다. 그렇기 때문에 어느 대학에서나 다양성이 강의실 안팎의 학습 효과 향상에 도움을 줄 수 있으려면 반드시 특정한 전제 조건들이 미리 갖추어져야 한다고 힘주어 강조했다.

학생들은 대학에서의 경험이 고등학교 때와 완전히 다른 데는 특별한 이유가 있다고 생각했으며, 앞서 내가 이미 언급한 것이 바로 그런 이유였다. 즉 대학, 특히 선별제 대학에서는 각기 다른 민족적인 배경이나 지리적 위치, 정치적 관점, 혹은 경제적인 상황에 상관없이 모든 학생들이 특정한 핵심 가치들을 공유하고 있기 때문에 대학 커뮤니티의 구성원인 학생들이 동료 학생들에 대해 몇몇 특정한 추정을 할 수 있는 것이다. 예를 들자면 모두가 이곳에 오기 위해 많은 노력을 기울였음이 분명하고, 앞으로 대학에서 강의를 들으며 지적인 자극을 받을 수 있기를 기대하고 있으며, 각자가 긍정적인 수업 분위기 조성에 일조할 수 있기를 기대한다는 추정이 가능하다. 졸업을 앞둔 한 백인 여학생은 자신의 고등학교 때 경험과 관련해 다음과 같은 얘기를 들려주었다:

"'다양성'이라는 말이 들어간 토론은 반드시 어떤 맥락 안에서 이루어져야 한다고 생각해요. 특히 교육적인 가치라는 측면을 고려한다면 더욱 그렇죠. 나는 소위 다양성의 영향이라는 것에 대해 상당히 안 좋은 경험을 안고 대학에 왔기 때문에 처음에는 도대체 어떤 점이 장점이라는 건지 분명히 와 닿지 않았어요.

나는 뉴욕의 공립 고등학교에 다녔는데 9학년 때 라틴계 이민자들이 밀려들었어요. 내 또래 라틴계 학생들은 영어를 전혀 못 하거나 아주 조금 할 줄 아는 정도였죠. 우리 반 26명 중에 6명이 그런 학생들이었고 역사와 사회 수업 시간은 한마디로 엉망이 되어 버렸죠. 선생님은 좋은 분이었고 수업을 제대로 이끌어가기 위해 많은 노력을 기울였지만 반 전체 인원의 1/4이나 되는 학생들이 선생님이 뭐라고 하는지 알아듣지 못하고 수업 내용을 이해하지 못하는 상황에서 무슨 역사를 가르칠 수 있겠어요?

상황은 점점 나빠졌고 결국 부정적인 혼란 상태로 이어졌어요. 학업에 열심인 학생들은 수업이 제대로 진행되지 못하는 것에 매우 화가 나 있었죠. 그러던 어느 날 수업 시간에 대법원에 관해 배우는 과정에서 임대료 통제에 관한 토론이 벌어졌을 때 완전 통제 불능한 상황이 되고 말았어요. 전 그 주제에 대해 관심이 많은 토론자 중 하나였기 때문에 며칠 동안 열심히 준비했고 다른 친구들도 마찬가지였죠.

그런데 토론이 진행되는 도중에 영어를 못하는 학생들이 꼼지락거리기 시작했어요. 그러더니 나중에는 아예 듣는 척하지도 않고 자기들끼리 수다를 떨면서 웃기 시작했고, 결국 토론 전체를 망쳐버렸어요. 난 너무 속이 상해서 눈물이 날 지경이었고 비단 나뿐만이 아니었어요. 수업다운 수업이 불가능한 상황이었죠. 전체적으로 수업이 엉망진창이 되어가는 게 뻔히 보이는데도 그런 상황은 몇 주간 지속되었어요. 결국은 평소에 공립학교 교육에 진심으로 열성적이셨던 우리 부모님도 견디다 못해 나를 자립형 사립학교로 전학시켰어요. 아이러니한 건 그 사립학교에는 훨씬 더 다양한 인종의 학생들이 섞여 있었는데도 효율적으로 잘 운영되고 있었다는 거예요.

난 그때 중요한 교훈을 배웠어요. 새로 옮긴 학교에도 서로 다른 민족적, 인종적 배경을 지닌 학생들이 다양하게 섞여 있었지만 학생들 모두가 그 학교에 다니는 이유에 관해 중요한 가정을 공유하고 있었다는 거예요. 또 학교 측의 입장도 강경해서 어떤 분열이나 사소한 허튼짓도 용납하지 않는 확고한 정책으로 그런 부분을 한층 더 강화시켰어요.

내가 얻은 교훈은 학생들 사이에 다양성이 존재한다고 해서 반드시 교육적인 장점을 얻을 수 있다는 주장은 잘못돼도 한참 잘못된 생각이라는 거예요. 난 그런 경우를 직접 겪었고, 그건 정말 끔찍한 경험이었어요. 잠재적인 혜택이라는 건 전후 사정과 환경에 지대한 영향을 받는 것이고, 무엇보다도 우리가 서로에게서 뭔가 배울 수 있으려면 일련의 기본적인 실력과 가치관을 충분히 공유하고 있어야 가능한 일이에요. 하늘에 맹세코 이민자 가정의 자녀들에게 나쁜 감정은 손톱만큼도 없어요. 그렇지만 그들이 우리 학교에 도착하던 날부터 언어적인 장벽과 수업을 방해하는 행동들 때문에 여러 가지 문제가 발생했는데도 내가 학문적으로나 사회적으로 혜택을 받았다고 말한다면 그건 새빨간 거짓말일 거예요. 그래서 대학에 왔을 때 여기저기서 떠드는 다양성의 장점들에 대해 다소 회의적인 입장이었어요.

하지만 짐작하시는 것처럼, 여기서는 모든 게 완전히 달랐어요. 사실 나와 가장 친한 친구 둘을 비롯해 지금 같이 살고 있는 룸메이트들 모두 라틴계 학생들이에요. 난 그 친구들을 아주 좋아하고 그들로부터 배우는 것도 많죠. 그리고 그 모든 건 우리가 특정한 가치와 기술들을 공유하고 있어서 가능한 거라고 생각해요. 애당초 우리가 대학에 온 이유도 그런 기술과 가치들 때문이니까요. 다양성은 적절한 맥락 안에서 훌륭한 기능을 발휘할 수 있지만, 최소한이라도 공유할 수 있는 근본적인 가치관과 기술이 없다면 학생들의 다양성을 통해 얻을 수 있는 교육적인 가치는 부정적인 결과를 가져올 게 뻔해요.

우리 모두가 다양성의 부정적인 측면만 경험하지 않도록 하는 건 캠퍼스 운영진과 학생들을 선발하는 사람들의 책임이라고 생각해요. 내가 고등학교에서 매일 겪으며 직접 눈으로 확인한 상황이야말로 어떤 대학에서나 피할 수 있고, 꼭 피해야 하는 상황이에요. 그건 우리 학생들에게 전혀 도움이 되지 않으니까요. 그리고 만약 여기서도 그런 일이 일어난다면 아마 용서받을 수 없을 거예요. 경제학 시간에 배운 내가 제일 좋아하는 표현대로 어쨌든 이런 부분은 분명 통제할 수 있는 변수니까요."

고등학교에서의 다양성에 관한 얘기에서 주로 백인이 아닌 학생들이 언급한 요점은 학생들에게 부정적인 메시지를 전달하는 고등학교들이 많다는 것이다. 그 메시지란 학교에서 인종적, 민족적으로 다양한 그룹의 학생들을 받아들이면 학업적인 우수성에 타격을 입을 수 있다는 내용이며, 그 결과 '인종적, 민족적인 다양성의 효과적인 운영'은 우수한 학업성적과 반대되는 개념으로 받아들여진다는 것이었다. 백인이 아닌 학부생들은 특히 '출신 배경이 다른 학생들이 그저 학교생활에 무난히 적응' 하는 것을 주요 목적으로 삼는 학교들에서 겪을 수 있는 불편한 경험들에 관한 얘기를 쏟아냈다.

학생들은 이런 현상이 모두에게 참담한 결과를 가져온다고 생각했다. 일부 학교의 운영진들은 치열하고 엄격한 교육 프로그램으로 학생들의 학문적인 발전을 꾀하기보다는 모든 학생의 경험을 균일화시키려고 시도하기 때문에 그로 인해 일부 백인 학생들과 그 부모들의 반발을 사고, 백인이 아닌 학생들은 백인 학생들과 마찬가지로 탁월해질 동등한 기회를 얻지 못하는 부정적인 결과만 발생하게 된다.

결국 일부 백인이 아닌 학생들은 그들이 두 번이나 부당한 처우를 받는다고 생각할 수 있는데 첫째는 백인 학생들의 학구적인 질을 떨어뜨린다며 백인 학생들에게 비난을 받는 것이며, 둘째는

자신들에게 필요한 학문적인 자극을 제대로 받지 못한다는 것이다. 그

대신 모든 학생이 '그럭저럭 지낼 수 있도록' 하기 위해 학교라는 커뮤니티에 속한 구성원 모두가 학문적인 열정과 우수한 성적을 어느 정도 희생할 수밖에 없다는 부당한 전제를 조용히 감수하고 있는 셈이다. 특히 백인이 아닌 학생들은 그것이 불필요한 상충관계이며 심각한 대가를 치르게 될 거라고 비판했는데, 이런 상황이 계속되면 결과적으로 서로 다른 민족 그룹 간에 분노가 쌓일 수밖에 없고 그 누구도 이러한 긴장상태를 뛰어넘지 못하게 될 것이라는 사실도 지적했다.

그리고 이 학생들은 정책적으로 미국의 고등학교 운영진들이 학문적인 우수성을 희생하더라도 다양한 학생들이 단순히 '그럭저럭 지낼 수 있는' 정도의 수준을 유지하려는 경향을 버려야 한다고 제안했다. 물론 처음에는 좋은 의도로 시작됐을지 몰라도 오히려 그런 분위기 때문에 전반적인 학업 성적도 나빠지고 각 민족 간에 적대감만 싹트는 아이러니한 상황이 벌어진다는 지적이었다. 또한 그런 상황으로 인해 교육적으로나 개인적으로 기회를 얻지 못하는 손실은 주로 백인이 아닌 학생들, 특히 저소득층 출신의 백인이 아닌 학생들이 감수하게 된다는 점도 지적했다.

# 대학에서의 다양성

    학부생들은 학습을 두 가지 종류로 구분했다. 하나는 학문적인 학습으로 학구적인 주제와 견해, 사고 방법들이 학생들 사이에 일어나는 상호작용의 주된 관심사가 되고, 다른 하나는 대인관계 학습으로 학생들이 상호작용하는 과정에서 서로 다른 출신배경과 학교 및 삶에 대한 시각을 접하고 배우게 되는 경우이다.

    다양성의 영향을 묻는 질문에 대한 학생들의 대답은 날카롭고 정확했으며, 놀라우리만큼 긍정적이었다. 한 라틴계 학생은 인터뷰 진행자인 슈-링 첸에게 이렇게 말했다:

> "다양성을 통해 뭔가 배우려면 깊이 생각할 줄 알아야 해요. 나는 18년 동안 베일에 싸여서 살다가 대학에 들어와서 그 베일을 벗은 느낌이에요. 내가 지금까지 가지고 있던 생각들을 뒤돌아보고 다시 생각하게 됐죠. 여기에서의 교육이 내게 그런 영향을 주었고, 내가 어떻게 사람들을 대하고 그들과의 관계를 어떻게 생각해야 하는지에 영향을 준 게 분명해요. 현실적인 경험을 통해 정말 많은 것을 배웠거든요."

    자기와 인종 및 민족적으로 다른 동료 학생들을 통해 그전에는 전혀 몰랐거나 생각조차 해보지 않은 것들에 대해 많은 것을 배웠다며 가장 긍정적인 입장을 보인 학생들은 백인 학생들이었고, 아시안 아메리칸 학생들과 라틴계, 아프리칸 아메리칸 학생들이 똑같은 수준으로 그 뒤를 이었다.

이 주제로 120명의 학생들을 대상으로 인터뷰를 진행하면서 학생들 사이의 다양성으로 인해 무엇을 배웠는지 예를 들어달라고 요청했을 때 특별한 사례를 기억하지 못한 학생은 9명뿐이었고 나머지 111명은 매우 쉽게 대답했다.

학생들이 제시한 사례의 20% 정도는 강의실 내 토론 중에 있었던 일로 많은 학생이 소규모 강의나 세미나에서 자신과 민족적인 배경이 다른 학생이 어떤 사상이나 작품, 혹은 역사적인 자료들을 전혀 새로운 방법으로 해석한 경우를 꼽았다. 또 전혀 다른 가정이나 출발점에서 시작된 게 분명한 논점을 제시한 동료 학생들을 기억하는 경우도 많았는데 이러한 뜻밖의 논점은 그들의 민족적 배경과 밀접한 상관관계를 가지고 있는 게 분명했다. 그리고 모든 교수가 그런 교육적인 순간을 잘 활용하는 것 같진 않아도 그런 순간을 놓치지 않고 십분 활용해 최고의 학습 효과를 이끌어내는 교수들도 많았다.

나머지 80%에 해당하는 사례들은 강의실 밖에서 이루어진 행사나 교류, 대화 속에서 일어난 일들로 기숙사에서 벌어진 토론에서, 혹은 식사를 하면서, 또는 드라마 제작이나 노래, 무용 공연을 위한 리허설에서 경험한 사례들이었다.

"나는 예루살렘에 관한 수업을 들었는데 성서 고고학에 관한 내용을 다루었어요. 힌두교도인 나는 그때 처음으로 성경을 접했고 기독교와 유대교의 시각에 대해 배운 것도 처음이었죠. 같은 수업을 듣는 내 친구가 기독교인이어서 나는 그에게 예수의 초기 이야기들에 관해 많은 질문을 했고, 그 친구는 자기 형이 베들레헴에서 세례를 받은 얘기도 들려주었어요. 이러한 대화는 강의실 내에서 이루어진 토론과 읽기 과제 때문에 시작됐지만 대부분 강의실 밖에서 이루어졌고, 우리가 공부하는 내용이 왜 중요한지 이해하는 데 많은 도움을 주었어요.

그때 그 친구와의 대화 속에서 사람들이 그런 장소들에 대해 개인적이고 감정적인 애착을 느끼는 이유를 이해할 수 있었는데, 그런 내용은 교재나 강의 속에서 얻는 '객관적'이고 때로는 무미건조하기까지 한 견해들과는 사뭇 다른 내용이죠. 결과적으로 그 친구와의 대화 내용을 통해 상황을 폭넓게 볼 수 있었고 내가 배우는 강의 내용을 한층 더 잘 이해할 수 있었다고 생각해요."

앞서 언급한대로 민족적이고 인종적인 배경이 서로 다른 학생들이 모여 어떤 이벤트를 준비하고 감독하는 상황들 속에서 겪었던 경험담을 들려준 학생들이 상당히 많았다. 서로 다른 민족 출신의 학생들이 모여 대학 내 강연 시리즈를 공동으로 지원하는 경우도 있고, 정치적으로 논란을 일으키고 있는 주제에 관한 공공 토론을 준비하는 경우들도 있다. 이런 행사를 기획하는 과정 자체가 서로 동의하지 않을 수도 있는 주제에 관해 대화를 나누고 교류할 수 있는 기회가 되는 동시에, 공개토론이 성공적으로 진행되어 캠퍼스 전체에 긍정적인 영향을 줄 수 있도록 학생들이 함께 노력하고 힘을 모으는 기회가 된다. 한 4학년 라틴계 학생이 그와 관련해 다음과 같은 경험담을 들려주었다.

"우리가 진행하는 포럼이 학생 참석률도 높고 성공적인 이유 중의 하나는 매 이벤트마다 여러 곳의 공동 스폰서를 확보하기 때문이라고 생각해요. 맨 처음 어떻게 시작됐는지 나도 정확히는 몰라요. 그런데 몇 년 전에 일부 학생 단체들이 각자 독자적으로 강연회를 준비했는데, 다른 민족 그룹들에 대한 분노와 적개심을 설파하는 데 급급한 강사들을 초빙했던 모양이에요.

당연히 그 행사는 다른 민족 그룹들을 격분하게 만들었고 꽤 심각한 긴장상태까지 갔다고 해요. 너무 불쾌하고 모욕적인 얘기들이라 믿기 힘들지만 말이에요. 만약 나와 다른 어떤 민족 그룹이 다른 민족들을 멸시하는 내용의 연설을 하는 강사를 일부러 선택했다고 생각하면 나 역시 매우 분노할 게 틀림없어요. 우리가 뭐 열 살짜리 애들인가요?

그 일이 있고 난 뒤 두 명의 학장과 총장이 학생 리더들과 여러 차례 회의를 열고 그런 행사들을 기획하고 준비하는 방법을 바꾸기 위해 노력했다고 하는 데 그때의 노력이 성공한 것 같아요. 내가 여기서 지낸 몇 년 동안은 거의 매일 저녁마다 흑인들과 백인, 라틴계와 아시아계 학생들이 공동으로 기획해서 강사들을 초청했으니까요.

우리가 기획했던 라틴 아메리카의 정책 시리즈는 다른 여섯 개 그룹이 공동 후원했어요. 그중 두 군데는 라틴계지만 다른 민족 단체뿐만 아니라 민주당원들과 공화당원들도 있었어요. 또 캠퍼스에서 학생들에게 인기가 높은 활동인 컬추럴 리듬Cultural Rhythm, 학생 단체가 주도하여 하버드의 풍부한 문화적, 인종적 다양성을 문화공연 및 전시 등을 통해 기념하는 축제은 말할 것도 없죠. 다양한 문화에 관한 정보들을 담고 있어서 캠퍼스에 존재하는 거의 모든 민족 단체가 후원하고 있는 것 같아요. 이런 게 진정으로 건전한 분위기죠. 아마도 이런 게 진짜 선순환일 거예요."

## 다양성의 의미

내가 미처 예상하지 못했던 결과 중 하나는 일부 학생들, 특히 백인이 아닌 학생들이 '다양성'이라는 말을 사용할 때 그들 자체적인 민족 혹은 인종 커뮤니티 내에서 일어나는 의견 충돌의 의미를 담고 있는 경우도 있다는 것이다. 이 학생들은 그런 의견 충돌이 또 다른 학습 기회이자 개인적인 성숙으로 이끌어주는 기회가 된다고 강조했다. 대학에 와서 상당수의 같은 인종 학생들과 함께 공부하는 것의 가장 큰 장점은 동료 학생들과의 의견 충돌 속에서도 배울 점을 찾을 수 있다는 것이라고 말했다.

졸업을 앞둔 한 4학년 아프리칸 아메리칸 학생은 그가 수강했던 강의 시간에 있었던 일을 들려주며 그의 경험담을 싣게 되면 '발견을 위한 여정'으로 소개해달라고 부탁했다.

"모르긴 몰라도 교수님이 인터뷰한 학생들은 대부분 캠퍼스 내의 다양성에 관해 서로 다른 출신 배경의 학생들과 교류한 경험을 얘기했을 거예요. 내 경우에는 다양성을 통한 학습이 전혀 다른 방법으로 이루어졌어요. 백인이나 라틴계, 아시아계 학생들과는 아무 상관이 없었죠. 사회학 강의 시간에 있었던 토론에서 나와 같은 흑인 학생이 생각하는 방식에 매우 화가 난 적이 있었는데 그때 깨달은 게 있어요.

강의의 주제를 대략적으로 얘기하자면 '미국에서 누가 앞서 가는가?'라는 내용이었어요. 우리는 젠크스Christopher Jencks와 리스먼David Riesman에 대해 공부했고 모두 사회학 전공자들이라서 통계학에 대해서도 잘 알고 있었어요. 그래서 난 <벨 커브The Bell Curve>와 <셰이프 오브 더 리버 The Shape of the River>와 같이 제법 논란이 많은 자료들도 열심히 읽었죠. 아시다시피 이 두 책은 미국에서 누가 앞서 가는가를 이해하는데 있어서 인종의 역할에 대해 매우 다른 견해를 제시하고 있어요. 난 벨 커브의 내용에는 별로 동의하지 않지만 그래도 읽어보고 싶었고, 나를 화나게 할 만한 내용에 대비해 단단히 마음먹었어요.

그런데 정작 이 두 책에 담긴 어떤 분석 내용보다도 수업 시간 중에 이루어진 토론에서 더 많은 충격을 받았어요. 어느 날 수업 시간에 인종별로 분석한 사생아 출산율에 대한 얘기가 나왔고 교수님은 별다른 감정이 실리지 않은 사무적인 말투로 몇몇 민족 그룹별 출산율을 알려주셨어요. 그 데이터에 의하면 흑인들의 경우 지난 10년간 사생아 출산율이 70%를 넘는다고 하더군요. 그때 나와 같은 다른 흑인 학생이 눈에 띄게 불쾌해 했고 수업 시간에 그런 얘기를 듣는 게 매우 고통스럽다면서 교수님의 무심함을 탓했어요. 뜻밖의 반응에 나도 무척 놀랐죠. 다행히 비난조로 교수님을 탓했다기보다 나름 공손하게 얘기하긴 했지만 화가 많이 났다는 건 분명히 느낄 수 있었어요. 그리고 그 모습을 보는 나도 화가 났지만, 그건 완전히 다른 이유에서였어요.

내 경우는 그런 게 바로 그 수업을 택한 이유였어요. 불쾌한 현실이지만 제대로 정확하게 파악하고 있어야 하고, 그런 사실들을 무시해봐야 아무런 도움이 되지 않으니까요. 나는 장차 내 커뮤니티를 돕고 싶은 꿈이 있어요. 그래서 어떤 상황을 개선하기 위한 첫 번째 단계는 있는 그대로의 현실을 정확히 직시하는 것이라고 생각해요. 아무리 거북하고 불편하다고 해도 말이죠. 그렇게 일단 문제가 무엇인지 정확히 파악해야 상황을 개선할 방법을 찾을 수 있을 테니까요.

그러고 나서 실질적인 상황 개선을 위해 최선의 노력을 기울여야 한다고 생각해요. 그래서 그 동료 흑인 학생 덕분에 아주 어색해졌어요. 교수님이나 나는 말할 것도 없고요. 나는 그런 인구 통계에 관해 더 자세한 내용을 듣고 싶었거든요. 그 내용이 만족스러워서가 아니라 최대한 정확히 이해할 필요가 있으니까요. 막연한 환상은 현실 개선에 아무런 도움도 줄 수 없잖아요.

솔직히 말하면 그 순간에는 나도 어떻게 해야 할지 몰랐어요. 그 학생은 그저 엉뚱한 사람에게 화풀이한 셈이고 교수님도 뜻밖의 반응에 나만큼이나 당황하신 것 같았죠. 다행히 강의실에 있던 또 다른 아프리칸 아메리칸 학생이 곧 나서서 교수님에게 거북하지만 사실적인 데이터를 알려줘서 고맙다고 말했어요. 그 친구가 내 생각을 그대로 전한 것 같았죠. 난 그걸 소리 내어 말할 용기가 부족했고요.

교수님에게 불만을 제기했던 흑인 학생은 자기와 같은 동료 흑인 학생이 자기와 전혀 다른 입장을 보인 것에 다소 놀란 듯했어요. 하지만 수완 좋은 동료 흑인 학생의 재치 있는 대응으로 먼저 불평했던 학생도 마음을 가다듬고 자기 생각을 다시 돌아보는 것 같았죠. 흑인 학생이 화가 난 게 분명한 동료 흑인 학생을 비평하는 건 쉬운 일이 아니거든요. 특히 강의실을 가득 메우고 있는 백인 학생들 앞에서는 더 말할 것도 없죠.

나는 그 세미나에서 많은 깨달음이 이루어졌다고 생각해요. 첫째, 현실을 바탕으로 한 실질적인 데이터를 듣고 불쾌해 했던 학생의 경우는 같이 듣고 있던 다른 두 명의 동료 흑인 학생들이 그런 내용에 불쾌해 하지 않았고 오히려 정반대의 입장이라는 사실을 금세 깨달았죠. 그 두 학생은 불쾌한 주제를 외면하려 하지 않고 오히려 더 토론하고 싶어 했으니까요. 난 그런 깨달음으로 인해 그 학생도 자신의 견해를 재고해봤을 거라고 생각해요.

둘째, 강의실에 있던 다른 모든 학생들에게는 그 자리에 있던 흑인 학생들 사이에도 다른 시각이 존재한다는 사실을 알려주는 기회가 된 셈인데 나는 그게 긍정적인 일이라고 생각해요. 더구나 그게 100% 사실이니까요. 물론 흑인 학생들뿐만 아니라 출신 배경을 막론하고 어느 학생 집단에서나 마찬가지죠.

그런 의미에서 그날 우리 모두에게 거북했던 순간이 결과적으로 긍정적인 학습 경험이 되었을 거라고 믿어요. 나도 그 상황에서 배운 게 있고 다른 두 명의 흑인 학생들도 뭔가 배웠을 거예요. 그리고 분명 백인 학생들 대부분도 우리들 사이에 오고 간 짧은 얘기를 들으면서 뭔가 중요한 걸 깨달았을 거예요. 아프리칸 아메리칸 남자인 내게는 같은 그룹 안에서의 의견 충돌을 통해서 뭔가 배울 수 있는 것 역시 '다양성'이라는 말이 주는 장점 중의 하나이지만 사람들이 자주 간과하는 부분이라고 생각해요."

# 대학에서 만나는 서로 다른 관점

만약에 아프리칸 아메리칸 학생과 아시안 아메리칸 학생, 라틴계 학생, 그리고 백인 학생 모두가 평균적으로 똑같은 책들을 읽고, 똑같은 정치적 견해를 가지고, 똑같은 미래 희망과 꿈을 안고, 똑같은 역사적 견해를 가지고 대학에 들어온다면 인종적이고 민족적인 다양성이 대학교육의 학문적 요소를 강화시킨다고 주장하기 어려울 것이다. 그 경우 서로 다른 그룹 간에 이루어지는 개인적인 관계는 향상될지 모르지만, 학문적인 관점에서 강의실 내의 학습을 활성화시키려면 여러 그룹 간에 어느 정도의 차이가 존재해야 하기 때문이다.

서로 다른 소수 집단 출신의 학생들은 실제로 그런 차이점들을 품고 대학에 온다. 학생들의 다양한 출신 배경들로 인해 서로 다른 문학을 접하게 되고, 경찰의 보호 및 범죄 통제와 같은 사회적 제도에 대해 다른 시각을 갖게 되며, 대학이나 대학교의 운영진이 그들을 어떻게 대할 것인지에 대해서도 서로 다른 기대감을 갖게 된다. 이러한 차이는 캠퍼스에 있는 모든 사람들이 건설적으로 반응하는데 어려움을 주기도 하지만, 학생들이 강의실뿐만 아니라 생활환경, 작업환경, 공부환경 및 사교활동에서도 여러 그룹에 속한 다양한 학생들과 교류하는 한 인종 및 민족적 차이가 없는 캠퍼스와는 비교도 할 수 없을 만큼 훨씬 더 새롭고 많은 것을 배울 수 있다.

## 추천 도서
우리는 학생들에게 '현대'에 '특별히 중요하다고' 생각하는 책이 무엇인지 물었다. 동료 학생들이 읽어야 한다고 생각하는 작가들의 작품들은 무엇인가? 이에 대한 응답에서 소수 그룹 간에 몇 가지 분명한 차이점을 볼 수 있었다.

가장 뚜렷한 차이는 민족과 관계없이 남학생과 여학생 사이에서 나타났는데 전체 여학생의 약 1/3에 달하는 학생들은 베티 프리던Betty Friedan의 〈여성의 신비The Feminine Mystitique〉를 특히 중요한 작품으로 꼽으며 이 책이 현대 미국의 문학적, 사회적 역사를 이해하는 데 매우 중요한 역할을 차지한다고 설명했다. 그러나 이 책을 언급한 남학생은 단 한 명도 없었다. 그리고 버지니아 울프Virginia Wolf, 제인 오스틴Jane Austen, 도리스 레싱Doris Lessing, 유도라 웰티Eudora Welty를 언급한 여학생이 최소 다섯 명을 넘었지만 남학생의 경우 이런 작가를 거론한 학생은 한 명뿐이었으며 네 명의 작가 중 두 명은 아예 언급조차 되지 않았다.

대다수의 아프리칸-아메리칸 학생들은 앨리스 워커Alice Walker와 네이선 매콜Nathan McCall을 언급했다. 아프리칸 아메리칸이 아닌 학생 중에서는 90대 0으로 이 두 작가를 언급한 학생이 단 한 명도 없었다.

유대인 학생들은 1/4 정도가 아이작 바셰비스 싱어Issac Bashevis Singer를 꼽았지만 유대인이 아닌 학생 중에 싱어의 작품이 특별히 중요하다고 말한 학생은 한 명도 없었다.

일부 힌두교도 학생들은 나기브 마푸즈Naguib Mahfouz를 현대에 가장 중요한 작가로 꼽았으나 힌두교도가 아닌 학생 중에 이 작가를 거론한 사람은 아무도 없었다. 나는 마푸즈 저서를 읽어보지 않았기 때문에 좀 더 자세한 내용을 물어봤고, 마푸즈가 1911년에 카이로에서 태어났고 인간의 조건에 대해 30여 편의 단편을 썼으며 1988년에 노벨 문학상을 수상했다는 사실을 알게 되었다. 한 학생은 내게 자기가 제일 좋아하는 마푸즈의 소설은 〈더 팔레스 오브 디자이어The Palace of Desire〉라고 말하며 마푸즈가 플로베르Flaubert, 발자크Balzac, 졸라Zola, 카뮈Camus, 톨스토이Tolstoy, 도스토

예프스키Dostoyevsky와 같이 여러 작가들의 영향을 받았고 특히 프루스트 Proust의 영향을 많이 받았다고 말했다. 다른 학생은 〈더 비기닝 앤 디 엔드 The Beginning and the End〉를, 또 다른 학생은 〈더 베거The Beggar〉를 제일 좋 아하는 책으로 꼽았다. 내가 그 학생에게 좋아하는 작가에 대한 생각과 의견을 다른 학생들과 나누는지 묻자 적당한 기회가 있을 때는 물론 그렇 다고 대답했다. 분명 그들은 강의실 내 세미나와 같은 소규모 그룹이나 출 신 배경들이 다른 룸메이트와 친구들 사이에서 그런 의견들을 나누는 것 같았다.

일부 아시안 아메리칸 학생들은 루쉰Lu Hsun의 작품이 특히 중요한 의 미를 갖는다고 말했고 이번에도 내가 잘 알지 못하는 작가라서 추가 질 문을 했다. 학생들은 루쉰이 1881년 중국에서 태어났고 작가로 먹고살기 가 어려워 오랫동안 대학에서 학생들을 가르쳤으며 많은 단편을 남겼다고 말했다. 한 학생은 〈광인 일기A Madman's Diary〉를, 다른 학생은 〈빌리지 오 페라Village Opera〉를 제일 좋아하는 책으로 꼽았고, 또 다른 학생은 〈약 Medicine〉을 가장 좋아한다며 자세히 설명해주었다.

네 번째 만난 아시안 아메리칸 여학생이 자기가 제일 좋아하는 작가 는 루신Lu Xun이라며 〈달로 달아난 항아The Flight to the Moon〉를 좋아한다 고 말했을 때 나는 루신 작가를 언급한 사람은 그 학생이 처음이라고 말 했다. 그러자 그녀는 "다른 학생들도 특정 작가들을 얘기했나요?"라고 물 었고 나는 그렇다고 대답하며 학생들이 루쉰를 꼽았다고 말해주었다. 내 얘기에 잠시 침묵하던 여학생은 "라이트 교수님, 두 사람은 동일 인물이에 요!"라고 퉁명스럽게 대꾸했다. 아시안 아메리칸 학생들을 제외하고는 아 무도 이 작가를 언급하지 않았다.

아시안 아메리칸 학생들이 두 번째로 많이 입에 올린 작가는 스저춘Shi Zhicun이었다. 한 남학생에게 작가의 생각과 통찰력을 다른 학생들과 나눈 적이 있느냐고 묻자 그는 심리학 수업과 역사, 문학 수업에서 있었던 토론에서 스저춘의 작품을 언급한 적이 있다고 말했다. 학생은 그 작가의 작품이 아시아의 문화와 20세기 중국의 현실을 초월해 보다 광범위하게 개인의 심리에 초점을 맞추고 있다고 설명했다. 그리고 스저춘이 소설 〈장맛비가 내리던 저녁One Evening in the Rainy Season〉으로 〈현대Les Contemporains〉라는 월간 잡지의 편집자 자리를 얻었다고 알려주었다. 나는 그 학생의 얘기를 통해 문학잡지들이 어떻게 시작되고 운영되는지 많은 것을 배웠고 종종 국외 거주자들에 의해 운영된다는 것도 알게 되었다. 이것이야말로 전혀 다른 출신 배경을 지닌 두 사람이 교류할 때 일어나는 배움 중의 하나이며, 이 경우 단연 내가 수혜자였다.

라틴계 학생들은 두 명의 작가를 특별히 중요한 인물로 꼽았다. 일부 학생들은 아르헨티나 출신 호르헤 루이스 보르헤스Jorge Luis Borges가 라틴 아메리카 소설의 틀을 형성한 작가라고 말했다. 한 학생은 〈브로디 박사의 보고서Dr. Brodie's Report〉를, 다른 학생은 〈모래의 서The Book of Sand〉를, 또 다른 학생은 〈상상 동물 이야기The Book of Imaginary Beings〉를 가장 좋아한다고 말했다. 또 다른 라틴계 학생들은 멕시코의 소설가 카를로스 푸엔테스Carlos Fuentes를 거론했는데, 한 여학생은 그의 작품 〈선한 양심The Good Conscience〉이 인간관계에 대한 자신의 생각 자체를 바꾸어놓았다고 말했다. 다른 학생은 〈다이애나Diana와 아우라Aura〉를, 또 다른 학생은 〈테라 노스트라Terra Nostra〉 작품집을 서구 문학의 주요 작품으로 꼽았다. 그 학생은 여러 차례 문학 수업 시간에 경험했던 토론과 의견 충돌에 관한 경험담을 들려주었고, 두 학생이 운영하는 출판물의 작가이기도 한 그 학생이 푸엔테스의 작품을 잘 모르는 백인 학생들과 겪었던 일들을 얘기해주었다. 그는 다른 학생들이 자기의 의견에 동의하게 하기는 어려웠지만 최소한 그들이 푸엔테스의 작품을 읽고 토론하도록 이끌었다고 말했다.

이런 사례들을 통해 알 수 있는 건 무엇일까? 나는 서로 다른 출신배경을 지닌 학생들의 각기 다른 취향과 선호도가 실제로 캠퍼스에 이익을 주는 강력한 증거라고 생각한다. 물론 문학적인 취향에서 공통적으로 겹치는 부분이 상당히 존재한다는 것도 짚고 넘어가야겠지만 중요한 핵심은 학생들 간의 교류에서 서로 다른 민족적 배경을 반영하는 다양한 특정 취향들을 통해 서로가 서로에게 배우고 가르쳐줄 수 있는 기회가 생긴다는 점이다.

　나는 다양성이 갖는 교육적인 이점을 증명하기 위해 유대인 학생들이 반드시 시리아 출신의 시인인 니자르 카바니Nizar Qabbani를 중요한 영향을 준 인물로 삼아야 한다고 생각하지 않는다. 마찬가지로 힌두교도 학생들이 유대인 작가 아이작 바셰비스 싱어를 존경해야만 하는 건 아니며, 대학 졸업생 모두가 루쉰이나 가브리엘 가르시아 마르케즈Gabriel Garcia Marquez의 작품에 관해 전문가가 되어야 한다고 생각하지 않는다. 그러나 대학에 모인 학생들의 다양한 출신 배경이 여러 가능성을 확장하는 것만은 분명한 사실이며, 이때 중요한 요소는 강의실과 기숙사 혹은 다른 장소에서 학생들이 이런 작가들에 대해 서로의 생각을 자유롭게 이야기하고, 왜 그처럼 심오한 영향을 미쳤는지 공유할 수 있는 분위기가 조성되어야 한다. 학생들은 그런 상황이 생각보다 꽤 자주 일어난다고 말했고, 자주 있으면 있을수록 유익하다고 믿는다.

　일부 학생들은 특히 이러한 '중요한 작가들'의 주제가 어느 캠퍼스에서나 다양한 민족 및 인종 그룹을 대표하는 학생 리더들이 공동으로 후원하는 이벤트의 주제로 적합하다고 추천했다. 그런 이벤트를 통해 여러 작가의 작품에 관한 토론이 편안하고 건설적으로 진행될 수 있고, 배움을 통한 순수한 희열을 느낄 수 있다고 말했다. 또한 누구도 누구를 시험하지 않고, 옳고 그른 답을 요구하지 않으며 단순히 각자의 시각을 공유하는 자리가 마련되는 것이 중요하다.

## 대학의 변화에 대한 기대

민족별 그룹 사이에 차이를 보이는 두 번째 결과는 사고방식의 차이였다. 평균적으로 서로 다른 출신 배경의 학생들은 교육 기관으로서의 대학에 바라는 점에서 분명한 의견 차이를 보였다. 자신들의 존재로 인해 대학에 변화가 있어야 하는지, 그렇다면 어떤 변화가 필요한지에 대해 저마다 의견 차이를 보였고 그런 의견을 대학 운영진에 전달하는 방법에 대해서도 차이가 있었다. 더불어 커리큘럼과 조언 방법, 기숙사 배정, 심지어 개인들의 과목 선택 등 대학 생활의 어떤 측면에 자신들의 민족성이 반영되어야 하는지의 여부에 대한 의견도 달랐다.

이러한 의견 차이로 인해 캠퍼스 내에 열정적인 토론이 이어지고 때로는 서로 다른 민족 그룹 간에 긴장감이 조성되기도 하며 학생 측 리더들과 대학 측 리더들 사이에 갈등이 생기는 경우도 발생한다. 그래서 이런 사안에 관한 토론이 쉽지는 않지만 출신 배경을 막론하고 학생들은 하나같이 그 과정에서 많은 깨달음과 진지한 사고의 변화가 생긴다고 입을 모았다.

아시안 아메리칸 학생들의 경우 그들이 입학했다고 해서 대학이 의무적으로 그들을 위해 '바꿀' 필요는 없다는 반응이 압도적으로 많았는데, 캠퍼스 내의 아시안 아메리칸 학생들의 비율이 눈에 띄게 높아지는 편인데도 그런 생각에는 변함이 없었다. 그들 중 대다수는 특정 대학에 입학할 기회가 주어진 것 자체를 혜택으로 생각하며 학교에서 환영받고 있다고 느낀다고 말했다. 그들은 자신의 자유의사로 결정해서 대학에 왔으므로 자신들이 기존의 교육적인 제도들을 받아들이는 게 당연하다고 말했다. 그들은 상대적으로 새롭게 부상하는 소수 그룹이라는 이유로 대학 측에서 별도로 그들을 배려해 과정 개설과 기숙사 배정, 필수과목과 후원 시스템을 재정비할 거라고 기대하지는 않는다는 의견이 대부분이었다.

이와 대조적으로 라틴계와 아프리칸 아메리칸 학생들은 그들과 눈에 띄게 다른 견해를 가지고 있었다. 꽤 많은 학생은 그들이 캠퍼스의 새 그룹이므로 대학 측에서 그들을 환영하고 순조로운 적응을 돕기 위해서 변화를 주어야 하며 필요하다면 중요한 부분도 바꾸어야 한다고 생각했다. 어떤 변화가 가장 건설적일까 하는 자세한 부분에 대해서는 의견이 분분했다. 그중에서 가장 자주 언급된 내용은 라틴계와 아프리칸 아메리칸 작가들의 작품이 읽기 과제 커리큘럼에 더 많이 반영되어야 한다는 것이었고, 두 번째로 많이 제기된 내용은 캠퍼스 내에 이러한 민족 그룹들이 모이고, 어울리고, 학구적인 행사와 사교 행사를 후원할 수 있는 물리적인 공간이 필요하다는 의견이었다.

캠퍼스 내에 물리적인 공간의 필요성을 언급하는 학생이 있을 때마다 인터뷰 진행자는 민족에 따라 분리된 개별 기숙사나 생활관이 필요하다고 생각하는지 추가 질문을 던졌다. 여기에 대해 인터뷰 대상자 120명 중에서 3명만이 그런 기숙사가 좋을 것 같다고 대답했고, 6명은 장단점이 있을 거라고 대답했으며 나머지 111명은 강력하게 반대했다. 그들은 우리가 다양한 그룹의 학생들과 섞여서 생활하는 데 대한 각자의 경험 및 장단점까지 상세하게 설명해달라고 요청하자 반색하는 것 같았다. 만약 생활관이 인종이나 민족에 따라 분리되어 있다면 그런 질문에 대답할 수나 있을지 모르겠다고 말하는 학생들도 있었고 다소 격앙된 감정들이 오가기도 했다.

이와 관련해 많은 학생을 인터뷰하는 동안 특히 라틴계 학생들이 모든 종류의 '특별대우'에 대해 엇갈린 의견을 보였다. 학교가 그들의 적응을 돕기 위해 얼마나 많은 변화를 주어야 하는지에 대해 학생들의 의견은 거의 50대 50으로 나뉘었다. 그리고 민족적 그룹에 따라 과도하게 분류하는 데에 반대하는 학생들은 대학에서 직접 겪은 놀라운 경험담을 들려주었다.

학생 인터뷰 진행자인 애나 핀케는 학교 측에서 민족적인 요소를 고려해서 특별한 노력을 기울여 비백인 학생들이 '특별한 대우'를 받았을 때도 반드시 긍정적인 결과로 이어지기보다는 유리한 결과와 불리한 결과가 모두 존재했다는 사실을 발견했다. 특히 직접 그런 대우를 받은 학생들의 눈으로 본 결과였는데 실제로 그런 특별대우가 오히려 백인이 아닌 학생들을 거북하게 할 수도 있고, 심지어 동정을 받고 있다는 느낌까지 들 때도 잦았다고 전했다. 핀케는 한 라틴계 여학생의 경험담을 들려주었다.

"지난주에 취업 박람회에 갔는데 거기서 뉴잉글랜드 지역에 있는 자립형 사립 고등학교에서 학생들을 가르칠 유색 인종 교사들을 구하는 단체의 부스를 봤어요. 내가 그 부스 쪽으로 걸어갔을 때 라틴 아메리카계가 분명한 한 여자직원이 다른 여자와 얘기하고 있었어요. 여자가 얘기를 끝낸 뒤 자리를 뜨고 나서 내가 부스에 있는 여자에게 다가가 물었어요. "여기서 어떤 일을 하는 건가요?" 그러자 여자가 위아래로 나를 훑어보고는 안내 팸플릿을 내밀며 "거기 나온 번호로 전화해보세요."라고 말했어요. 나는 그대로 거기 서서 좀 더 얘기해주기를 기다렸지만 그 여자는 아무 말도 하지 않더군요.

그래서 다시 물었더니 여자는 다시 한 번 전화번호를 가리켰어요. 그래서 내가 물었죠. "전화는 해보겠는데 정확히 어떤 일을 하는 거예요?" 그러자 여자가 말했어요. "뉴잉글랜드에 위치한 자립형 사립학교에서 학생들을 가르칠 다양한 선생님을 모집하고 있어요." 내가 다양하다는 말이 무슨 의미냐고 묻자 그녀는 유색 인종을 뜻한다고 말했어요. 내가 다시 유색의 의미를 묻자 그녀는 '백인이 아닌' 인종을 뜻한다고 말하고는 내게 무슨 인종이라고 생각하느냐고 물었어요. 그래서 난 "때로는 백인이고, 때로는 백인이 아니라고 생각해요."라고 말하고 부모님이 모두 쿠바 출신이라고 설명했죠. 내 말에 그녀는 갑자기 반색을 하고 흥분해서 말했어요. "히스패닉이군요! 그냥 봐서는 정말 모르겠어요!" 그녀는 신이 나서 스페인어로 얘기하기 시작했고 "학생이야말로 우리가 찾는 기준에 딱 맞는 사람이에요."라고 말했어요. 그녀는 내게 몇 가지 정보를 기록하게 했고 안내 팸플릿을 챙겨줬죠. 정말 웃기고 슬픈 경험이었어요."

백인 학생들의 경우에는 대학들이 새로운 그룹의 학생들을 맞이하기 위해 어떻게 변화를 줘야 하는지에 대한 의견이 분분하다. 60%의 백인 학생들은 그런 학생들을 지지하고 도와주기 위해 새로운 과목들을 개설하고 기존 과목들을 수정해야 한다는 원칙에 찬성했고, 꽤 강한 어조로 그런 필요성을 주장하는 학생들도 있었다. 반면 나머지 40%는 반대 입장을 보였는데, 역시 꽤 강력하게 반대하는 학생들도 많았다. 대학에는 특정한 전통이 존재하며 점진적인 변화는 바람직하고 필요하지만, 캠퍼스 내에 등장하는 학생들의 민족 그룹별 변화에 따른 것이 아니라 새롭고 흥미로운 실질적 학문 분야를 반영한 변화여야 한다는 것이 그들의 입장이었다. 그런 의미에서 일부 학생들은 새롭게 신설된 두 가지 학제 간 제휴 전공, 즉 환경 정책과 정신, 두뇌 및 행동의 학제 간 제휴 전공을 매우 긍정적인 커리큘럼 변화의 예로 꼽았다. 어느 캠퍼스에나 학생들이 선뜻 받아들이는 제도가 있고 이의를 제기하는 제도들이 있기 마련이므로 그런 이의 제기 부분에 관해 대화의 자리를 마련하고, 단순한 권위 다툼이 아닌 건설적인 배움의 장이 될 수 있도록 서로 협력하고 노력하는 태도가 무엇보다 중요하다.

# 8.

## 다름에서
## 배우기

민족적, 인종적 다양성이라는 주제가 어느 대학에서나 격론의 여지가 많은 정치적인 주제이다 보니 학생들이 대학에 다니는 동안 이 주제에 어떻게 접근해야 할지 미리 생각해 두라고 권하고 싶다. 혹시 부모님이 미국 대학이나 대학교를 졸업했다 해도 지금의 대학 분위기는 그때와 사뭇 다를 것이다. 단순히 수업 과목의 내용뿐만 아니라 캠퍼스의 전반적인 분위기가 그때와 많이 달라졌기 때문이다. 출신 배경을 막론하고 모든 학생이 이렇게 새로운 환경의 캠퍼스에서 공부하고, 생활하고, 일하며 대학 생활의 경험을 통해 무엇을 배울 수 있을까? 내가 이 장에서 설명하는 조사 결과들은 모두 학생들의 입에서 나온 얘기들로 대학에서 다양한 출신배경의 학생들과 함께 생활하는 것이 학문적으로나 개인적으로 어떤 영향을 주고, 어떻게 향상을 꾀하는지에 관한 내용을 담고 있다.

그중에서도 가장 중요한 주제 중 하나는 캠퍼스 내의 다양성이 강의실 안팎에서 일어나는 학습에 영향력을 행사한다는 점이고, 두 번째는 학생들 간의 교류가 단순히 어떤 소그룹 하나뿐만이 아니라 서로 다른 배경을 지닌 많은 사람에게 강력한 영향을 미치는 경우가 많다는 것이다. 세 번째 주제는 대부분의 교류가 긍정적이긴 하지만 분명히 그와 반대의 경우들도 존재한다는 사실이다. 학생들이 들려준 사례의 2/3 정도는 눈에 띄게 긍정적이었다. 일부 학생들은 다른 인종 및 민족 출신의 동료 학생들 덕분에 학구적으로 학습 효과가 높았던 토론에 관한 얘기를 들려주었고, 또 다른 학생들은 대인 관계가 성숙해지는 과정에 대해 설명했다. 그러나 거북했던 만남에 대한 경험담을 들려준 학생들도 있었다.

이러한 결과 중에 몇 가지 뜻밖의 내용도 있었는데, 적어도 내게는 그랬다. 다양성이 갖는 교육적인 영향을 묻는 질문에 대해 학문적인 성장과 개인적인 성장에 영향을 준 복합적인 상황들에 관한 경험담을 쏟아내는 학생들이 그렇게 많을 줄 미처 몰랐고, 학생들이 특히 무엇보다 또렷하고 기억하고 있는 일들이 주로 강의실 밖에서, 그리고 생활관에서 일어난 일이라고는 미처 예상치 못했다. 게다가 종교 생활과 종교적인 다양성이 많은 학부생들에게 얼마나 큰 영향을 미치는지도 짐작 못 한 부분이었다. 먼저 대다수 학생들이 매우 강력한 학습의 근원으로 꼽은 종교적인 다양성과 관련한 조사 결과부터 살펴보자.

# 종교적 다양성의 긍정적인 영향력

학생들에게 다양성의 영향에 관해 질문했을 때 종교적인 다양성과 관련된 경험담을 꺼낸 학생들이 적지 않았다. 나는 처음에는 주로 인종적이고 민족적인 다양성에 집중하려고 했지만 그 모든 것이 종교와 얽혀있다는 사실을 금방 깨닫게 되었고, 학생들이 가진 신앙심의 힘을 이해함으로써 민족적인 다양성의 영향에 대해서도 어느 정도의 통찰력을 얻을 수 있었다.

종교적인 다양성은 수업 시간 중의 토론과 논쟁에서 강력한 교육적 기능을 발휘하는 역할을 할 수 있는데, 이런 현상은 학생들이 각자의 종교적인 견해를 수업 내용에 반영할 수 있고 직접적으로 표현할 수 있을 때 가능하다. 학생들로부터 그런 의견을 이끌어내고 받아들이는 데 어려움이 없는 교수들은 수업 중 토론을 더욱 활성화시키는 요소로 활용할 수 있고, 학생들은 자신의 종교적인 시각과 때로는 관념적으로 느껴지는 학문적 개념을 순조롭게 통합시킬 수 있을 때 그러한 조합을 통해 매우 강력한 깨달음을 얻을 수 있다.

학생들이 종교적인 다양성이 갖는 교육적인 가치에 대해 그처럼 강한 확신을 갖는 이유는 무엇일까? 수업 시간 중에 다른 학생들이 하는 얘기를 듣고 깜짝 놀랐다거나 당황했고, 심지어 충격을 받았다고 얘기한 학생들도 있었다. 그러나 다른 학생의 종교적인 발언을 종교적인 관습이라는 맥락에서처럼 좀 더 광범위하게 넓혀 생각하면 전혀 새로운 의미로 받아들일 수도 있다. 학생들은 모든 종교적인 발언이나 의견에 반드시 동의해야 할 필요는 느끼지 않는다고 분명히 말하면서도 서로 다른 종교적인 관점에 의해 토론 내용이 훨씬 풍성해질 수 있다는 부분에 가치를 부여했다.

캠퍼스에 첫발을 디디는 신입생들은 어떤 특징들을 가지고 있을까? 우선 신앙심이 있는 학생이라면 어떤 종교인지 종류에 상관없이 중심적인 믿음과 관습을 따를 것이고 다른 학생들은 이전에 한 번도 접하지 못했던 생소한 종교적인 특정 의식을 행하는 학생들도 있다. 그리고 그런 학생들은 수업 중에 문학적이거나 역사적인 읽기 과제, 혹은 비교문화 읽기 자료의 내용을 자신들의 종교적인 가르침에 비추어 해석할 수도 있다.

그럼 종교를 믿지 않는 학생들의 경우는 어떤가? 그런 학생들 중에도 독실한 믿음을 가진 동료 학생들보다도 종교적인 다양성에 대해 더 많은 열정을 보이는 경우가 상당히 많다. 종교가 없는 학생이라고 해서 아무 생각이 없어서 믿지 않는 건 아니다. 그들 역시 상당한 심사숙고를 통해 그런 결론에 도달한 것이며, 동료 학생들을 통해 특정한 종교적 전통에 대해 보다 많은 것을 배울 수 있음을 기쁘게 생각한다. 개종하는 게 아니라 단순히 지식을 얻는 것이기 때문이다.

학부생들 사이에서 종교적인 다양성은 민족적인 다양성이나 기타 다른 종류의 다양성과는 좀 다른 의미를 갖는다. 학생 인터뷰 진행자인 새라 골다버Sara Goldhaber는 종교가 있는 40명의 학생을 대상으로 심층적인 인터뷰를 진행한 후 "종교의 개인적인 특성을 고려해보면 대부분의 학생이 수업 중에 벌어지는 토론보다는 동료 학생들과의 사교적인 교류를 통해서 종교적인 다양성에 관해 더 많은 것을 배우고 있다"라는 결론을 내렸다. 내가 인터뷰한 학생들의 얘기도 그런 내용과 일치했으며, 대부분이 학생들 간에 믿음과 경험을 교류하는 과정에서 얻어지는 개인적이고 사적인 깨달음은 강의실 토론에서 얻기는 불가능하거나 매우 힘들 거라는 의견을 피력했다. 그들은 엄격한 대학 강의실에서 이루어지는 토론의 성격상 학생들이 보다 학구적이고 추상적인 개념과 분석에 치중할 수밖에 없다는 걸 익히 잘 알고 있었다.

그래서인지 종교적인 다양성을 통해 뭔가 배웠다는 학생들의 경험담은 거의 대부분 강의실 밖에서 일어난 일이었다. 서로 다른 종교를 가진 학생들 사이에 이루어지는 깊이 있고 긍정적인 교류는 또한 기숙사 커뮤니티의 특정한 가치를 확고히 뒷받침하는 장점이라고 할 수 있다. 서로 다른 배경과 종교를 가진 사람들이 사이좋게 어울려 함께 살고, 함께 공부하고, 함께 놀다 보면 놀라울 만큼 효과적이고 긍정적인 학습 효과가 발생하며 그 증거 또한 매우 확실하고 강력하다. 골다버와 나는 인터뷰를 통해 종교적인 다양성에서 얻어지는 깨달음에 관해 다음과 같은 몇 가지 내용을 알게 되었다.

## 종교적인 믿음의 재확인

종교를 가진 학생들에게는 다른 종교를 가진 학생들, 혹은 종교가 없는 학생들과 가깝게 어울려 생활하는 것 자체가 자신들의 종교적 믿음을 돌아보고 재확인하는 기회가 되기도 한다. 가톨릭 신자인 한 학생은 골다버에게 이렇게 말했다.

"나는 내 믿음을 재평가하는데 대학 생활의 독립성과 지적인 성장이 가장 큰 영향을 미쳤다고 할 수 있죠. 그 덕분에 내가 가진 종교적인 믿음을 더욱 비평적인 시각으로 평가할 수 있었거든요. 이제 더 이상 어릴 때부터 종교적인 분위기 속에서 자라면서 당연하게 접해온 관례도 아니고, 내가 아는 전부도 아니에요. 대학에 다니는 지금은 내 주위에 다른 종교를 가진 학생들이 많고, 종교를 믿지 않은 학생들도 있는데 그런 학생들과 같이 지내면서 교류하는 게 아주 중요한 차이를 만들었어요. 단순히 다른 학생들과 비교해 내 모습을 보게 되고, 서로의 차이를 인식하게 되면서 내가 가진 종교적인 믿음을 되돌아보게 됐고 궁극적으로 믿음을 재확인하게 됐죠.
다른 학생들과 토론하다 보면 내 믿음이 시험에 들 때도 있고 그들에게 자세히 설명해야 할 때도 있어요. 그럴 때 친구들의 이해를 돕기 위해 좀 더 효과적으로 잘 설명하고 싶어서 내 믿음에 대한 지적인 근거를 찾아 조사했는데 성직자들을 만나 얘기도 하고, 작품을 읽고, 기도하고, 내 스스로 거기에 대해 깊이 생각하는 과정에서 그런 근거를 찾게 됐던 것 같아요. 대학 생활이 갖는 의미 중 하나는 내가 누구고 내가 원하는 게 뭔지 찾아가는 과정이라고 생각해요. 그리고 가톨릭 신자라면 누구나 책임감 있게 성직자의 길을 직업으로 선택할 것인지 진지하게 고민해봐야 한다고 생각하는데 그 부분에 대해 깊이 고민하는 과정에서 내가 살면서 중요하게 여기는 것은 무엇이고, 인생에서 추구하는 게 무엇인지도 다시 생각하게 됐죠. 또 친구들이 내게 어떤 이슈에 관해 '가톨릭적인 입장'은 무엇인지 물을 때가 자주 있어요.

예를 들면 혼전 성관계의 경우 단순히 일종의 신조라고 무조건 받아들이기보다 가톨릭교회에서 혼전 성관계를 바람직하게 여기지 않는 이유를 배웠는데, 거기에는 종교적이고 지적인 근거가 있어요. 가톨릭에서 결혼은 남자와 여자가 특별한 방식으로 하느님의 축복을 받는 성스러운 예식이며 오직 그런 예식을 올린 후에만 섹스할 수 있다고 생각해요. 또 결혼은 평생 지속되는 관습이기 때문에 가장 친밀하고 육체적인 사랑 표현인 섹스는 그 관습 안에서만 이루어지는 게 적절하다고 보는 거죠. 사실 가톨릭교회의 입장에 동의하기 힘들거나 공식적인 견해에 의문을 갖게 되는 주제들도 없지 않아요. 오랫동안 고민하고 숙고해 봐도 특정 이슈에 대한 가톨릭교회의 공식적인 의견에 동의하기 어려울 때도 있지만, 그렇다고 해서 경솔하게 가톨릭의 시각을 내버리는 건 옳지 않다고 생각해요."

## 다른 종교에 대한 이해와 존중

대학 캠퍼스에서 어떤 사상에 대해 토론하고 조사하는 건 일상적인 일이다. 이때 어떤 식으로든 자기와 다른 견해를 가진 사람만큼 토론하기 좋은 상대가 또 있을까? 그리고 그런 견해의 차이가 종교적인 부분일 때 다른 종교에 대해 대단히 많은 것을 배운다고 학생들은 말했다. 아주 어렸을 때부터 다른 종교들의 관습과 전통, 믿음에 대해 심층적으로 배우며 자라는 학생들은 거의 없다. 그래서 대학에 와서 여럿이 어울려 생활하다 보면 서로 다른 종교적 견해에 관해 토론하는데 이상적인 환경이 조성될 뿐만 아니라 더 나아가 동료 학생들이 따르는 낯선 종교적 의식도 직접 경험할 수 있다. 우리와 인터뷰했던 학생들 대부분이 동료 학생들이 특정 부분 사회적인 희생을 감수하면서까지 자기가 믿는 종교의 관습을 끝까지 지키는 모습이 존경스럽기까지 하다고 말했다. 친구들이나 동료들이 종교적인 관습과 믿음을 실행에 옮기는 모습을 보는 것만으로도 매우 강력한 깨달음을 얻을 수 있는 셈이다.

이 주제는 특정 종교에 국한되지 않고 많은 학생이 거론한 내용이다. 이런 종교적인 깨달음은 종류도 다양한 종교적 배경과 관습을 따르는 학생들이 매일 일상적으로 어울리고 교류하는 기숙사 생활 패턴에 지대한 영향을 받을 수밖에 없다. 어떤 일반화에도 언제나 예외가 존재하는 캠퍼스에서 서로 다른 종교적 관습에 대해 배우게 된다는 점이 기숙사 생활의 특징 중 하나라는 데에는 거의 모두가 예외 없이 동의했다.

"나는 어렸을 때부터 기독교 커뮤니티에서 자랐고 하버드에 오기 전까지 유대인을 만난 적이 한 번도 없었어요. 그런데 1학년 때 만난 룸메이트가 주요한 기념일을 꼬박꼬박 지키는 유대인이어서 그 친구를 통해 유대교의 관습에 대해 많은 것을 배웠죠. 우리와 다른 달력을 사용하고 음식에 대한 여러 가지 규율이나 그들이 준수하는 축제일 관습 등 전혀 새로운 세계를 접하는 경험을 했어요.

유월절에 나는 유대인 룸메이트와 또 다른 기독교인 룸메이트와 함께 종교를 초월해 누구나 참여할 수 있는 유월절 기념행사에 참여했어요. 그 행사는 관습을 절반 정도 따르는 유대인과 독실한 정통 유대인이 주최한 행사로 둘 다 우리 친구들이었죠. 힌두교도와 불교도 친구 각 한 명, 기독교 학생들 여러 명, 유대인 친구들 몇 명을 초대했고 다양한 종교인이 참석한 멋진 모임이 만들어졌죠. 우리는 모두 하가다유대인들의 성서 해석서. 탈무드 중 비율법적인 교훈적 이야기로 유월절 축하연에 사용되는 전례서를 받았고, 한편의 기도를 읽을 때마다 두 유대인 친구가 돌아가며 우리에게 각자의 종교적인 전통에도 비슷한 의식이 있는지 물었어요.

그때가 마침 기독교 성주간이었고 성금요일 전날이었어요. 우리는 그날 최후의 만찬을 기념하는 식사를 했어요. 전에는 한 번도 최후의 만찬과 유월절을 제대로 연관 지어 생각해 본 적이 없었죠. 일요일 성경 학교에서 그리스도가 유월절에 참석했다고 배우긴 했지만 실제 유월절 축제에 가보지 못하면 그건 단순히 언급할 수 있는 사소한 상식에 지나지 않더군요. 그래서 유월절과 성금요일 행사를 연관 지어 생각해볼 수 있었고, 서로의 종교적 관습을 함께 나누고 공유하는데 큰 관심을 보이는 다양한 학생들까지 함께 한 자리여서 훨씬 흥미로웠어요. 행사는 몇 시간이나 지속됐죠. 유월절 축제를 모두 마친 후에도 자연스럽게 서로의 종교에 관한 토론까지 이어져 하버드 힐렐에서 주최한 행사보다 훨씬 더 오래 이어졌어요,

그날 저녁의 경험을 통해 그리스도라는 인물에 대해 전에는 미처 몰랐던 것들을 깨달을 수 있었어요. 그리스도가 유대인이라는 건 알고 있었지만 난생처음으로 경험한 그런 모임과 같은 종류의 저녁 식사에 그리스도가 참석했다는 것을 깨닫고 나자 그리스도의 모든 사도들이 모여 포도주를 마시고 빵, 아니 정확히 말하면 무교병을 먹은 이유가 무엇인지 이해하는 데 도움이 되었어요. 기도서를 보면 매주 성찬식을 할 때 성직자가 하는 말이 나와 있는데 그리스도가 "받아라, 먹어라, 그럴 때마다 나를 기억하라."라고 한 말을 인용한 것이거나 혹은 그와 비슷한 얘기에요. 나는 그때까지 그 말의 의미를 잘 이해할 수가 없었어요. 무엇보다도 '그럴 때'라는

말은 일반적으로 먹는 것을 의미한다고 생각했는데 그 말이 1년에 한 번뿐인 유월절 식사에서 유래했다는 걸 깨닫고 훨씬 더 특별한 기원이 있다는 걸 알게 되었죠.

게다가 전에는 그리스도의 말이 다소 자기중심적이지 않나 의구심을 가지고 있었어요. 곧 닥칠 그리스도의 죽음에 대해 사도들에게 경종을 울리는 말이었어야 한다고 생각했거든요. 그러나 유월절의 맥락에서 생각해보면 유월절 만찬 전체가 대단히 중요한 의식이기 때문에 어떤 중요한 얘기를 해도 특별하지 않았을 거라는 생각이 들었어요.

이처럼 특별하고 종교적인 식사 의식을 직접 경험하고 나자 그리스도의 말을 좀 더 폭넓게 이해할 수 있게 됐고, 새로운 의미도 깨닫게 됐어요. 덕분에 지금은 내가 다른 종교를 이해하는 데 필요한 기본을 갖췄다는 생각이 들어요."

## 자신의 믿음에 대한 탐색

대학에서의 시간은 변화와 자기 성찰, 의문제기 및 학생들 자신이 믿는 것을 탐색하는 시간이며 종교적인 다양성은 이러한 탐색에 도움이 될 수 있다. 한 여학생은 골다버에게 그런 과정을 겪는 동안에 있었던 경험담을 들려주었다.

"나보다 훨씬 신앙심이 깊은 룸메이트를 지켜보고 그녀와 교류하면서 배운 모든 것은 신념 체계에 있어서 나에게 중요한 것과 중요하지 않은 것을 결정하는 데 도움을 주었을 뿐만 아니라, 전반적으로 종교에 대한 관점을 확립하는 데도 도움을 주었어요. 그런 생각을 하게 된 구체적인 사례가 있었죠.

독실한 신교도인 내 룸메이트는 역시 매우 독실한 신교도 남자와 결혼했는데 신랑은 성직자가 되어 종교생활을 이어가고 싶어 하는 사람이었어요. 하지만 내가 보기에는 노골적으로 성차별주의가 드러나는 구조였기 때문에 룸메이트가 그 남자와 결혼을 결정했을 때 걱정도 되고 매우 심기가 불편했어요. 하지만 결과적으로 말하면 그녀의 결혼을 통해 내가 추구하는 종교적인 관점에서 중요하게 생각하는 건 다른 사람들의 종교에서 결함을 찾는 것이 아니라, 배려하고 보살피는 마음으로 그들과 교류하는 것이라는 사실을 새삼 깨달았죠. 비록 다른 사람들의 종교와 믿음 체계에 내가 동의할 수 없는 부분이 있다고 해도 받아들이고 초월하는 법을 배웠어요.

이런 과정을 통해 나는 내 믿음에 대해 진지하게 숙고하게 됐어요. 만약 모든 사람들이 자기 안에 하느님을 모시며 지각이 있는 존재임을 진정으로 믿는다면 억압은 별문제가 되지 않고, 성차별적인 태도가 사람들을 억압할 수 있다고 생각하는 것 자체가 각 개인이 가진 종교적인 힘을 부정하는 것일 수도 있어요. 솔직히 아직도 내가 도달하게 된 이런 관점에 순순히 동의하지 못하는 게 사실이에요. 세상에 대한 나의 직관에 어긋나는 견해이기 때문이죠. 나는 진보주의자이고 다양한 상황에서 일어나는 가난과 고통, 억압을 줄이기 위해 노력하고 있거든요. 그래서 방금 내가 설명한 종교적인 체계를 믿으면서 내가 현실에서 하고 있는 일을 정당화시키기가 쉽지 않죠. 그러려면 고통에 대한 나의 인식이 완전히 바뀌어야 한다는 생각이 들지만 그런 일은 없을 것 같아요."

## 종교적인 학생들 간의 유대감

종교적인 믿음이 깊은 학생들은 종종 다른 신앙을 가진 학생들 및 다른 민족 출신의 종교적인 학생들과 특별한 유대감을 형성하고 그들의 믿음을 존중하는 마음을 갖게 된다. 한 학생이 그런 부분을 매우 잘 설명해주었다.

"가톨릭교도인 나는 내 안에 다른 종교를 믿는 사람들과의 유대감이 존재하고 있음을 느껴요. 종교를 초월한 포럼들은 다른 신앙을 가진 학생들과의 연계를 형성하는 데 도움을 주는데, 특히 우리와 많은 부분을 공유하는 힐렐 단체의 유대인 학생들이 그런 예죠. 선뜻 결정을 내리기 어려운 도덕적인 선택의 기로에 섰을 때 유대교와 같이 다른 종교에 헌신적인 사람들을 접하고 그들에게도 우리와 유사한 구조가 많다는 것을 보면 도움이 돼요. 우리는 또 가톨릭교도의 죄책감이나 유대인의 죄책감처럼 종교적인 문화에서 파생되는 재미있는 부분들도 일부 공유하고 있죠.

나는 특정 주제에 관해 얘기하거나 어떤 것을 당연하게 받아들이고 편하게 생각할 때도 종류에 상관없이 어떤 종교를 믿는 사람들과 함께 있을 때 훨씬 더 편안함을 느껴요. 그게 핵심이죠. 예를 들면 다른 종교를 가진 사람이 비록 개인적으로는 내 의견에 동의하지 않더라도 낙태나 피임에 대해 정치적으로 덜 대중적인 견해도 좀 더 잘 이해할 수 있을 거라고 생각해요. 그 밑바탕에 내 인생의 큰 틀을 형성한 종교에 대한 약속이 깔려 있다는 사실을 이해할 수 있을 테니까요. 뿐만 아니라 내 삶에서 가톨릭교회에 가고 가톨릭 학생 연합에 할애하는 시간이 대부분을 차지하는데, 기독교 연합에 소속된 신교도 학생들과 힐렐에 가입한 유대교 학생들이라면 자신의 경험에 비추어 누구보다 내 생활을 더 잘 이해할 수 있을 거라고 생각해요."

## 수업 중 토론과 개인의 삶과의 연관

수업 중 토론시간에 종교적인 아이디어가 언급되면 학생들은 종종 자신의 믿음과 개인적인 생활을 토론 내용과 연결시키게 되고, 그 결과 매우 민감해질 수 있고 때로는 모욕을 감수해야 하는 상황까지 발생한다. 하지만 그런 갈등은 학생들이 삶의 학문적 측면과 개인적인 측면을 연관시킬 수 있도록 도움을 주기도 한다. 한 남학생은 골다버에게 이런 경험담을 들려주었다.

"<정의>라는 과목을 수강할 때 도덕적인 추론에 대한 내 생각이 깨끗한 백지 상태가 아니라 내 종교적인 믿음에 상당히 많은 영향을 받고 있다는 느낌이 들 때가 자주 있었어요. 조별 모임에서나 보고서를 쓸 때 어떤 철학자의 의견에 동의하며, 동의하는 이유가 무엇이냐는 질문을 받으면 내가 믿는 종교적인 관점에 가장 근접한 이론을 찾고 있는 나 자신을 발견했죠. 내가 가지고 있는 종교적인 견해는 밀어두고 세속적인 이론으로 위장해야 하는 게 거북하게 느껴지기도 했어요. 물론 절대 교수님의 잘못은 아니에요. 다만 이 과목 자체가 철학의 종교적인 근거를 고려하지 않은 것처럼 느껴졌을 뿐이죠.

예를 들면, 다른 사람들을 대하는 태도에 관한 내 개인적인 견해는 예수님의 말씀인 신약성서에 나오는 '네 이웃을 네 몸과 같이 사랑하라'라는 문구를 바탕으로 형성돼 있어요. 하지만 그런 내 견해를 동료 학생들과 나누기 위해서는 세속적인 철학적 논쟁을 찾아야 하고, 다른 시민들에 대한 의무의 사회계약설로 돌아가야 하죠. 하지만 그 내용은 내 생각의 본질을 정확히 반영하지도 않아요. 왜냐하면 그 내용은 '나도 맞고 싶지 않기 때문에 내 이웃을 때리지 않겠다'라는 의미로 해석할 수 있는데, 이는 상대가 나를 사랑하고 싶은 마음이 있든 없든 상관없이 무조건 이웃을 사랑하라는 말과 똑같은 의미라고 볼 수 없기 때문이지요."

나는 이 학생의 얘기가 대부분의 대학 캠퍼스에서 학생들과 교수들 모두에게 해당되는 이의를 제기하고 있다고 본다. 종교를 믿는 학생들은 강의 시간에 개인의 종교적 믿음과 학문적인 내용을 연계시켜야 할 때 진심으로 어려움을 느끼기도 한다. 종교에는 대부분의 다른 인식이나 견해, 혹은 믿음과는 차별되는 특별한 뭔가가 있다. 새라 골다버는 종교적인 다름이 학문적으로나 개인적으로 학생들의 학습에 미치는 영향에 관해 압도적으로 긍정적인 결과들을 종합하면서 그런 어려움을 매우 직접적으로 설명했다.

"대학 캠퍼스에 생산적인 종교적 담화와 공유의 문화를 대대적으로 반기는 분위기를 조성하는 데 지속적으로 어려움이 발생하고 있어요. 예를 들어, 대부분의 학생과 직원, 운영진은 자기와 다른 학생들의 출신 배경과 시각을 통해서 많은 것을 배우는 것도 현대 대학 교육의 일부이기 때문에 다양한 학생들의 존재가 중요하다고 말해요. 만약 한 베트남 학생이 친구들이나 같이 수업을 듣는 동료 학생들을 초대해 베트남 음식과 문화를 소개하는 자리를 만들면 비록 시간이 안 돼서 실제로 참가하지 못하더라도 대부분의 학생들이 긍정적으로 생각하고 받아들이죠. 그렇지만 한 가톨릭 학생이 똑같은 사람들을 가톨릭교회의 미사나 토론 그룹에 초대하면 별 관심을 보이지 않는 학생들이 훨씬 더 많고, 심지어는 자신을 개종시키려 한다며 반감을 갖고 위협적이라고 느끼는 학생들도 없지 않아요.

다른 종류의 다양성과 종교적 다양성 사이의 근본적인 차이는 중요한 경험(문화적으로)이나 신체적 특징(인종적인 차이처럼)과 달리 매우 신실한 믿음과 관련이 되어 있다는 점이에요. 그러다 보니 종교를 가진 학생이 아무런 사심 없이, 그저 이 세상을 사는 다른 방법들도 있다는 걸 소개하려는 단순한 의도를 가지고 자신들의 경험을 공유하려 할 때도 상대로부터 늘 호의적인 반응만 기대할 수 없죠.

종교적인 다양성과 문화적, 혹은 인종적인 다양성 사이의 또 다른 차이점은 종교의 핵심적인 신앙 체계에서 기인해요. 대부분의 사람들은 자기와 다른 문화를 경험하고 관찰하는 데는 적극적이면서도 종교적인 면이 개입되면 꺼리는 경우가 많은데 이러한 주저함은 주로 두 가지 이유 때문인 것 같아요. 첫째는 어떤 사람의 종교적인 믿음은 다른 종교에 참여하는 걸 금지할 수도 있기 때문이에요. 혹은 무신론자의 경우라면 어떤 종교에서도 특별한 가치를 찾을 수 없다는 생각을 할 수도 있죠. 둘째는 특정 종교를 믿지 않는 사람들이 그 종교의 믿음이나 의식에 관해 토론하거나 의문을 제기하는데 주저하는 이유는 그래 봐야 괜한 헛수고라는 생각이나 그런 부분에 관한 자신들의 기본 지식이 충분치 않다는 느낌 때문이지요."

골다버의 얘기는 종교적인 신앙심이 깊은 학생들이 맞닥뜨리는 어려움이 무엇이고 다양한 종교를 믿는 학생들이 캠퍼스에서 안정감과 편안함을 느낄 수 있도록 대학 운영진들이 노력을 기울이는 게 중요하다는 사실을 다시 한 번 상기시키고 있다. 한 독실한 유대인 여학생이 들려준 짧은 이야기 속에서 그녀가 직접 겪었던 그런 어려움과 그녀의 대처 방법은 무엇이었는지 확인할 수 있다.

"난 하버드에 다니는 동안 내내 의식적으로 유대교에 관한 과목은 단 한 가지도 선택하지 않았어요. 가장 주요한 이유는 내 개인적인 관습을 학문적인 관점으로 공식적인 교육 기관 안에서, 그것도 하버드처럼 설립 근간이 기독교인 대학에서 탐색하고 싶은 마음이 조금도 없었기 때문이죠. 지금도 하버드는 분명 그 핵심에 신교도가 자리하고 있어요. 예를 들어 샌더스 극장Sanders Theatre에 들어가면 벽면에 걸린 상징에 여전히 '그리스도와 교회'라는 글귀가 박혀 있고, 대학 캠퍼스 중앙에 커다란 교회가 있다는 사실이 이 학교의 성격을 나타낸다고 생각해요. 개인적으로는 그런 거에 별로 상관하지 않지만 그런 것들이 우연히 생긴 게 아니고 대학이 생각하는 가치를 반영하고 있다는 것만은 분명한 사실이죠.

유대교 과목을 수강하지 않은 두 번째 이유는 난 새로운 것을 배우러 대학에 들어왔기 때문이에요. 지적인 탐구를 목적으로 이곳에 왔고 내게 지적인 탐구란 감정적이고 개인적인 탐구에 반대되는 개념이죠. 그래서 당연히 학문적인 여정에는 반드시 분석적인 거리가 필요하다고 생각해요. 결국 내가 이 학교에서 내 종교인 유대교를 탐구하려면 내가 믿고 따르는 종교적인 관습으로부터 분석적인 거리감을 두어야 한다는 뜻인데, 지금도 그렇고 앞으로도 마찬가지로 그러고 싶지 않거든요.

그래도 나는 누구나 자유롭고 편안하게 개인의 종교적 견해를 나누고 공유할 수 있어야 한다고 생각해요. 하버드에서 유대교를 공부하지 않겠다는 내 결정은 하버드에서 유대교와 관련한 토론이 잘 이루어질 것 같지 않아서가 아니라, 유대교에 대한 내 감정을 하버드에 맞출 수 없을 것 같아서라고 얘기하는 게 더 정확할 거예요."

앞에서도 말한 것처럼 학생들은 캠퍼스에서 종교적인 다양성이 발휘하는 영향력은 전반적으로 매우 긍정적이라고 말했다. 골다버는 동료 학생들을 인터뷰하면서 깨달은 내용을 다음과 같이 요약했다.

"종교적인 다양성으로 인해 야기된 갈등 사례들도 많이 들었고, 다른 종교를 가진 학생들과 만날 기회가 부족하다는 얘기도 들었지만 이 인터뷰를 하면서 느낀 가장 압도적인 내용은 종교적인 다양성을 바탕으로 한 상호작용이 긍정적인 교류 중의 하나라는 것과 상호 존중하는 마음이 점차 늘고 있다는 거예요. 서로를 존중하는 마음이 커지면 부정적인 편견들은 점차 사라지게 되는데 이와 같은 긍정적인 결과는 10명의 가톨릭교도 학생과 10명의 기독교도 학생, 10명의 유대인 학생, 10명의 힌두교도 학생들을 직접 인터뷰하면서 얻은 결과예요. 이견이 없이 만장일치를 보인 그들의 의견에 놀라울 따름이었죠. 하나같이 이곳 하버드에서 만난 학생들과 개인적인 교류를 통해 특정 종교 그룹에 대해 많은 것을 알게 되었고, 존중하는 마음을 갖게 되었다고 입을 모았어요. 인터뷰 대상자들이 다른 종교를 가진 학생들과의 교류를 중요하게 생각하는 이유는 여러 가지였는데, 대다수의 학생들이 진짜 사람들을 만나고 교류하면서 일상적으로 퍼져있는 선입견과 대중 매체에 의한 과도한 단순화, 정치적인 목표에 의한 부정적인 인상을 없애는 것이 대단히 중요하다는 점을 강조했어요."

# 같이 생활하며 배우기

서로 다른 민족적, 인종적 배경과 관련된 학습에 관한 질문을 준비할 때 나는 대부분의 '학구적인' 학습은 강의실에서 이루어지고, 가장 '개인적인' 학습은 강의실 밖에서의 교류를 통해 이루어진다는 결과를 예상했다. 학생 인터뷰 진행자들은 내게 인터뷰를 하다 보면 그런 예상이 틀렸다는 사실을 발견하게 될 거라고 예측했는데, 정확히 그들 말대로 됐다. 학습은 그렇게 이분법적인 방법으로 나누어지는 게 아니었다.

어쩌면 이처럼 강의실 안과 밖에서의 학습이 서로 교차되기 때문에 학생들이 일상생활 속에서 자기와 민족적, 인종적 출신배경이 다른 동료 학생들과 교류하면서 훨씬 더 강한 영향을 받게 되는 것일 수도 있다. 이러한 조사 결과는 인종 혹은 민족적 배경에 따라 학생들을 분리하는 대신 서로 다른 출신 배경을 지닌 학생들이 함께 어울려 생활할 수 있는 기숙사 환경 조성이 중요하다는 점을 다시 한 번 강조한다고 할 수 있다. 출신 배경이 서로 다른 학생들이 따로따로 떨어져 생활하면 귀중한 깨달음을 놓칠 수도 있다.

학생들은 강의실에서의 학습과 기숙사에서의 학습이 서로 교차되던 순간들에 관한 경험담을 무수히 들려주었고 그때의 경험들이 대학 생활에서 잊을 수 없는 최고의 순간이었다고 강조하기도 했다. 그중에서도 한 3학년 학생의 이야기가 더욱 눈에 띄었다.

"나는 중산층 집안에서 자란 아프리칸 아메리칸 남자이고 종합 고등학교를 졸업했어요. 입학 전에 신입생 룸메이트 배정에 관한 우편물을 받았을 때 대학에 와서 어떤 상황이 펼쳐질지 대충 예상할 수 있었어요. 작은 침실 3개가 붙어 있는 스위트룸에 두 명의 백인과 나를 포함한 두 명의 흑인, 이렇게 4명이 배정되었더군요. 그래서 두 사람은 각각 방 한 개씩, 나머지 두 사람은 한 방을 같이 쓸 상황이었어요. 나는 이 상황이 어떻게 해결될지 궁금했고 자칫 갈등이 생길 수도 있겠다고 생각했지만, 제발 인종적인 문제로 인한 마찰은 일어나지 않기를 바랐죠.

결과적으로 말하면 내 생각은 완전히 빗나갔어요. 우리 네 사람은 쉽게 방 배정에 합의했는데 첫 6개월은 두 사람이 한방을 쓰고, 나머지 6개월은 교대로 다른 두 사람이 한방을 쓰기로 해서 잠재적인 딜레마는 순식간에 사라지고 처음 몇 주 동안은 꽤 친하게 잘 지냈어요.

그런데 우리가 듣는 강의 때문에 예상치 못한 갈등이 빚어졌어요. 한 백인 룸메이트와 내가 같은 문학 강의를 수강하고 있었는데 강의 시간에 다양한 작가들의 작품을 읽게 되었고, 거기에서 학문적인 내용과 한 공간에 같이 생활하는 룸메이트라는 상황이 뒤얽혀 신경전이 일어난 거죠. 덕분에 한동안 어려운 순간들도 있었어요.

특히 기억나는 사례가 두 가지 있어요. 강의 시간에 두 흑인 작가의 작품을 읽었는데 쉽게 말해서 두 사람의 스타일이 극명하게 달랐어요. 하나는 이마무 아미리 바라카Imamu Amiri Baraka의 <토일렛The Toilet>이라는 작품이었고, 또 다른 하나는 제임스 볼드윈James Baldwin이 파리에 살았을 때 쓴 수필이었죠. 나는 바라카가 매우 도전적이고 복합적인 작가라는 생각이 들었고 볼드윈에게는 다소 실망했는데, 내 백인 룸메이트의 생각은 나와 정반대였어요.

이런 얘기를 들으면 지극히 정상적인 거라고 말할 수 있어요. 두 학생이 두 작가에 대해 각자 다른 의견을 갖는 게 별로 놀랄 일은 아니니까요. 하지만 우리는 작품에 관해 의견을 나누던 도중에 어쩌다가 서로에게 매우 불쾌한 감정을 갖게 되었어요. 나는 그 친구가 내 의견에 동의할 줄 알았고, 그는 내가 자기 의견에 동의할 거라고 생각했던 거죠. 그리고 그는 바라카의 책에 대해 '쓰레기 같은 작품'이라고 했는데, 나는 그 말을 인종차별적인 발언으로 받아들였어요. 그래서 나는 입을 꾹 다물었고 그 후로 그 친구와 일절 말을 섞지 않아서 우리 관계는 매우 어색하고 서먹해졌죠.

같은 스위트룸에 다른 두 명의 룸메이트가 있어서 얼마나 감사한지 몰라요. 그들은 무슨 일이 일어났는지 상황을 금세 파악했고 며칠이 지난 어느 날 더 이상 못 참겠다며 그 두 친구가 나섰고, 우리끼리 정기적으로 매주 모여서 얘기하는 '그룹 수다 시간'에 우리를 앉혀놓고 닦달했어요.

그날 저녁에 나는 알고 보면 정말 좋은 사람인 백인 친구를 단지 흑인 작가가 쓴 특정 작품을 좋아하지 않는다는 이유만으로 섣불리 인종차별주의자라고 결론짓고 그에게 화를 낸 것이 매우 어리석은 일이었음을 처음 깨달았어요. 입장을 바꿔서 내가 백인 룸메이트에게 제임스 조이스James Joyce의 작품이 별로라고 말했는데 그가 내 말을 인종차별적 발언으로 받아들이고 나를 비난한다면 내 기분은 어떨까 생각해 봤죠. 나 역시 룸메이트에게 화를 낼 것이고, 그렇게 화를 내는 게 당연하다고 생각할 것 같더군요.

다행히 그 순간을 잘 넘긴 우리 네 사람은 3학년이 된 지금도 같이 생활하고 있어요. 그리고 신입생 때 우리가 겪었던 거북한 순간들을 현명하게 잘 넘긴 덕분에 지금은 제임스 미치너James Michener나 제임스 조이스, 헨리 제임스Henry James의 작품에 대해 거리낌 없이 비평할 수 있고, 내 백인 룸메이트 역시 특정 흑인 작가들의 작품에 대해 어떻게 생각하는지 내 앞에서 솔직하게 얘기할 수 있게 되었어요. 더구나 우리 사이에 형성된 유대감 때문에 그런 부분에 대해 농담을 하고 웃어넘길 수도 있게 됐어요. 다른 학생들에게 우리가 생활했던 방식이 제일 좋다고 추천하기는 어렵지만, 적어도 내게는 일상생활과 학문적인 부분이 서로 교차되었던 경험들이 매우 중요한 깨달음을 주는 성공적인 경험이었다고 자신있게 말할 수 있어요."

또 다른 3학년 학생은 인터뷰를 진행한 애나 핀케에게 아래와 같은 경험담을 들려주었다.

"신입생 때 만난 내 룸메이트는 흑인이었고 우린 아주 친한 친구가 되었어요. 다른 어떤 사람들보다 서로가 훨씬 잘 통했거든요.

백인인 내가 신입생 때 흑인 룸메이트와 살았던 경험이 내가 만나는 사람들에 영향을 미쳤던 것 같아요. 그 친구가 알고 지내는 사람들을 나도 알게 됐는데 그게 머 그리 특별한 건 아니죠. 나와 다른 출신 배경을 가진 룸메이트를 만나면 자연히 그렇게 될 테니까요.

그 친구는 조지아 출신이었고 아프리칸 아메리칸 문화의 전통을 철저하게 지켰어요. 종교적이고 보수적인 성향도 상당히 강했고요. 나는 그를 통해 아프리칸 아메리칸들의 흥미롭고, 가치 있고, 존중할 만한 전통들을 접할 수 있었어요. 어느 날은 토론하던 중에 그의 얘기를 통해 그가 겪었던 어려움과 난처한 상황들도 알게 됐죠. 예를 들어 내가 다니던 고등학교에서도 학업 성적 면에서 백인들과 흑인들 간에 상당한 틈이 있었는데 그 친구는 그런 어려움에 어떻게 대처했는지 듣는 것도 흥미로웠지요.

선입견이 하나도 없이 여기 온 사람은 아무도 없다고 생각해요. 그런 생각은 대개 직접 겪은 경험을 바탕으로 형성되고, 또 새로운 경험들을 통해 늘 바뀌기 마련이죠. 내가 졸업한 고등학교는 인종적으로 섞여 있었고 약 절반 정도가 흑인이었어요. 하지만 여기 와서 다양한 인종의 학생들을 만나고 그들과 도전적이고 맹렬한 토론을 벌일 기회를 얻은 덕분에 인종을 막론하고 누구를 만나도 나는 어떤 사람이고 무엇을 믿는다고 확실히 주장할 수 있는 자신감이 높아졌어요. 내 고향은 텍사스에 있는 작은 마을인데, 다른 인종 사람들을 만나고 교류할 때 부적당한 패턴에 익숙해지기 쉬운 분위기라고 할 수 있어요. 갈등을 수습하기 위해 공적인 방법을 사용하기도 하고요. 하지만 지금의 나는 훨씬 더 솔직해졌고 여러 가지 이슈들에 대해 내가 옳다고 생각하는 것들을 있는 그대로 말할 수 있게 됐어요."

각 학생이 느끼는 대학 생활의 분위기는 꽤 일찍 정해지는 편이며 그런 분위기는 대체로 룸메이트를 비롯해 같은 공간에서 생활하는 이웃, 그리고 기숙사 감독관들에 영향을 받는다. 다시 한 번 강조하지만 기숙사 생활은 학생들의 태도와 친구 관계를 형성하는데 오랫동안 영향을 미친다. 한 여학생은 새라 골다버에게 예기치 않게 찾은 우정에 관해 얘기했다.

"신입생 때였어요. 기숙사에 들어온 첫날 저녁에 우리는 모두 학생감의 방에 모였어요. 그녀는 각자에게 중요한 의미가 있는 소지품을 가지고 와서 자기 소개할 때 거기 얽힌 얘기도 함께 들려달라고 부탁했죠. 나는 여름 동안 동유럽과 이스라엘을 여행하고 돌아와 얼마 안 됐을 때였고 그때 선물로 받은 베개를 가져갔어요. 어렸을 때 나와 제일 친했던 친구는 이스라엘 출신으로 온 가족이 몇 년간 미국에 살다 고국으로 돌아갔어요. 그리고 이번 여름에 이스라엘에 가서 그 가족들을 만났는데 그 집을 떠날 때 친구의 동생들이 직접 만든 붉은색 하트 모양의 베개를 내게 선물했어요. 베개에는 히브리어로 '안전한 여행 하세요. 사랑해요.'라는 문구와 온 가족의 이름이 정성스럽게 하나하나 적혀있었어요. 내게는 매우 소중한 의미가 있는 물건이었고 그 베개가 나와 그들의 관계, 그리고 내가 겪은 종교적인 경험을 상징한다고 생각했어요.

내 차례가 되기 직전에 내 옆에 앉아 있던 남학생이 파키스탄에서 온 시아파 이슬람교도라고 자기소개를 했어요. 그가 소개한 물건은 코란의 문구들이 적힌 여러 개의 펜던트가 달린 목걸이와 끝이 휘어진 칼이었어요. 나는 무척 놀랐죠. 그때까지 한 번도 직접 이슬람교도를 만나 본 적이 없었고 역사적인 편견이 있어서 유대인과 이슬람교도 사이의 부정적인 교류에 대해 좀 두려워하고 있었거든요.

나는 놀라고 충격을 받은 상태로 내 소개를 하고 미리 준비한 대로 베개에 대해 얘기를 했고 독실한 유대인이라고 밝혔어요. 그러자 그 남학생이 갑자기 활짝 웃으며 나를 보고 반갑게 말했어요.

"정말 잘됐네요! 피자에 페퍼로니 넣는 걸 원치 않는 사람을 찾기가 정말 어려운데."

그날 이후 우리는 급속도로 친해졌어요. 종교적으로 음식에 대한 제재가 비슷하다 보니 같이 저녁을 먹으며 데이트하기에 딱 좋은 상대라는 농담은 단골메뉴가 됐죠.

그렇게 기숙사에서 이슬람교도를 만난 덕분에 이슬람을 진정한 종교로 이해할 수 있었어요. 열광적인 이상 뒤에는 진짜 사람들이 믿고 섬기는 뭔가가 있다는 것도 알게 됐고요. 이때의 경험 덕분에 그동안 내가 일반적으로 종교에 대해서, 특히 이슬람교에 대해 편견을 가지고 있었다는 사실을 깨달았어요. 그 남학생을 알게 되기 전에는 솔직히 그가 어떤 토론에서도 이슬람교도다운 견해를 배제하지 못할 거라고 미루어 짐작했거든요. 그리고 다른 사람들도 이렇게 그릇된 추측을 하는 걸 볼 때가 많아요. 누군가 어떤 종교를 믿는다고 얘기하면 그런 사실 하나만으로도 어떤 사람인지 섣불리 단정 짓고 결론 내리기 쉽기 때문이에요."

자기와 다른 배경을 지닌 사람들과 어울려 생활하다 보면 실제적인 행동에도 변화가 올 수 있다. 기숙사 생활의 영향에 대해 얘기할 때 흔히 들을 수 있는 진부한 얘기들을 걸러내기 위해서 인터뷰 대상자들에게 기숙사 생활을 하면서 실제로 그들의 행동에 변화를 가져온 계기가 된 교류 경험이 있는지 물었다. 같은 기숙사에 살았던 4학년 학생 두 명이 특정한 사건에 대한 얘기를 풀어놓았는데, 이 이야기는 룸메이트가 가진 영향력, 룸메이트를 현명하게 골라야 하는 중요성, 기숙사 생활 경험이 어떻게 행동에 변화를 가져올 수 있는지 생각하게 한다. 두 학생 중 한 명이 다음과 같은 경험담을 들려주었다.

"여덟 명이 한 조가 되었어요. 남학생 여덟 명이요. 그중 넷은 백인이고, 한 명은 흑인, 나머지 셋은 아시안이었죠. 어느 주말 오후에 다 같이 모여 얘기를 하고 있었어요. 신입생 때부터 알고 지냈고 거의 매일같이 얼굴을 보는 사이라서 서로에 대해 웬만큼 잘 파악하고 있어서 놀랄 일도 별로 없고 편한 사이였어요.

작년 10월 어느 날이었는데 한 아시안 친구가 물었어요. "11월 선거 때 너희는 어떻게 투표해? 고향에 가서 하는 거야, 아니면 부재자 투표로 해?" 비아시안인 우리 다섯 명은 아직 생각해보지 않았다고 대답했어요. 솔직히 우리 중 몇 명은 투표할 생각도 별로 없었어요. 학교 공부도 바쁘고 모두들 캠퍼스에서 멀리 떨어진 도시나 마을 출신이라서 아마도 이번 선거는 그냥 넘길 거라고 생각했을 거예요.

그런데 아시안 아메리칸 친구들이 눈에 띄게 언짢은 표정을 지었어요. 그들은 우리에게 아웅 산 수지Aung San Suu Kyi에 대해 알고 있냐고 물었어요. 우리 중 두 명은 그녀가 버마 여성이고 자택에 감금되어 있고 버마의 민주주의를 위해 싸워 노벨 평화상을 받았다는 걸 알고 있었죠. 그러자 이번에는 중국의 대학생들이 민주화를 요구하며 천안문에서 시위를 벌였을 때 체포된 왕단Wang Dan을 아는지 물었고, 중국의 민주주의를 위해 목소리를 높이고 글을 썼다는 이유로 감옥에 잡혀 들어간 웨이징성Wei-Jingsheng에 대해서도 물었어요. 그리고는 이 사람들에 대해 알고 있고 그들이 투표할 권리를 위해 어떤 위험까지 감수했는지 알고 있으면서 어떻게 우리는 그런 권리를 당연하게 받아들이고 그해의 투표권을 포기할 생각까지 할 수 있느냐고 몰아붙였어요.

그 친구들의 얘기는 순식간에 우리를 부끄럽게 만들었어요. 말 한마디 제대로 못 했죠. 그렇다고 그 친구들이 잘난 척하면서 우리를 비난하거나 그런 건 전혀 아니었지만 굉장히 강경한 입장을 보였어요. 그리고 분명히 우리의 행동을 바꾸어놓았지요. 우리 다섯 명은 당장 그날 오후에 쫓아나가서 부재자 투표를 신청했고, 다섯 명 모두 투표를 마쳤어요. 지금 와서 그날 오후의 일을 생각해보면 별일 아니었던 것도 같지만 내게 큰 영향을 준 것만은 확실해요. 앞으로 평생 어떤 선거에도 빠지는 일은 없을 테니까요."

학습과 행동변화가 일어나려면 학생들은 반드시 서로 섞이고 어울리고 교류해야 하며 무엇보다도 공동 과제를 완성하기 위해 서로 다른 출신 배경을 지닌 학생들이 함께 어울려 작업하는 것이 이상적인 환경이라고 할 수 있겠다. 그래서 공식적으로 강의실에서 함께 수업을 받으며 만나고, 종종 강의실 밖에서 덜 공식적인 자리에서 만날 필요가 있다. 중요한 핵심은 최대한 강의실 안팎으로 광범위한 만남이 이루어져야 학생들 각자가 캠퍼스를 가득 메운 다양한 학생들 사이에서 혜택을 얻고 깨달음을 얻을 수 있으며, 기숙사 배정은 그런 깨달음을 독려하는 방식으로 학생들 간의 만남을 촉진시킬 수 있다는 점이다.

# 이민족 간
# 상호작용의 정도

만약 학생들이 서로에게서 배울 점을 찾기 위해 자기와 다른 출신 배경을 지닌 학생들과 반드시 어울려야 한다면 실제로 어느 정도의 시간을 함께 보내야 하는지 알면 좀 더 도움이 될 것이다. 어느 캠퍼스에서나 학생들과 대학의 운영진 모두가 이 부분이 궁금할 것이다.

대부분의 대학마다 각기 다른 민족 그룹에 속하는 학생들이 강의실에서 정기적으로 섞이고 어울리는 건 분명하지만 자연히 그런 교류의 범위는 다양하기 마련이다. 하버드에서는 어느 정도 교류가 이루어지고 있는지 알아보기 위해 준비하는 과정에서 우리는 오랜 숙고 끝에 단순한 1차적인 지표를 사용하기로 합의했고 룸메이트 선택에 관해 질문하기로 결정했다. 자신과 다른 인종 및 민족 배경을 지닌 친구들과 함께 살기로 결정하는 학생들은 얼마나 될까?

하버드에서는 모든 1학년 학생들이 한 명 이상의 룸메이트나 스위트메이트와 함께 살도록 배정된다. 이러한 배정목록은 신입생 학장실에서 신중하게 고민하고 배려해서 만들어지며 대부분의 그룹에 어느 정도의 민족적인 다양성이 포함되어 있다. 다른 대학의 기숙사들도 대부분 이와 비슷한 과정을 거치는 것으로 알고 있다. 그러나 1학년이 끝나면 학생들은 같이 생활할 룸메이트를 직접 선택하게 된다.

그래서 우리는 졸업을 앞둔 4학년 학생 중에서 무작위로 선택해 한 가지 질문을 던졌다. 자기와는 다른 민족 그룹에 속한 학생을 룸메이트로 선택한 적이 있는가? 각 학생들은 단순히 네 혹은 아니오로 대답했다. 우리는

'다른 민족 그룹'이라는 표현이 백인, 흑인, 아시아계, 라틴계의 네 가지 주요 그룹을 포함한다는 것을 학생들에게 분명히 알렸다. 그리고 예를 들어 백인 유대인 학생이 백인 감리교 신자와 함께 살기로 하는 경우는 다른 민족그룹 출신을 선택한 것으로 규정하지 않았다.

그 결과 4학년 전체 응답자의 78%가 대학에 다니는 동안 한 번이라도 다른 민족 그룹에 속한 학생과 살기로 결정한 적이 있다고 답했다. 당시 하버드 대학의 교육 연구 개발부를 맡고 있던 딘 위틀라Dean Whitla 박사에게 이런 결과를 알려주자, 그쪽에서도 이전에 비슷한 조사를 시행했었다면서 당시의 결과는 76%였다고 알려주었다. 그래서 정확한 수치가 어느 쪽이든 간에 다민족 룸메이트를 선택하는 학생들의 수가 상당히 높다는 것만은 분명히 확인할 수 있었다.

이처럼 인종 및 민족적으로 자기와 다른 그룹에 속한 사람들과 같이 생활하기로 결정하는 패턴은 비공식적인 교류를 최대화할 수 있는 긍정적인 방법이기도 하다. 내가 한 독실한 유대인 학생에게 룸메이트 선택에 관한 질문을 했을 때 캠퍼스에서의 생활환경이 얼마나 중요한 영향력을 발휘하는지 짐작할 수 있는 대답을 들었다. 그 학생은 자신을 포함해 네 명이 같이 살았는데 나머지 룸메이트 3명은 각각 기독교도, 이슬람교도, 그리고 힌두교도였다고 말했다. 네 사람은 모두 신앙심이 깊고 자신의 종교를 신실하게 지키는 사람들이었다. 두 사람은 피부색이 밝았고, 두 사람은 피부색이 어두웠으며 네 사람 모두 각자의 집도 방문하며 가깝게 지냈다고 했다.

학생은 이런 생활환경을 통해 네 명의 룸메이트 각자가 나머지 세 학생의 종교에 관해 정말 많은 것을 배웠다며 신이 나서 설명했다. 그는 또 세계의 종교에 관해 두 과목을 수강했고, 둘 다 매우 만족스러웠고 수업 내용도 좋았지만, 매일매일 한집에 사는 룸메이트들과 일상적으로 교류하고 대화하면서 이론적이고 추상적인 다른 어떤 책에서 배운 것보다 훨씬 더 많은 것을 배웠다고 여러 번 강조했다.

# 어려운
# 상충관계

일부 학부생들에게는 자기와 출신 배경이 다른 사람들과 가까이 살면서 부딪치는 여러 가지 선택 상황을 통해 배우는 것이 매우 힘든 일일 수도 있다. 매우 신중한 학생들 사이에서도 그들에게 어떤 형태의 우정과 어떤 형태의 연애가 맞는지에 대해 의견충돌이 있다는 걸 감안하면 더욱 공감할 수 있다.

학생들이 다른 인종 및 민족 출신의 동료 학생들과 대화하고, 같이 살고, 함께 공부하면서 많은 것을 배울 수 있다고는 하지만 친구와 가족 간의 상충되는 기대 사이에 하나를 얻기 위해 하나를 희생하는 타협을 하는 경우도 있다. 캠퍼스의 인종적 다양성은 각 학생들에게 압박을 가하는 요인이 되기도 하는데 놀라울 정도로 직접적인 경우도 있고, 훨씬 더 미묘하게 나타나는 경우도 있다. 이러한 압박은 학생들로 하여금 특정한 갈등 상황에 어떻게 대처해야 할지 깊이 고민하게 한다.

인터뷰에 응한 일부 아프리칸 아메리칸 학생들은 대학 내에서 사회생활을 어떻게 구성해야 할지에 대해 그들이 어떤 압박에 맞닥뜨리는지 설명해주었다. 특히 캠퍼스에서 만난 친구들로부터 받는 '인종차별 폐지론자'와 '분리주의자' 사이의 갈등을 언급했고, 때로는 고향에 있는 친구들에게서도 그런 압박을 받을 때가 있다고 했다. 그러면서 자신들이 읽은 헨리 루이 게이츠 주니어Henry Louis Gates Jr.의 에세이를 언급했는데, 이 책은 게이츠 교수가 흑인 신입생으로 예일 대학에 입학했을 당시의 이야기를 25년 후에 회고하는 내용을 담고 있다. 학생들은 그 내용이 자신들이 직접 경험하는 일부 어려운 문제들을 잘 표현했다고 말하며 동료 학생들에게도 읽어볼 것을 권했고, 일단 대학에 들어와서 처음 몇 달 동안 어느 정도 친구 관계의 패턴이 형성되고 난 후에는 큰 변화를 주기가 어렵다는 점을 지적했다.

일부 학생들은 다른 곳에서 받은 압박 때문에 힘든 선택을 할 수밖에 없었던 경험담을 들려주었는데, 그중 특별한 사례가 캘리포니아 출신의 코리언 아메리칸 학생의 이야기였다. 캠퍼스의 다양성이 학문적으로나 개인적으로 그녀에게 어떤 영향을 주었는지 물었을 때 그녀는 망설임 없이 개인적인 영향으로 이어진 경험담을 들려주었다.

"여러 면에서 자기와 다른 사람들과 섞이고 생활하는 경험이 이제껏 자기가 가지고 있던 가정들을 다시 돌아보게 했고 전반적으로 인생의 질을 높여주었다는 희망적인 경험담을 많이 접하셨을 거예요. 내 경우는 어쩔 수 없이 내 가치관을 다시 생각해본 건 맞지만 내 인생의 질적인 면에 어떤 영향을 미쳤는지에 대해서는 아직 확실치 않아요. 사실 다양성을 대하는 태도를 결정하는 부분이 지금까지 내가 제일 중요하게 생각해온 가치와 타협하기 가장 힘든 부분인 것 같아요.

신입생 오리엔테이션 주간에 맞춰 캘리포니아에서 이곳으로 오는 비행기 안에서 엄마와 어떤 대화를 나눴는지 얘기해 볼게요. 우리 엄마는 전통적인 한국 엄마라고 할 수 있어요. 늘 열심히 일만 하시고 가족을 최우선의 가치로 삼으셨고, 그것이 인생에서 가장 중요한 핵심이라고 생각하시는 분인데 내게도 그런 부분을 확실하게 심어주셨어요. 그날 여기 오는 비행기 안에서 내가 어떤 남자를 만났으면 좋겠는지 엄마가 바라는 걸 말씀하셨는데 그 내용이 매우 구체적이었죠. 엄마는 내가 특정한 사람만 만나기를 바라신다며 순서까지 매겨가며 얘기하셨어요.

나와 같은 한국계 미국인이 일 순위였고, 중국계 미국인이 두 번째였어요. 그리고 그 외에 다른 아시아계 미국인이 그다음이었죠. 그리고 혹시라도, 정 어쩔 수 없을 때는 백인 남자까지는 괜찮지만 그 외의 다른 인종은 안 된다고 못을 박으셨어요. 엄마는 그런 얘기가 어떤 면에서는 논쟁의 여지가 심하다는 걸 전혀 모르시는 것 같았어요. 엄마는 어렸을 때부터 그렇게 자랐으니까요. 늘 가족이 전부이며 다른 어떤 것보다 중요하다고 말했고, 엄마와 아빠에게는 언제나 가족이 최우선이라고 강조하셨죠.

이곳에 도착했을 때 엄마의 얘기가 내게 어떤 영향을 미쳤을까요? 아시안 아메리칸이 아니면 그 어떤 남자와도 친하게 지내면 절대 안 될 것 같았어요. 혹시 파티에 초대하거나 가깝게 사귀자고 하면 어쩌나 늘 긴장했죠. 물론 부모님의 바람을 따르려면 사회생활에서 어느 정도 희생을 감수해야 하고 친구들을 사귀는데도 제약이 되리라는 걸 잘 알고 있었어요.

하지만 말 그대로 내가 좋은 교육을 받고 이곳에 올 수 있도록 부모님이 나를 위해 모든 걸 희생하셨기 때문에 부모님의 바람에 반발하는 것 역시 생각하기 힘들었어요. 모두가 다양성과 다양성의 장점들을 얘기하는 이곳에서 딱 한 가지 부모님이 내민 요구사항이 나와 비슷하게 생긴 남자만 만나라는 것이었어요.

나는 대학에 다니는 내내 이 딜레마에 대해 생각했고, 결국엔 내가 옳다고 생각하는 쪽으로 결정을 내렸어요. 다른 사람들은 어떻게 생각할지 몰라도 내게는 옳은 선택인 거죠. 부모님을 존경하고 그분들의 뜻을 따르는 게 부모님이 내게 베푼 사랑을 갚을 수 있는 방법 중의 하나라고 생각하기 때문에 이 결정으로 사회생활에 제약이 따르고 어떤 친구들은 내 결정에 동의하지 않을지라도 난 부모님 뜻을 따르기로 했어요.

내 결정이 옳은 건지 틀린 건지 교수님이 어떻게 판단할지 모르겠어요. 교수님이 이 대학에서의 민족적 다양성이 내게 어떤 영향을 주었는지 물어봤기 때문에 하는 말이지만 어쩔 수 없이 이 딜레마보다 더 심각하게 고민한 문제는 없었다는 것만은 분명해요. 그리고 내가 내면 깊숙한 곳을 들여다보고 내게 옳은 게 무엇인지 심각하게 고민하도록 밀어붙인 것도 바로 여기서 만난 다양성이었어요. 아마 앞으로도 가끔 내가 내린 결정을 다시 생각해볼 때가 있을 거예요. 하지만 지금은 부모님의 뜻을 따르는 것이 내가 할 수 있는 다른 어떤 선택보다 중요하기 때문에 내 결정에 만족해요."

# 자기 자신에 대해 배우기

기숙사 생활의 맥락에서 생각해보면 일부 학생들은 어쩔 수 없이 불편한 상황에 맞닥뜨리는 경우들도 발생한다. 이는 어느 대학에나 존재하는 특징이며 대학들이 다양한 학생들을 유치하기 위해 분투하기 훨씬 전부터 존재했다. 그러나 인종 혹은 민족적 배경이 다른 학생들이 함께 생활하게 되면 지금까지와는 다른 새로운 종류의 민감한 순간들과 개인적인 상호작용이 발생할 수밖에 없다. 때로는 학생들이 대처하기 어려운 상황들도 있지만 출신 배경을 막론하고 많은 학생은 그런 갈등 속에서 분명히 배우는 게 있으며 주로 자기 자신에 관해 몰랐던 것들을 새로 깨달았다고 강조했다.

졸업을 앞둔 일부 4학년 학생들은 개인적으로 그런 상황에 맞닥뜨릴 때 선의를 품고 상대를 대하는 단순한 원칙의 중요성을 강조했다. 예를 들어, 한 백인 여학생은 다양한 출신 배경을 지닌 사람들 사이에서 선의를 강화시킬 수 있는 방법 중 하나로 각 학생이 자기 자신을 돌아보도록 격려하는 것이 도움이 된다고 말했다. 특히 인종 혹은 민족적 다름으로 인해 민감한 상황이 발생하거나 거북한 순간이 올 때 더욱 필요한데, 불가피하게 맞닥뜨리는 불편하고 거북한 순간들을 그 안에서 뭔가 배울 수 있는 교육적인 기회로 변화시키는 건 학생들 각자에게 달려있다는 의견이었다.

학생 자신이 신중하게 생각하고 상대방이 선의를 갖고 있음을 기억하고 행동할 때 매우 놀라운 결과를 얻을 수 있다. 한 여학생의 개인적인 경험은 그런 부분을 잘 보여주는 예이다.

"다양성과 관련해 개인적으로 좋았던 경험과 썩 좋지 않았던 경험을 물으셨는데 먼저 썩 좋지 않았던 경험을 얘기할게요. 좋았던 경험들에 비해 별로였던 경험들을 통해 특히 나 자신에 관해 훨씬 더 많이 배운 것 같아요.

이런 일이 있었어요. 2학년 때였는데 어느 날 점심시간에 내가 친구라고 생각했던 한 여학생이 다른 친구들 셋과 한자리에 앉아 점심을 먹고 있었어요. 그 친구는 아프리칸 아메리칸이었고 거기 있는 친구들도 모두 같았어요. 근처에 아는 사람들이 아무도 없기에 그쪽으로 다가가서 같이 앉아도 되겠냐고 묻자 친구는 흔쾌히 응했어요. 그런데 내가 앉고 나서도 네 사람은 하던 얘기를 계속해서 난 대화에 낄 수도 없고 그야말로 무시당한 기분이었죠. 그런 분위기가 15분 정도 지속됐고 결국 내가 불편해져서 "나중에 보자"라고 말하고 점심을 다 먹기도 전에 쟁반을 들고 일어나 그 자리를 떴어요.

난 무척 언짢았어요. 처음에는 그들이 예의 없다는 생각이 들었고, 다음에는 내가 친구라고 생각했던 친구가 사실은 친구가 아니었나 보다 싶었고, 결국에는 분명 인종차별적인 이유가 있을 거라는 생각까지 들었어요. 며칠 동안 머릿속에서 그런 생각이 부글부글 끓었죠. 그래서 참다못해 결국 용기를 내서 친구인지 아닌지 모르겠는 그 친구에게 잠시 얘기를 청했어요. 나는 그녀에게 그날 있었던 일에 대한 내 생각을 말해주고 인종차별적인 무시였는지 다른 이유가 있는 건지 대놓고 물었어요. 그리고 나는 그녀를 친구라고 생각했기 때문에 그런 행동을 이해할 수 없어서 상처받았다고 털어놨어요. 솔직하게 다 말하긴 했어도 절대 기분 좋은 순간은 아니었어요.

그런데 그 뒤에 이어진 그녀와의 대화는 나 자신에 대해 새로운 시각을 갖게 했어요. 더불어 사람들이 무심코 아무렇지 않게 다른 사람에게 상처를 주고도 그 사실을 깨닫지 못한다는 걸 다시 한 번 깨닫게 됐죠. 그 친구는 내 얘기를 듣고 무척 놀랐어요. 그녀는 그날 점심 식사 자리가 무슨 자리인지 나도 분명히 알고 있는 줄 알았다면서 그 자리에 모여 있던 네 명의 학생들은 매주 화요일 점심시간마다 그렇게 함께 모여서 그들이 활동하는 학생협회의 활동과 계획들을 의논해왔다고 설명했어요.

그 친구는 내가 그 자리에 합석한 건 전혀 상관없었지만 마침 준비 중인 행사가 있어서 한창 계획을 세우는 중이었다고 말하면서 무례하게 "우리 바쁘니까 다른 데로 가."라고 말하고 싶지도 않았지만 그렇다고 한창 의논하던 걸 중단하고 싶지도 않았다고 하더군요. 그들은 벌써 몇 주째 화요일마다 점심시간에 모여 함께 프로젝트를 추진하는 중이었대요.

당시 상황에 대해 설명을 마치고 나서 그 친구가 내가 던진 질문이 나를 무척 당황하게 만들었어요. 만약 내가 그날 점심에 네 명의 백인 여학생이 모인 자리에 합석했다고 가정해보자는 거였어요. 문학 수업이나 화학 수업 숙제를 의논하고 있었을 수도 있고, 그들이 이끄는 아카펠라 그룹의 공연 계획을 짜고 있었거나 다른 일을 의논하는 자리였을 수도 있죠. 어쨌든 그 자리가 백인 여학생들이 어떤 목적을 가지고 매주 화요일 점심시간마다 만나온 자리라고 가정했을 때, 내가 뒤늦게 합석했다면 금세 백인 여학생들의 대화에 동참했을 거라고 생각하느냐는 질문을 던졌어요. 만약 내 대답이 '아니'이고 그들이 진행 중인 논의에 곧장 참여했을 거라고 생각하지 않는다면, 네 명의 아프리칸 아메리칸 여학생들이 모인 자리에 대해서는 왜 그렇게 똑같이 생각하지 않는 거냐고 물었죠.

내 흑인 친구는 내가 인종과는 아무런 상관없는 상황에 괜히 인종차별적인 덮개를 씌우고 있는 건 아닌지, 인종차별적인 요소라고는 찾아볼 수도 없는 상황에서 굳이 인종차별적인 요소를 의심하는 건 나의 개인적인 추측이 그 상황을 그렇게 해석한 건 아닌지 나름 조심스럽게 의문을 제기했어요.

난 생각조차 못 한 부분이었고, 생각하면 할수록 점점 더 복잡하게 느껴졌어요. 그때의 일은 내 머릿속에 박혀있는 가정에 대해 심각한 의문을 갖게 했을 뿐 아니라 두 가지 교훈도 얻었죠. 하나는 앞으로 만약 내가 그 네 명의 학생 중 한 사람의 입장이 되면 인종을 막론하고 그때의 나처럼 뒤늦게 자리에 합석한 사람에게 우리가 하던 얘기를 중단하기 곤란한 상황임을 설명해주겠다고 마음먹었어요. 그들 중 누군가 내가 앉기 전에 간단히 말해주기만 했어도 그런 일은 없었을 테니까요.

또 한 가지 교훈은 네 명의 백인 여학생이라 해도 똑같은 일이 일어났을 상황에 섣불리 인종 혹은 민족 차별을 의심하는 덮개를 씌우지 말고 한 번 더 생각해보겠다고 다짐했어요. 이건 다른 사람들도 꼭 생각해 봐야 할 부분이라고 생각해요. 우린 너무 쉽게 그런 함정에 빠지니까요."

내가 대학에서 만나는 다양성을 통해 어떤 영향을 받았는지 학생들에게 물었을 때 자기 자신에 대해 좀 더 잘 알게 됐다는 답변이 생각보다 훨씬 많았다. 서로 다른 인종과 민족 그룹에 속한 학생들과 교류하다 보면 자기 자신에 대해 때로는 미처 알지 못했고 때로는 받아들이기 힘들며 가끔은 충격적이기까지 한 새로운 깨달음을 얻게 된다. 이는 매우 진지하고, 깊고, 강력한 영향력을 갖는 깨달음이며 학구적이라기보다는 개인적인 경우가 훨씬 많다. 한 아프리칸 아메리칸 4학년 학생은 졸업식을 2주 앞두고 캠퍼스에서 맞닥뜨린 다양성의 경험에 대해 들려주었다.

"아마 날 이 학교에서 졸업시키려면 고래고래 소리 지르며 발버둥 치는 나를 강제로 끌고 나가야 할 거예요. 앞으로 다시는 어디에서도 여기서처럼 충만한 경험을 하지 못할까 봐 걱정이에요. 아프리칸 아메리칸 남학생으로 하버드처럼 다양한 커뮤니티에 살면서 어떤 영향을 받았느냐고 물으셨죠. 거기에 대한 내 생각을 얘기할 기회가 생겨서 정말 기쁘네요.

맨 처음 신입생으로 하버드에 처음 도착했을 때, 귀에 딱지가 앉을 정도로 들었던 '다양성'이라는 말과 관련된 경험이 이제 곧 나오는 다른 백인과 아시아계, 라틴계 학생들과 만나면서 시작될 것이고 적지 않은 영향을 받을 거라고 예상은 했어요. 물론 내 예상은 적중했고 전반적으로 좋은 경험들이었죠. 몇 가지 사소한 문제들을 떠올릴 수 있긴 하지만 이 학교가 내가 놀라운 기회를 주었다는 사실만큼은 평생 두고두고 감사할 거예요.

하지만 내가 예상했던 부분이고, 예상대로 되긴 했지만 그게 그렇게 대단한 일은 아니었어요. 적어도 개인적으로 내게는 그랬죠. 나는 워싱턴 DC에서 고등학교를 다녔는데 내가 다닌 자립형 사립 고등학교에는 흑인 학생들이 얼마 없었어요. 졸업반이었을 때는 한 반에 네 명이 흑인이었죠. 난 부자동네 출신도 아니고 오히려 그와 정반대의 환경에서 자랐어요. 그리고 대부분의 동네 친구들은 나와는 많이 달랐어요.

정말 힘들었어요. 난 학교에 다니는 게 좋았고 우리 학교에 애착이 많아서 정말 열심히 공부했는데 어렸을 때부터 같이 자란 동네 친구들은 그러지 않았어요. 나와는 정반대의 길로 갔죠. 난 끊임없이 상류를 향해 헤엄쳤고 괴짜로 통했어요. 심지어 학교에서도 내가 겉도는 느낌을 지울 수 없었는데 아주 고급 학교였고 흑인 학생들은 거의 없었거든요.

그러다 대학에 왔으니 여기서 만난 다양한 학생들 사이에서 엄청난 영향을 받았고 그 영향력은 전에는 상상해본 적도 없을 만큼 강력했죠. 여기 도착한 첫 주에 나는 내가 똑똑하고 학구열이 충만하며 의욕이 넘치는 수십 명의 아프리칸 아메리칸 중의 하나라는 사실을 깨달았어요. 그때까지는 나와 비슷하게 생긴 데다 내가 중요하게 여기는 가치관들을 공유하는 사람들이 수십 명, 아니 수백 명도 넘게 더 있다는 사실을 확신할 수 없었거든요. 특히 꾸준히 학과 공부에 매진하는 나 같은 사람들이 또 있을까 싶을 정도였어요. 자라는 동안 주위에서 그런 사람을 한 명도 본 적이 없었으니까요. 여기 와서 처음 본 셈이죠.

내 얘기가 다양성의 영향력에 대한 질문에 답이 됐는지 모르겠네요. 하지만 적어도 내게 가장 강력한 영향을 준 것만은 분명해요. 나와 비슷한 가치관을 공유하는 수많은 동료 아프리칸 아메리칸 학생들을 만난 것만으로도 평생 하버드에 감사할 거예요. 그 결과는 매우 개인적인 감정이지만 내가 어떤 사람인지 정의하는 데 도움이 됐을 뿐만 아니라 내가 여기 와서 '다양성'이라는 말에 어떤 식으로든 연관되기 전까지는 단 한 번도 느껴본 적이 없는 감정이었으니까요."

# 9

## 대학의 리더들이
## 할 수 있는 일

우리는 매번 인터뷰를 할 때마다 캠퍼스 생활을 향상시킬 수 있는 부분들에 대해 학장이나 대학의 운영진에게 정책적으로 건의할 내용이 있는지 학생들에게 물었는데 그때마다 학생들은 마치 기다리고 있기라도 한 것처럼 여러 제안들을 술술 풀어놓았다. 또한 학생들이 효과적일 거라고 생각하는 제안을 내놓을 때마다 왜 그렇게 생각하는지 각자의 경험 속에서 특정 사례를 들어 설명해달라고 요청했다. 일부 학생들은 그런 아이디어들을 제안하면서 신입생 때는 생각하지 못했을 내용이라고 자발적으로 덧붙이기도 했다. 아무래도 학장에게 건의사항을 제안하는 건 천천히 개발되는 취향인 모양이다.

# 포용정책

출신 배경도 다르고 인종도, 민족도 각기 다른 다양한 학생들이 서로에게서 뭔가 배우려면 반드시 서로 간에 교류가 이루어져야 한다. 만약 캠퍼스의 규범이 우선적으로 인종이나 민족성에 따른 모임 결성을 격려하는 성향을 띠면 그런 단체 간에 상호작용이 더욱 어려워진다. 하버드 학생들이 고등학교 때와 비교해 다른 어떤 부분보다도 두드러진 차이로 꼽은 하버드의 특성은 캠퍼스 내에서 이루어지는 모든 활동은 누구에게나 차별을 두지 않고 활짝 열려있어야 한다는 폭넓은 포용성을 강조하는 측면이었다.

학생들은 두 가지 이유를 들어 그 중요성을 설명했다. 첫째, 대다수 학생들은 대학 생활을 하는 동안에 그런 아이디어의 바탕 위에 그들의 사고 체계도 발전했다고 털어놓았다. 많은 학생, 특히 백인이 아닌 학생 중에서 처음 캠퍼스에 도착했을 때 제3세계 센터나 여성 센터, 혹은 다문화 센터가 없다는 사실에 실망했다고 말한 학생들이 많았다. 4학년 학생 중 일부는 여전히 실망한 상태라고 했고, 백인이 아닌 4학년 학생들 일부는 그런 모임 장소가 필요하다고 말했다.

그러나 비백인 학생들 대다수와 거의 모든 백인 학생들은 자기와 비슷하게 생긴 학생들이 모이는 물리적인 장소가 있다면 학생들이 쉽게 그곳에 틀어박힐 수 있게 되고 감정적인 발전이 어려울 것이라고 강조했다. 만약 제3세계 센터가 있었다면 그곳에 안주하기 십상일 테니 새로운 것을 배울 수 있는 많은 기회를 놓쳤을 거라고 얘기한 4학년 학생들도 많았고, 훨씬 단호하게 반대 의견을 말한 학생들도 있었다. 한 4학년 아프리칸 아메리칸 학생은 그런 입장을 다음과 같이 간결하고 단호하게 설명했다.

"이곳에서 와서 아주 다양한 학생들을 만날 수 있다는 게 내가 하버드를 선택한 중요한 이유예요. 만약 나와 비슷하게 생긴 사람들과 대부분의 시간을 보내고 싶었다면 이것저것 따져볼 필요도 없었을 거예요. 그랬다면 하버드가 아니라 당연히 하워드워싱턴 DC에 있는 사립 종합대학교로 많은 아프리칸 아메리칸 지도자를 배출했음에 갔을 테니까요."

　일부 학생들이 포용 정책을 추천하는 두 번째 이유는 그런 정책이 특정 메시지를 담고 있다고 생각하기 때문이다. 포용 정책은 캠퍼스의 분위기를 조성하고 신입생들이 각자의 시간을 어떻게 배정하느냐에 영향을 주며, 더불어 캠퍼스 전체에 적용되는 포용정책은 학생들이 계획에 없던 일을 할 수 있게 이끌어주기도 한다. 경제학을 공부하는 한 3학년 학생은 그런 계획에 없던 행동들이 포용성을 강조하는 정책의 '외부효과'라고 표현했다.

　인터뷰 진행자 새라 골다버는 유대인으로 태어났지만 유니테리언삼위일체 교리를 부정하고 예수의 신성을 부인하며 하나님 한 분만 신이라고 주장하는 기독교의 한 교파 교도로 자란 한 3학년 학생의 경험담에서 그러한 외부효과를 느낄 수 있었다고 전했다. 그 학생이 신입생 때 만난 세 명의 룸메이트는 각각 가톨릭교도, 신교도, 그리고 한국에서 온 불심 깊은 불교도였는데 그들과 같이했던 유대교 명절인 유월절 기념식에서의 경험담을 골다버에게 들려주었다.

"2년 전에 이민족 학생들을 초청해서 유월절 행사를 열었는데 당연히 내 룸메이트들과 다른 친구들도 초대했어요. 유월절은 내가 자라면서 실제로 참석했던 몇 안 되는 종교적 명절 중 하나였죠. 나는 내 사촌이 편집한 하가다의식을 위한 책를 가지고 있었고 저녁 식사로는 '유월절을 위한 코셔유대교 율법에 따라 만든 음식' 피자를 준비해서 몇 가지 상징적인 음식을 담은 접시 위에 같이 올렸어요. 접시 위에 놓인 음식들에 대한 친구들의 질문에 대답해주었고, 야물커유대인 남자들이 머리 정수리 부분에 쓰는 작고 동글납작한 모자를 써야 하냐는 질문에는 써도 좋고 안 써도 괜찮으니 각자 편하게 선택하도록 했죠.

이런 상황이 되면 이국적인 의식이 외부인인 누군가에게 어떤 의미를 줄 수 있는지, 심지어 그들이 이런 의식에 참여해 보는 것 자체가 경건하게 의식을 따르는 사람들에게 그 의미를 약화시키는 게 아니냐는 이슈를 거론하지 않을 수 없어요. 하지만 특정 의식에 직접 참가하는 것이 지식과 이해를 넓힐 수 있는 계기가 될 수 있기 때문에 그게 무엇보다 중요하다고 생각해요. 그래서 다른 사람들과 공유하는 부분과 프라이버시의 문제를 의식적으로 염두에 두고 있지요.

그러나 그때 그 자리에는 어떤 계층관계도 리더도 없었어요. 그저 다 같이 탁자에 둘러앉아서 돌아가며 기도서에 나와 있는 문구를 읽었을 뿐이죠. 참석한 학생들 모두 유월절 기념행사에 많은 관심을 보였고 특히 큰 소리로 신나게 노래를 따라 불렀어요.”

이 학생의 이야기는 포용성의 의미를 잘 표현하고 있으며 그러한 포용성이 어떤 분위기를 조성하고 바람직한 대학 생활을 위해 어떤 태도를 갖게 하는지 보여준다. 특히 서로 다른 출신 배경의 학생들이 서로를 통해 배워가는 것이 자연스러운 상황임을 느끼게 하는 분위기를 형성하는데, 이 학생은 그런 분위기가 분명히 나와 다른 대상에 대해 적개심 보다는 존중하는 마음을 갖게 한다는 점을 강조했다. 그는 골다버에게 이런 얘기를 들려주며 마무리했다.

“나는 학생들이 운영하는 대학 내 루터교 노숙자 쉼터에서 일했어요. 루터교 교회의 지하를 사용하긴 했지만 쉼터 자체는 누구나 이용할 수 있었죠. 관리자를 맡으면서는 쉼터에서 밤을 지내는 날도 자주 있었어요. 물론 거기에도 여러 가지 민감한 문제들이 많이 있었는데 그중의 하나가 종교 때문에 생기는 문제들이었죠. 매우 헌신적으로 도와주는 자원봉사팀이 있었지만 여전히 일손이 부족했고, 때로는 인원을 채우기 어려울 때도 있었어요. 특히 각 종교별로 기념일들이 다가오면 무척 힘들었어요. 대체 인력을 찾는 게 쉽지 않은 탓도 있었지만 모두가 다른 사람들의 종교적인 요구에 민감한 것도 갈등의 원인이 됐어요."

학생들은 이런 경험담을 들려주면서 학장들과 학생 리더들, 특히 민족적 특색이 강한 단체의 리더들이 포용성을 강조하는 것은 상당한 용기가 필요한 일임을 깨달았다는 말도 잊지 않았다. 일부 학부생들은 다른 학교에 다니는 학생들과 토론을 통해 학교마다 그런 정책들이 모두 다르게 운용되고 있다는 걸 알게 되었다고 말했다. 그리고 그런 캠퍼스 정책들의 차이는 실질적인 결과로 나타나기 마련이며 공식적으로는 대학 운영진이 포용정책을 어느 범위까지 시행하고 있으며, 비공식적으로는 학생들이 생활 속에서 포용정책을 얼마나 실행에 옮기고 있는가에 따라 학구적이고 개인적인 학습 효과에 큰 차이가 난다고 지적했다.

포용정책의 결과는 진부한 얘기를 초월해서 보는 사람들을 놀라게 할 정도의 확실한 증거로 나타나는 경우가 많다. 나는 하버드 힐렐에 소속된 학생들로부터 힐렐 드라마 협회Hillel Dram Society에서 활발하게 활동하는 학생 중에도 유대인이 아닌 학생들이 상당수 있다는 얘기를 들었다. 또한 쿰바 싱어스Kuumba Singers를 이끄는 아프리칸 아메리칸 리더 중 한 명으로부터 학부생은 인종을 막론하고 누구나 가입을 환영한다는 얘기를 들었다. 그렇기 때문에 아프리칸 아메리칸 학생들이 기쁨과 즐거움을 마음껏 발산하는 축제인 쿰바 싱어스의 공연을 관람하는 학생들은 누구나 이 행사가 '흑인 학생들만의 행사'가 아니라 학생 모두를 위한 '캠퍼스 행사'라고 느낄 수 있다. 쿰바 싱어스의 리더 중 한 명은 이런 얘기를 했다.

"그저 모든 사람들에게 활짝 문을 개방하는 것만으로도 우리 공연의 영향력과 힘이 훨씬 강화된다는 게 정말 아이러니한 일이에요. 물론 노래하는 친구들은 아무래도 흑인 학생들이 더 많겠지만 그게 새로운 일은 아니죠. 내가 정말 놀랐던 건 우리 클럽에 가입하고 싶어 하는 백인 학생들이 꽤 많았다는 사실이에요. 오디션을 보러온 학생들을 다 받아들일 순 없었지만 제법 많이 가입시켰죠. 우리가 회원을 뽑는 기준은 그저 노래를 부를 수 있고 긍정적인 사고 체계를 가진 학생들이었어요. 그러고 나서 준비한 공연에 캠퍼스에서 가장 많은 관객이 모였어요. 아마도 백인과 아시안 학생들도 가입시켰기 때문이 아닐까 싶어요. 공연이 시작될 때 무대 위에 나와 있는 우리를 처음 보고 우리 부모님을 포함해 일부 흑인 부모님들의 입이 떡 벌어지는 걸 직접 봤을 때 나도 정말 짜릿했어요. 전체 그룹의 1/3 정도가 백인 학생들이었으니 깜짝 놀랄 만도 하지요! 공연을 보러온 전체 관객의 1/3 정도도 백인이었죠. 그래서 더 기분이 좋았어요. 정말 기대했던 것보다 훨씬 더 좋았어요. 우리가 다른 사람들에게 어떤 깨달음을 주고 있는 건지 그저 즐겁게 공연만 하는 건지 모르겠지만 어느 쪽이든 이 학교에 다니면서 가장 신나는 부분 중의 하나임은 틀림없어요."

포용정책이 어리석은 극단 정책이라고 말하는 학생은 하나도 없다. 민족적인 성격을 띠는 단체들이 개방적이고 포용적인 행사들을 얼마든지 후원할 수 있지만, 라틴계 학생이 아시안 아메리칸 학생 협회의 회장을 맡아야 한다거나 그 반대의 경우를 극단적으로 주장하는 사람은 없다. 나는 학생들이 제안하는 포용정책의 핵심 쟁점이 무엇인지 모두가 이해할 거라고 믿는다. 중요한 건 캠퍼스의 리더들, 그러니까 학생 리더들 및 학교의 운영진 모두가 얼마나 적극적이고 용감하게 포용정책을 실행하느냐에 달려있다.

# 캠퍼스 문화 세우기

대학 캠퍼스의 문화는 매우 독특하다. 언젠가 저명한 인류학자에게 어느 대학의 교수진들은 효과적인 교수법에 깊은 관심을 갖는 반면 다른 대학의 교수진들은 별 관심을 보이지 않는 이유가 무엇인지 설명해줄 수 있느냐고 물었다. 그러자 그분은 한마디로 "분위기 탓이다."라고 말했고, 좀 더 자세한 설명을 요청하자 "한 대학의 분위기는 그 학교의 역사와 교수들이 중시하는 가치, 리더십과 학생들의 기대치가 모두 복합적으로 섞여서 만들어지는 것이라고 생각한다."라고 설명했다.

어떤 상황에서 자기와 출신 배경이 다른 친구들로부터 가장 자연스럽게 배울 점을 발견하는지 학생들에게 물었을 때도 그와 비슷한 대답을 들었는데 대부분의 학생들은 대학에서 다양성이 꽤 긍정적인 효과를 가져 온다고 생각하는 것 같았다. 그렇다면 학생들은 무엇 때문에 그런 좋은 결과가 나온다고 생각할까? 상당수의 학생이 캠퍼스 문화 건설자(학생들이 아니라 내가 만든 표현이다)들에게 그 공을 돌렸는데, 캠퍼스 문화 건설자들이 발 벗고 나서서 모든 학생들이 대학 캠퍼스를 가득 채운 다양성을 통해 최대한 혜택을 받을 수 있도록 격려하고 이끌어주는 데 노력을 아끼지 않은 덕분이라는 설명이었다. 마찬가지로 캠퍼스 내의 각종 클럽들이 차별적으로 분리되어 있거나 각종 예술 활동이나 노래 그룹 혹은 연극 공연이 차별적으로 따로따로 진행될 때는 절대 긍정적인 효과를 기대할 수 없으며, 학생들과 캠퍼스 운영진 모두가 다 함께 다양성이 주는 기회를 활용하기 위해 적극 노력해야 가능한 일이다.

학생들이 인터뷰에서 캠퍼스 문화를 정립하는 사람들을 언급할 때 단순히 학장이나 기숙사감, 학생 단체의 리더들만을 의미한 것은 아니었으며 공식적인 직책을 가지고 있지 않은 보통 사람이 특별한 변화를 이끌어내는 경우들도 많다고 말했다. 어느 누구나 먼저 솔선수범하면 변화를 만들 수 있다는 전통적인 믿음의 관점에서 보면 학생들의 설명은 그야말로 모든 학생에게 해당되는 것이다.

인터뷰 진행자 로버트 잉Robert Eng은 생화학을 전공하는 한 2학년 아시안 아메리칸 여학생과의 인터뷰를 통해 그런 사례를 접했다. 그녀는 고등학교 때 학생회장을 했던 경험을 들려주었는데 그녀의 이야기는 한 명의 학생 리더가 노력을 통해 변화를 만들 수 있다는 것을 잘 보여준다.

잉의 말에 의하면 이 여학생은 조지아 시골 출신이며 그녀가 자란 동네는 인종적으로 격리되다시피 한 지역이었고 그 동네에서 그녀가 가족만이 유일하게 흑인도 백인도 아니었다고 한다. 그는 그녀의 경험담을 이렇게 전했다.

"내가 살았던 지역은 은연중에 밑바탕에 백인 우월주의가 깔려있는 곳이었어요. 나 역시 인종차별적인 편견을 많이 느꼈지만 한편으로는 그들에게 내가 낯설고 이국적인 존재라서 어떻게 대해야 할지 모르는 것 같다는 생각도 들었어요. 어쨌든 난 모든 사람들과 사이좋게 잘 지냈고 사회적으로 그들과 어떤 문제도 없었죠. 그래도 여전히 상당한 긴장감이 존재한다고 느끼며 살았던 것 같아요."

이런 분위기에서 그녀가 다니던 공립 고등학교에서는 흑인 한 명과 백인 한 명, 이렇게 두 명의 홈커밍 퀸을 뽑았는데, 그때 이 여학생이 본격적으로 나섰다.

"나는 반장이었고 졸업반이었을 때 흑인 홈커밍 퀸과 백인 홈커밍 퀸을 구분해서 뽑는 건 전체 학생들의 관계에 결코 좋은 영향을 주지 않는다고 교육위원회를 설득했어요. 그리고 많은 노력을 기울인 끝에 결국 그런 방침을 폐지할 수 있었고 이제 홈커밍 퀸은 인종을 불문하고 딱 한 명이에요. 웃기지 않아요? 백인도 흑인도 아닌 난 아예 꿈도 못 꾼다는 거잖아요. 내가 하고 싶은 말은 다른 사람들이 내게 관대하게 대하지 않는다고 해서 나 역시 똑같이 그들을 불친절하게 대해야 하는 건 아니라는 거예요."

학생들은 캠퍼스 문화를 정립하는 사람들에게도 특정한 제안을 했으며 이러한 제안 내용은 어느 대학 캠퍼스에서나 분명 효과가 있을 것이라고 생각한다. 대학에서 보내는 시간이 자신의 사고체계와는 다른 생각을 가진 새로운 사람들과 한 공간에서 함께 생활하고 경험할 수 있는 평생에 한 번뿐인 기회라는 사실을 학장을 비롯한 대학의 운영진이 대학 생활을 시작하는 신입생들에게 주지시켜야 한다고 학생들은 힘주어 강조했다. 이렇게 소중한 시간을 헛되이 흘려버리지 않고 자기와 다른 사람들을 만나고, 함께 공부하며, 서로를 알 수 있는 특별한 기회로 삼을 수 있도록 학장과 운영진이 끊임없이 격려해야 하며, 이런 메시지를 효과적으로 전달할 수 있는 특별한 이벤트를 제안한 학생들도 있었다.

하버드에 입학하기 직전 여름 동안에 하버드 입학 예정자들은 우편으로 한 권의 책자를 받는데 이 책자에는 몇 편의 글이 실려 있다. 최근 어느 해에 실린 내용 중에는 공손함을 잃지 않으면 많은 학생이 함께 생활하는 과정을 놀라운 깨달음의 경험으로 바꾸어 놓을 수 있다는 내용의 하버드 총장이 쓴 글 한 편, 대학에 들어가 캠퍼스에서 접하는 서로 다른 그룹들 사이의 상반되는 압력이 어떤 것인지 묘사한 헨리 루이스 게이트 주니어의 글 한 편, 자립과 자신의 진실성을 지키는 법에 관한 헨리 데이비드 소로Henry David Thoreau의 글 한 편, 특히 위대한 문학작품을 해석할 때 나와 다른 견해에 대해 열린 마음을 유지하는 법에 관한 앤 파디먼의 글 한 편, 그리고 다양한 민족 그룹에 속한 몇 명의 학부생들이 대학에서 공통 기반을 찾아가는 과정을 적은 실제 경험담 몇 편이 실렸다. 이러한 이야기들이 나누고자 하는 주제는 공통 기반을 찾아가는 과정은 어렵고 지속적인 노력이 필요한 일이며, 그냥 주어지지 않는다는 내용이다.

모든 학생들은 이 글들을 다 읽어야 하며 첫 번째 학기의 수업이 시작되기 전에 교수들이 자발적으로 서로 출신 배경이 다른 스무 명 정도의 학생들을 만나서 여기에 관해 이야기를 나누는 시간을 갖는다. 이런 모임을 갖는 목적은 앞으로 매일매일 주위에서 마주치게 될 다양한 학생들을 어떻게 대할 것인가에 관해 함께 생각해보는 시간을 갖기 위함이다. 이 프로그램은 지금까지 몇 년째 이어져 오고 있으며 200여 명의 교수가 자원해서 첫째 주 내내 아침마다 신입생들과 만나고 있다.

이런 프로그램은 특히 어느 캠퍼스에서나 시행할 수 있는 간단한 사례이지만 많은 학생은 이런 모임이 캠퍼스 문화 건설자들이 분위기를 조성하는 데 도움을 주는 방법이며, 학생들로 하여금 공통 기반을 찾는 과정에 대해 진지하게 생각해 보게 하는 예라고 꼽았다. 다른 캠퍼스 운영진들이 다른 방식으로 이와 유사한 프로그램을 고안해 실시한다면 학생들뿐만 아니라 캠퍼스 커뮤니티의 모든 구성원을 위한 긍정적인 분위기가 만들어질 것이다. 학생들은 특히 이런 프로그램이 자기 자신을 돕고 동료 학생들을 돕는 데 필요한 건설적이고 중요한 단계라고 생각하며 자연스럽게 자기와 다른 학생들에게 손을 내밀고 다가가는 데서 즐거움을 느끼게 된다고 말했다. 그야말로 '분위기' 탓인 것이다.

# 학생 단체의
# 리더들

 

대학 측이 다양한 그룹의 학생들 사이에서 발생하는 학습 효과를 가장 건설적이고 효과적으로 증진시킬 수 있는 방법을 마련할 수 있도록 학생들은 어떤 제안을 할 수 있는지 물으면 대부분의 학생은 즉각 다른 사람들이 해야 하는 부분에 초점을 맞춰 얘기하는 데, 이건 예상했던 반응이다. 그들은 교수진이 어떻게 해야 하고, 학장들과 기숙사 리더들, 교수 및 다른 운영진들은 어떻게 해야 하는지 이런저런 제안들을 쏟아낸다. 물론 이러한 제안들 대부분이 유용하고 쓸모 있는 내용이며 이 책 전반에 걸쳐 소개했다.

그렇다면 서로 다른 출신 배경을 지닌 학생들끼리 서로가 서로에게서 뭔가 배우기 위해서 학생들 자신은 어떻게 해야 할까? 동료 학생들, 특히 학생 리더들에게는 어떤 제안을 할 수 있을까? 이런 질문에 반복적으로 등장한 아이디어가 두 가지 있었다. 하나는 캠퍼스의 다양성을 긍정적인 원동력으로 만드는 데 기여할 수 있는 민족 단체 및 인종 단체들과 그 리더들의 적극적인 역할이 중요하다는 것이었고, 또 하나는 학생 각자가 대학 생활을 대하는 태도에 관한 것이었다.

## 민족 및 인종 단체

학생들은 민족적, 인종적, 종교적 단체들이 대학 생활에 어떤 공헌을 할 수 있는지 여러 가지 방법을 나열했다. 내가 인터뷰한 4학년 학생 120명 중의 91명은 이런 단체들이 이미 캠퍼스에서 매우 건설적인 역할을 충실히 이

행하고 있다고 답했다. 각 단체의 설립 이유와 주요한 목적이 특정 출신 배경이나 종교, 인종, 민족 출신 학생들이 자기와 비슷한 배경을 지닌 동료 학생들을 만나고, 어울리고, 즐길 수 있는 공간을 제공하기 위한 것임은 모두가 잘 알고 있다. 그런 단체들이 가장 성공적으로 운영될 때 그들의 운영 방식은 하나 혹은 여러 단체에 몸담은 모든 학생으로부터 특히 높은 평가를 받는다. 더욱 놀라운 것은 그다지 적극적으로 활동하지 않는 학생들도 캠퍼스 커뮤니티의 모든 구성원이 환영받고 있는 느낌을 준다며 그들을 높이 평가한다는 점이다. 이는 정말 기분 좋은 조사결과가 아닐 수 없다.

이와 같은 단체들이 더욱 효과적으로 운영될 수 있는 방법으로 학생들은 행사 후원을 꼽았다. 강사를 캠퍼스로 초빙하는 학구적인 행사일 수도 있고 일련의 강사들을 초빙해 시리즈로 이어가는 좀 더 장기적인 행사일 수도 있으며, 사교 행사일 수도 있다. 많은 학생은 행사의 종류를 막론하고 학생 단체의 리더들이 문화 행사를 기획, 후원, 또는 운영하는 것이 비단 그 단체의 구성원들뿐 아니라 캠퍼스 전체에 주요한 공헌할 기회를 마련하는 것임을 기억해야 한다고 강조했다. 모든 단체가 그런 행사들을 통해 자신들의 문화와 배경, 특별한 관심사와 풍습을 기념하는 동시에 더 광범위한 캠퍼스 커뮤니티와 공유할 기회가 되기 때문이다.

학생들은 특히 여러 단체들이 행사를 공동 후원하는 방법을 추천했다. 최근 몇 년 사이에 그런 공동 후원 행사가 꽤 많아졌는데 학생들은 출신 배경과 인종, 혹은 종교가 서로 다른 학생들이 공동의 관심사를 추구할 수 있도록 만드는 데 이보다 더 좋은 방법이 어디 있겠느냐고 반문했다. 심지어 논쟁의 여지가 있는 강사를 초빙하거나 그런 주제의 강연회라면 더 좋을 거라고 말했다. 이처럼 서로 다른 단체의 구성원들이 함께 모여 행사를 계획하고 실행에 옮겼던 경험이 가장 건설적이고 즐겁고 배울 게 많았던 경험으로 기억 속에 남아있다고 추천하는 학생들이 많았다.

우리와 인터뷰한 한 학생은 이중 언어 교육의 효과와 가치에 관심이 많은 학생끼리 저녁 행사를 계획했던 경험담을 들려주었다. 그들은 네 명의 강사를 초빙했는데, 서로 다른 입장을 가진 두 명의 교수와 '어린이들에게 영어를English for the Children'이라는 캘리포니아 주민 발의의 장본인, 그리고 그에 반대 입장을 보이는 캘리포니아 주 정부 의회의 의원이 있었다. 그러고 나서 이 학생들은 행사를 공동 후원할 단체들을 모았는데 라틴계 단체 세 곳, 아시안 아메리칸 단체 한 곳, 하버드–래드클리프 흑인 학생 협회, 공화당 클럽, 그리고 '민주당 간부회'가 나서서 공동 후원했고 한 법대 교수가 사회자로 초빙되었다. 경험담을 들려준 학생은 그날 저녁의 행사가 자신에게 매우 강력한 영향을 주었다고 말했다.

"많은 사람이 이중 언어 교육의 중요성에 깊은 관심을 가지고 지지하지만 난 거기에 반대하는 소수의 라틴계 사람 중에 하나예요. 우리 가족은 내가 6살 때 멕시코에서 건너왔어요. 만약 내가 어렸을 때부터 이중 언어 교육 프로그램에 묶였다면 난 절대 하버드에 오지 못했을 거라고 확신해요. 하지만 난 그저 평범한 대학생에 불과하고 내 의견이 광범위하고 학문적인 연구를 근거로 한 것도 아니죠. 난 여기서 언어와는 거리가 먼 생화학을 전공하고 있거든요. 그래서 그 행사에 참여하게 돼서 특별히 더 흥미로웠어요. 그날 저녁 행사에서 가장 중요한 건 네 명의 특정한 사람들을 초빙함으로써 강사들 간에 적정한 수준의 의견 대립을 예상할 수 있었던 것이고, 더불어 서로 다른 여러 곳의 단체들이 행사를 공동 후원하도록 유도했던 게 아주 큰 도움을 준 것 같아요.

나는 라티나스 유니다스 드 하버드 래드클리프Latinas Unidas de Harvard-Radcliffe의 회원이에요. 사실 이중 언어 교육에 관해 우리끼리 한쪽 구석에 모여서 얘기하고 우리끼리 의견을 나눌 수도 있었지만 그 대신 모두가 참여할 수 있는 강연회를 준비하게 됐고 다양한 캠퍼스 단체들을 성공적으로 끌어모을 수 있었어요. 민주주의자, 공화주의자, 백인, 흑인, 아시안은 물론 나와 같은 학생들도 있었죠. 행사 참석률도 매우 높았고 각 단체에서 온 사람들도 매우 진지하게 참여했어요. 모르긴 몰라도 그 날 각 후원 단체 내부에서도 유치원에서 고등학교까지의 교육 과정에서 이중 언어 교육의 중요성에 관해 서로 다른 의견을 가지고 있다는 사실을 알고 놀란 사람이 나만은 아닐 거라고 확신해요. 캘리포니아에서는, 최소한 내가 살던 동네에 사는 대부분의 비라틴계 사람들은 아마 라틴계 사람이라면 누구나 당연히 이중 언어 프로그램을 지지할 거라고 생각할 거예요. 하지만 난 그게 사실이 아님을 알고 있고, 그날 저녁 행사를 통해서 다시 한 번 내 믿음을 다질 수 있었어요. 그러나 그보다 더 중요한 건 다른 모든 학생들과 라틴계가 아닌 학생들에게도 그런 내용을 알려줄 수 있었다는 거예요. 정말 대성공이었어요."

## 자신의 태도 정하기

어느 대학이나 캠퍼스의 전체적인 분위기는 그 캠퍼스에 속한 수많은 개인들의 태도가 모여서 형성된 하나의 집합체로 발전하는데, 많은 학생이 캠퍼스 리더, 특히 학생 리더들이 그러한 분위기 조성에 많은 영향력을 발휘한다고 지적했다. 한 아시안 아메리칸 여학생은 캠퍼스에 처음 도착한 신입생 시절에 세 군데의 아시안 아메리칸 학생 단체 중에서 가입할 곳을 선택하기 위해 고민하던 당시의 경험담을 들려주었다.

"세 단체 중 한 곳의 첫 번째 안내 모임에 갔을 때였어요. 그 단체의 이름은 밝히지 않을게요. 첫 모임이었는데도 두 명의 리더가 하는 얘기는 마치 불평 거리만 잔뜩 적힌 목록을 읽는 것 같았어요. 그들은 아시안 아메리칸 학생들이 입학사정에서 불이익을 당하고 있다고 불평했어요. 하지만 미국에 살고 있는 전체 인구 중에서 아시안이 차지하는 비율을 고려하면 하버드 전체에서 아시아계 학생들이 차지하는 비율은 500% 이상이라고 할 만큼 많은 거로 알고 있기 때문에 그런 말은 좀 의외였죠. 그리고 아시안 아메리칸 학생들을 위해 좀 더 멋진 모임 장소가 없다는 등 끝없이 불평이 이어졌어요. 결국 첫 번째 안내 모임이 끝날 때쯤 난 흥미를 잃었어요. 사실 언제 끝났는지도 잘 모르겠어요. 같이 갔던 두 친구와 함께 그냥 나와 버렸거든요. 정말 끔찍했어요. 사실 창피했다는 게 더 정확할 거예요."

이 여학생은 자신은 선의를 품고 대학에 왔다고 말했다. 학교에 대한 선의, 다른 학생들과 교수들, 그 외 모든 사람들에 대한 선의를 품고 왔다고 말하며 신입생 모두에게 스스로가 현명하게 생각하고 판단해야 한다는 조언을 전했다. 다른 학생들이 선의를 가지고 있다고 생각하고 그들을 대하면 몇 배 더 많은 걸 얻게 된다는 말도 덧붙였다.

캠퍼스에 존재하는 민족적, 인종적, 종교적 성격을 띤 단체들의 역할과 학생 개개인이 가지고 있는 선의 사이에 생길 수 있는 잠재적인 갈등에 대해 비슷한 내용을 지적한 학생들이 꽤 있었다. 그들은 이러한 잠재적인 갈등을 어떻게 보는지 자기만의 의견을 가지고 있었다. 예를 들어 한 1학년 여학생은 인터뷰 진행자 슈-링 첸Shu-Ling Chen에게 이렇게 말했다.

"한 사람 한 사람 개개인이 어떤 기여할 수 있는지 생각하기보다 그룹으로 나누고 분리하려고 드는 사람들을 보면 심기가 불편해져요."

또 다른 학생은 옆에서 지켜본 단체 회원의식에 대한 우려감을 첸에게 이렇게 표현했다.

"난 사람들이 내가 하는 모든 말에 대해 의문을 제기하길 바라요. 나와 다르게 생각하기 때문에 내게 '아니'라고 말할 수 있는 사람들을 만나고 싶어요. 모든 사람이 나와 똑같은 생각을 하는 곳이라면… 별로 가고 싶지 않아요."

학부생들은 또 캠퍼스의 민족 단체에서 열심히 활동하면서 동시에 자신의 개인적인 진실성을 지킬 수 있는 방법에 대해 깊이 고민한다고 털어놓았다. 사실 그런 단체의 성격상 주로 비슷한 배경과 관심사를 가진 사람들이 모이기 때문에 한 개인은 일종의 '집단사고'에 삼켜질 수 있는 위험이 있다. 다행히 많은 학생이 이러한 잠재적인 문제점을 잘 의식하고 있었고, 각 학생 단체 내부적으로도 다양한 생각들이 표출될 수 있도록 활발하게, 열정적으로, 의도적인 노력을 기울이고 있었다.

무엇보다도 학생들은 동료 학생들에게 대학에 있는 걸 당연하게 받아들이지 말라고 충고했다. 그들은 대학에서 보내는 몇 년의 시간이 캠퍼스 환경이 아니라면 절대 만나지 않았을지도 모르는 사람들을 알게 되고, 사귈 수 있는 특별한 기회를 제공한다는 점을 강조했다. 로스앤젤레스 출신의 한 코리안 아메리칸 여학생이 같은 도시 출신인 아프리칸 아메리칸 룸메이트와 함께 생활하는 동안 기쁘고 즐거웠다는 경험담은 매우 감동적이었다. 두 학생의 말대로 로스앤젤레스에서는 그 두 인종 사이에 긴장감이 존재하고 썩 좋은 관계가 아니라는 점을 생각하면 두 사람의 이야기가 더욱 특별하게 느껴졌다. 그와 비슷한 이유로 뉴욕 출신의 아프리칸 아메리칸 학생이 뉴욕 출신의 정통 유대인과 같이 살았던 경험담 역시 감동적이었다.

여기에서 결정적인 말은 어떤 태도와 어떤 견해를 안고 대학에 들어올 것인지는 학생들의 선택에 달려있다는 것이다. 그리고 학생 리더들은 동료 학생들에게, 특히 매년 첫발을 내딛는 신입생들에게 인생에 한 번뿐인 소중한 기회를 최대한 활용해야 하는 중요성을 효과적으로 일깨워줄 수 있는 이상적인 위치에 있다. 나는 학생들과의 인터뷰 내용을 바탕으로 학생들 사이에 '공통 기반을 찾아가는 여정'에 대해 기대가 활기차게 살아있다고 낙관한다. 나 또한 우리 학교 학생들을 적극 격려할 것이며 다른 많은 캠퍼스에 있는 학생들 역시 같은 생각을 가지고 있길 바란다.

# 결정적인
# 처음 몇 주

"대학에 들어오자마자 그 첫 주에 강의가 시작되기 전 몇 가지 작은 일들이 계속 이어져요. 우리는 모두 막 서로를 알아가기 시작하는 단계였고, 학교에 적응하고 친구를 사귀기 위해 혈안이 돼 있죠. 그리고 기숙사 도착 다음 날 1학년 기숙사 학감의 주도로 대화시간이 마련되었어요. 그녀는 '이곳에서 나와 다른 사람들과 소통하는 법'에 관해 비슷한 얘기를 했어요. 사실 입학 전 여름에 우편으로 받은 책에 들어있는 여러 편의 글 덕분에 우리가 이곳에 도착하기도 전에 어느 정도 기본적인 틀이 만들어졌고, 그 첫 주 동안 사소한 일들이 계속해서 쌓이고 쌓여 확실한 분위기가 조성됐다는 생각이 들어요. 그리고 단언컨대 일단 입학 초기에 그렇게 만들어진 분위기는 다시 바꾸기 쉽지 않을 거예요."

다양성의 효과를 높일 수 있는 방법에 관한 의견을 묻는 질문에 대한 학생들의 답변에서 금세 특정한 패턴이 눈에 띄었는데 학생들 각자가 내놓은 경험담의 상세한 내용에 상관없이 거의 모든 경험담이 시기적으로 1학년 초기에 몰려 있었다. 내 동료인 데이비드 필레머David Pillemer와 셸던 화이트 Sheldon White는 익히 이런 내용을 잘 알고 있었는데 그들도 이전에 학부생과 졸업생들을 대상으로 대학 시절에 경험했던 중요한 사건들을 어떻게 설명하고 기억하고 있는지에 관해 광범위한 조사를 실시했기 때문이었다. 그들 역시 조사 결과를 통해 우리와 똑같은 패턴을 발견했고, 학생들이 기억하는 중요한 순간과 행사에 관련한 경험들이 대학에 들어온 후 처음 몇 주에 몰려 있다는 걸 알게 되었다. 우리의 인터뷰를 통해서 다시 한 번 재확인된 이러한 내용은 대학에서 실시하는 정책의 강력한 영향력을 암시하고 있다고 해도 과언이 아니다. 이렇듯 매 학년이 시작된 후 처음 몇 주간이야말로 캠퍼스의 리더들이 새로운 학생들과 생각과 아이디어를 공유하기에 특히 적합한 시간임이 틀림없다.

한 4학년 아시안 아메리칸 학생은 오리엔테이션 주간에 있었던 한 행사에서 어떤 영향을 받았는지 기억을 되살렸다. 둘째 날 오후에 몇 명의 학장들이 전체 신입생과 참석한 부모들에게 환영 인사를 하는 자리가 마련됐는데, 이 학생은 학장들 중 한 사람이 자기와 출신 배경이 다르고, 민족 및 인종 그룹도 다르고, 출신 도시가 다르고, 실질적인 관심사가 다른 동료 1학년 학생들을 만나고 교류함으로써 얻을 수 있는 장점들에 관해 얘기한 내용을 똑똑히 기억하고 있었다.

학생은 그때 그 학장의 얘기가 매우 큰 영향력을 발휘했다고 회상했다. 그는 입학 당시 자기 머릿속에는 온통 학업에 대한 계획만 가득 차 있었고 새 기숙사에 들어가 자리 잡는 일에 바빴다고 했다. 그런 상황에 듣게 된 학장의 얘기는 희망적이면서도 직설적이었으며 다음과 같이 짧은 몇 줄의 문장으로 학생들에게 특별한 제안을 했다고 한다.

"여러분 각자가 사람들을 이해하는 방법을 배우는 것을 개인적인 목표로 정했으면 합니다. 내가 직접 경험한 바로는 다른 사람들이 어떻게 생각하는지 이해하려고 노력하면 좀 더 그들을 이해하는 데 도움이 되었습니다. 그리고 더 효과적인 건 그들이 자기 자신을 어떻게 생각하는지 이해하려고 하면 그들이 어떻게 생각하는지 이해하는 데 도움이 된다는 것도 깨달았어요. 물론 그렇게 할 수 있을 때의 얘기지만 말입니다. 여러분 모두가 내 얘기를 곰곰이 생각하고 하나의 기회로 생각해주길 바랍니다."

이 학생은 앞으로 어떻게 대학 생활을 할 것인지 결정하는 데 중요한 영향력을 끼친 순간으로 당시의 이야기를 들려주었다. 그에게는 학장의 얘기가 앞으로의 분위기를 형성하는 역할을 했으며 1학년 학생 모두가 함께 앉아서 들었기 때문에 특별히 더 강력하게 와 닿았다고 했다. 부모님을 포함해 동료 신입생 모두가 같은 얘기를 듣고 있다는 걸 인식했기 때문이었다. 그리고 그날 오후 그는 자기 방으로 돌아가 학장의 얘기 속에 담긴 '진정한 의미'에 대해 다른 세 명의 룸메이트와 나눈 얘기를 기억하고 있었다.

이 학생은 4학년 학생이 된 지금, 그때 캠퍼스 리더가 들려준 그 말이 왜 그렇게 큰 의미로 다가왔는지 그 이유를 새삼 깨달았다고 말했다.

"내가 특별히 그 얘기를 기억하는 이유는 모두 긴장한 상태로 잘 해보겠다는 의욕과 새로운 사람들을 만난다는 기대감을 잔뜩 안고서 신입생이 되자마자 들은 얘기이기 때문이에요. 그러고 나서 우리는 그 첫 주 어느 날에 저녁을 먹으며 실제로 학장의 말에 관해 얘기를 나누게 됐어요. 그게 바로 우리 모두의 공통점이었죠. 모두 한자리에서 똑같은 환영 인사말을 들었으니까요. 특히 학장님 말에서 기억나는 건 "경계선은 넘어갈 수 있는 것이고, 그걸 뛰어넘으려는 노력은 그만한 가치가 있다."라는 말이에요. 복잡할 것 없는 단순한 아이디어지만 경계선을 넘는 일이 별로 없는 고등학교에서 막 졸업한 터라서 더 와 닿았던 거 같아요. 중요한 건 그 얘기가 여러모로 나오는 다른 학생들에게 먼저 손 내밀고 다가가야겠다는 생각이 들게 했다는 거예요. 이처럼 고등학교를 막 졸업하고 대학에 들어오자마자 강력하게 전달하는 메시지가 매우 중요하고 효과적인 것 같아요."

다른 많은 학생도 비슷한 내용의 경험담을 들려주었다. 학교에 들어온 첫 며칠, 몇 주 동안 있었던 특정한 사건들과 경험들이 각자의 행동에 매우 강력한 영향력을 발휘했다고 말했다. 옛날 친구나 이웃들과는 사뭇 다른 새로운 사람들과 함께 생활하고 교류하면서 뭔가 배우게 되고, 초기에 캠퍼스 리더들에 의해 조성된 분위기는 학생들이 그런 상황에 적극적으로 임할 수 있도록 적극 권장한다. 이처럼 캠퍼스에서의 처음 며칠과 몇 주가 많은 학생에게 매우 중요한 시기라는 건 분명한 사실이며, 몇 년이 지난 뒤에 학생들이 당시를 회상하며 '분명 뭔가 달랐다'고 말하게 되는 분위기를 조성하는데 대단히 큰 영향을 준다.

# 저녁 시간 바로 전에
# 수업 스케줄 넣기

나는 동료 교수들과 기숙사에 거주하는 학생들의 생활에 대해 많은 얘기를 나누는 편이고, 우리는 공식적인 학습과 비공식적인 학습 모두 대학 생활의 일부라고 생각한다. 기숙사가 있는 대학이라면 어디나 학생들이 생활관이나 기숙사에서 꽤 많은 시간을 보내는 게 당연하다. 그러니 학생들이 그런 시간을 좀 더 잘 활용할 수 있게 도와줄 수 있는 방법, 그 시간을 실질적으로 풍요롭게 보낼 수 있는 방법에는 어떤 것이 있을까?

학생 인터뷰 진행자인 앤 클락Anne Clark과 나는 이 부분에 관해 탐색했고. 앤이 얻어낸 주요한 조사 결과는 학생들로부터 직접 수집한 아이디어와 반응이 중요하다는 점을 다시 한 번 확인해주었다. 학생들은 생활관에서 보내는 매일 매일의 일상을 좀 더 알차게 채울 수 있는 실질적인 방법들에 대해 몇 가지 제안을 했지만, 같은 주제에 대해 교수진이 생각하는 것과는 상당히 다른 내용들이었다.

크든 작든 기숙사에 살며 학교에 다니는 정규 학생이라면 대략 일주일에 12시간 정도 정규 수업을 듣고 추가적으로 3–10시간 정도를 실험실이나 언어 강의에 투자하는데, 아무리 그래도 공식적인 학습 장소에서 보내는 시간이 일주일에 총 20시간을 넘지 않는다. 그렇다면 나머지 148시간은?

그래서 우리는 학생들에게 그 시간을 활용할 수 있는 방법에 관해 물었는데 일반적으로 학생들은 밥을 먹고, 놀고, 작업하고, 친구를 사귀고, 생각에 잠기거나 숙제를 하며 대부분의 시간을 기숙사에서 보내고 있었다.

많은 학생은 대학이라는 곳 자체가 이미 강도 높고 스트레스가 심한 환경이라고 대답하며 학업적인 부담이 매우 크다는 것을 계속해서 우리에게 상기시켰다. 그들이 전하고자 하는 요점은 기숙사에서 저녁마다 수시로 간담회와 세미나, 공식적인 프레젠테이션 자리를 마련한다고 해서 학생들이 손뼉을 치며 반기지는 않을 것이라는 점이었다. 그저 부담만 더 커질 게 뻔하니까.

그리고 절반 정도의 학생들은 정반대의 제안을 내놓았다. 만약 대학 측에서 기숙사 생활에 학구적인 요소를 더 강화시키고 싶다면 차라리 기존의 수업 시간 중 일부를 늦은 오후, 그러니까 저녁 식사 바로 전으로 배치하면 어떻겠냐는 제안이었다. 적지 않은 학생들이 더욱 구체적인 내용을 제안했고 수강 인원이 많은 대규모 강의의 조별 미팅을 기숙사에서 할 수 있도록 시간대를 조절하고, 조를 짤 때 기숙사별로 인원을 구성하는 방안을 제안한 학생들도 꽤 많았다. 어느 대학에나 대규모 강의 과목이 있고 그 안에서 학생들을 소규모로 조를 짜서 진행하는 경우가 많으므로 이런 제안은 충분히 널리 적용될 수 있으리라 생각한다.

그 제안 내용은 상당히 논리적이었다. 예를 들어 200명이 수강하는 '정의'나 '셰익스피어: 초기 작품들' 혹은 '미켈란젤로'라는 대규모 과목이 있다고 가정했을 때, 매주 소규모 토론을 위해 무작위로 15~20명씩 조를 나누는 대신 기숙사별로 조를 나누자는 것이 학생들의 제안이다. 늦은 오후에 모일 수 있는 조를 만들면 더욱 좋다. 그래서 X 기숙사에 사는 20명을 한 조로 묶으면 오후 4~5:30분에 X 기숙사 안에서 만날 수 있고, 또 Y 기숙사에 사는 18명을 한 조로 묶으면 오후 4시~5시 30분에 Y 기숙사 안에서 만날 수 있다.

이런 제안에 담긴 의도는 무엇일까? 바로 식사시간을 활용하고자 하는 아이디어이다. 우리 대학의 경우 각 기숙사에 사는 학생들은 대개 기숙사 구내식당에서 밥을 먹기 때문에 기숙사별로 조를 구성하면 기숙사 내에서 조별 모임을 가진 후 곧바로 다 같이, 혹은 두, 세 그룹으로 나뉘어 식사하러 가기 쉽고, 그렇게 되면 식사를 하면서 보다 광범위한 대화가 계속 이어질 수 있다. 강사도 특정한 주를 정해서 학생들 조별 모임에 참석할 수도 있고, 참석하지 않을 수도 있지만 대부분의 학생에게는 그것이 중요한 문제는 아니다. 저녁 식사는 기숙사에 사는 학생들 누구나 규칙적으로 하는 일과이며, 이런 부분을 고려한 시간 배정 아이디어는 학생들이 함께 수강하는 과목의 같은 조원으로 일상적인 경험을 공유함으로써 최소한 기숙사 생활의 한 가지 측면에서만큼은 보다 실질적으로 긍정적인 분위기 조성에 도움을 줄 수 있는 단순하고 직접적인 방법이라는 게 무엇보다 중요한 점이다. 이 경우 조별 모임에 참석하는 학생들은 일주일에 한 번씩 저녁 시간마다 그런 분위기를 형성할 기회를 갖는 셈이다.

이 아이디어는 또한 기숙사에서보다 중앙 식당에서 식사하는 학생들이 많은 학교에서도 적용할 수 있다. 수업 스케줄을 재조정해서 학생들이 저녁 시간 즈음에 수업을 끝내게 되면 자연스럽게 식당까지 함께 걸어가며 토론을 이어갈 기회를 줄 수 있다. 뿐만 아니라 이런 아이디어는 대규모 강의 과목의 조별 모임 외에 세미나와 다른 과목들에 적용할 수도 있다.

나는 교수이자 운영진의 한 사람으로서 어떻게 목표를 성취할 것인가에 관해 우리의 생각과는 좀 다른 학생들의 반응을 접하고 상당히 놀랐다. 기숙사 생활의 질을 높일 수 있는 방법을 찾기 위한 질문의 틀을 짜면서 나와 동료 교수들이 그렸던 그림은 세부적인 추가 활동들, 그러니까 기숙사에서 이루어지는 학구적인 활동을 크게 늘리는 것이었기 때문이었다. 단연 승자는 통찰력을 바탕으로 단순한 아이디어를 제시한 학생들이었다. 그들은 어차피 모두들 저녁은 먹으니까 스케줄을 살짝 바꾸면 수업을 위한 조별 토론이 저녁 식사로까지 이어지면서 자연스럽게 대화가 이루어질 수 있다고 강조했다.

학생들로부터 이렇게 직접적이고 합리적인 조정 방안을 듣고 난 후 우리는 특정 대규모 강의를 듣는 학생들을 대상으로 같은 생활관에 사는 학생들로 소규모 조를 짜서 직접 생활관에서 조별 미팅을 갖도록 했다. 참가 학생의 대부분, 약 82%가 그러한 스케줄에 만족감을 표하며 기숙사 내에 있는 세미나실에서 만날 수 있어 좋았고, 저녁 식사를 하면서도 조별 토론을 계속할 수 있어서 효과적이라는 반응이 대부분이었다. 또 한 가지 덧붙이자면, 원하는 학생들은 저녁 식사가 끝나고 나서도 여럿이 만날 수 있어서 더 좋아하는 것 같았는데 대다수 학생이 매주 꼬박꼬박 합류하기보다는 절반 정도 참석하는 경우가 보통이었다. 여기서 주목해야 할 부분은 실제로 학생들의 행동에 변화가 생겼고 그것도 우리가 원하는 방향으로 바뀌었다는 점이다. 더불어 학생들이 제안한 다른 모든 내용과 마찬가지로 이러한 긍정적인 변화 역시 애초에 학생들의 머릿속에서 나온 아이디어에서 시작된 것이므로 대학의 운영진뿐만 아니라 캠퍼스에 갓 들어온 신입생들 역시 진지하게 고려할 필요가 있다. 이런 제안들은 실제 경험에서 우러난 것이고 학생들의 지혜를 담고 있다. 우리는 단지 그 내용을 받아 적을 뿐이다.

# 학생들의
# 대학 생활에
# 개입하기

이 책의 시작 부분에서 다른 대학의 학장이 자기 학교의 전략은 능력 있는 학생들을 입학시키고 나서 "학생들을 간섭하지 않는 것"이라고 했던 말을 인용했다. 이 책에 실린 수십 가지의 일화와 사례들에서 본 것처럼 나는 캠퍼스 리더들이 실제로 그 계획의 첫 번째 부분을 실행에 옮기고, 즉 능력 있는 학생들을 받아들이고 난 후에는 그 학장의 말과 정반대의 방향을 선택해야 한다고 믿는다. 대학 측 운영진들이 증거를 바탕으로 사려 깊게 목적의식을 가지고 각각의 학생들 생활에 개입하는 것이 필요하며, 사실상 그들에게 주어진 가장 큰 역할이 특정한 캠퍼스 문화를 형성하는 것이라고 해도 과언이 아니다.

여러 주제에 관한 인터뷰를 통해 많은 학생이 우리에게 들려준 얘기들 속에서 꾸준히 등장한 중요한 부분을 특별히 강조하고 싶은데, 서로 다른 종류의 대학 생활 간에 상호작용이 이루어지고 복합적인 교류가 있어야 한다는 얘기이다. 강의실 내에서 이루어지는 학습은 강의실 밖에서의 활동에 의해 그 효과가 배가되고 때로는 극적인 향상을 이끌어내기도 하며, 과목 선택에 대한 실질적인 조언은 학생들이 좌절감을 느끼지 않고 즐겁게 학문을 탐구할 수 있게 해줄 수 있다. 학생들이 개인적으로 가장 큰 영향을 받았다고 느낀 순간은 주로 강의실 밖에서 일어난 여러 사건과 경험들이었고, 주로 동료 학생들과의 교류 속에서 깨달음을 얻은 경우가 많았다. 이러한 경험들은 학생들이 생활하는 거주 형태에 크게 영향을 받았는데, 이 부분은 누가 어디서 살 것인지 결정하는 캠퍼스의 정책에 영향을 받을 수밖에 없다.

대학 생활은 여러 부분이 상호 연관된 복합적인 시스템이라는 핵심 아이디어는 많은 학생의 일화를 통해 새삼 확인할 수 있다. 수강할 과목을 선택하고, 교수님과 친해질 방법을 찾고, 공식적인 강의에서 배운 내용과 연관된 강의실 밖 활동을 고르고, 특히 캠퍼스의 인구통계가 급격히 변화하는 시점에 누구와 살 것인지 룸메이트를 결정해야 하는 등 이 모든 건 학생들 각자가 결정을 내려야 하는 문제들이다.

그러므로 캠퍼스 리더들의 가장 중요한 역할은 각 학생들의 생활에 '개입'해서 학생들이 자신의 선택을 검토하고 재평가해서 다음에는 더 나은 선택을 할 수 있도록 도움을 주어야 한다. 10년간의 조사를 통해 우리는 학부생들에게 해줄 수 있는 특정한 조언들 관해 매우 광범위한 정보를 얻게 되었다. 학생들은 혼자서 모든 걸 할 수 있고, 해야 한다. 그러나 경험 많은 캠퍼스 리더들이 선배로서 적극적으로 도움의 손길을 내밀어야 한다.

마지막으로 내가 제일 좋아하는 어느 학생의 경험담을 모두에게 들려주고 싶다. 여러 가지 다양한 요소가 섞인 얘기라서 정치적으로 좌파 혹은 우파인지 판단하기도 어렵다. 아마도 그래서 내가 이 얘기를 좋아하는지도 모르겠다. 졸업을 앞둔 4학년 학생에게 캠퍼스의 급변하는 인구 통계 측면에 관해 흔하고 진부한 얘기들은 빼고 그가 현대 대학 생활에서 실제로 경험했던 특정한 얘기를 들려달라고 요청했고, 아울러 자신의 경험담을 통해 미래의 대학생들에게 전하고 싶은 교훈이 있다면 무엇인지 물었다. 다음은 그의 이야기이다.

"여기 대학에 와서 접한 다양성이 내 학습에 어떤 영향을 주었는지 물으셨는데 어떤 면으로 보면 이곳에서의 내 경험에 가장 많은 영향을 미친 유일한 요소라고 해도 과언이 아녜요. 나는 4학년이고 캐봇 하우스에서 매우 만족스럽게 생활하고 있어요. 지금 생각해보면 2학년 때 있었던 그룹 지도 시간에 모든 게 시작된 것 같아요. 캐봇 하우스에서 지내는 우리 일곱 명은 사회학을 공부했는데 사회학부에서 2학년을 대상으로 그룹 지도 시간을 짜서 우리는 매주 기숙사에서 만났죠. 강사는 젊은 경제학자였고, 그분 역시 예상치 못한 뜻밖의 방법으로 매우 중요한 역할을 했어요.

우선 우리 일곱 명에 대해 간단히 알려드릴게요. 백인 남학생 두 명, 백인 여학생 두 명, 인도 출신 남학생 한 명, 흑인 여학생 한 명, 그리고 차이니스 아메리칸 남학생 한 명이에요. 모두 기숙사에 도착한 지 얼마 지나지 않은 때라서 서로에 대해 잘 몰랐고 첫 번째 과목 미팅인 데다 모든 게 새로워서 읽어야 할 자료 목록을 들여다보며 다들 어쩔 줄 몰라 하는 기색들이 역력했죠. 베버Weber와 뒤르켐Durkheim, 버크Burke, 아담 스미스Adam Smith, 칼 마르크스Karl Marx, 존 스튜어트 밀John Stuart Mill과 다른 정치 철학자들의 읽을거리가 끝이 없이 이어지는 목록에 우리 모두 긴장할 수밖에 없었어요.

그리고 여기서부터 우리 그룹 내의 다양성이 나타나기 시작했어요. 한 여학생이 자료 목록에서 자기 같은 사람들을 대표하는 내용은 별로 볼 수 없다는 점을 지적했고, 흑인 여학생도 거기에 동의했어요. 그 말에 강사는 그 목록이 왜 훌륭한지 설명하기를 조금 주저하는 것 같았어요. 내가 보기에도 아주 좋은 책들로 구성된 목록이었죠. 그러자 다른 백인 여학생이 목록에 올라 있는 이름이 12명의 죽은 백인 남자들뿐이라는 건 맞지만 그래도 '위대한' 정치 철학자들인 것만은 분명한 사실이므로 자료 목록을 가지고 괜한 논쟁은 하지 말자는 식의 얘기를 했어요. 그리고 보다 최근의 정치적인 논쟁을 고려해서 각 철학자의 작품에 대해 논의한 뒤에는 그들의 아이디어를 최근의 논쟁에 적용해서 토론하는 건 어떠냐고 제안했어요.

그러자 아시아계 남학생이 소수 집단 우대 정책을 최근의 논쟁으로 정하자고 제안했죠. 잠시 침묵이 흘렀고 우리는 서로의 반응을 살폈어요. 그러자 마침내 강사가 나서서 매우 좋은 아이디어라면서 우리가 목록에 나와 있는 읽어야 할 자료들을 소홀히 하지만 않는다면 그렇게 해도 좋다고 말했죠. 그리고 일부 작품들은 매우 난해해서 이해하기 쉽지 않을 거라는 말도 잊지 않았어요. 그때가 첫 번째 모임이었기 때문에 그 날은 과제가 없었고, 우리는 잠시 소수 집단 우대 정책에 대해 서로의 의견을 나누었어요. 누구도 말을 아끼지 않았고 많은 의견 충돌이 있었죠. 단순하게 요약하자면 두 명의 백인 학생은 소수 집단 우대 정책에 찬성했고, 나를 포함한 두 명의 백인은 반대했어요. 인도 남학생은 반대, 흑인 여학생은 찬성, 그리고 아시아계 남학생은 반대 입장이었죠. 물론 같은 입장이라도 각자의 의견에 미묘한 차이가 있었고 그런 차이점들의 대부분은 각자의 민족적인 다양성과 성장 배경에 영향을 받은 게 분명했어요.

그 후 1년 동안의 그룹 지도 시간이 하버드에서 경험한 최고 학습이었다고 장담할 수 있어요. 우선, 우리는 서로의 의견들이 각자의 다양한 출신 배경에서 진화된 것임을 이해했기 때문에 동의 여부를 떠나 무조건 존중했어요. 그래도 백인 남자인 내가 똑똑한 흑인 여학생에게 그녀가 소수 집단 우대 정책에 찬성하는 건 장기적으로 볼 때 마이너스가 될 거라는 의견을 전달할 때 상당히 주의를 기울여 요령 있게 얘기해야 했죠. 그런 문제는 매우 개인적인 부분일 수 있으니까요. 두 번째로는 거의 매주 만날 때마다 굉장한 토론이 벌어졌어요. 우리 누구도 프로이트나 뒤르켐 혹은 웨버가 소수 집단 우대 정책 폐지에 대해 어떤 입장을 보일지 정말로 알 수 있는 사람은 아무도 없으니까요. 그리고 강사는 우리의 논쟁을 그 주의 읽기 과제의 내용과 진지하게 연관시킬 수 있도록 강하게 밀어붙였기 때문에 감정만 우르르 쏟아놓고 마는 시간 낭비로 끝난 적은 한 번도 없었어요. 오히려 우리의 토론이 자료의 내용을 명확하게 파악하는데 더 많은 도움을 주었죠.

교수님의 원래 질문은 다양성이 갖는 교육적 효과에 관한 거였죠. 글쎄요, 그 효과는 매우 강력했고 오랫동안 지속됐어요. 모두가 목록에 올라 있는 작가들의 작품을 꼼꼼하게 읽었죠. 일부 작품은 이해하기 쉽지 않아서이기도 했지만, 그런 작품의 내용과 소수 집단 우대 조처에 대한 현대의 논쟁을 어떻게 연관시킬 것인가를 놓고 토론이 벌어질 것임을 잘 알고 있었기 때문이에요. 별로 어렵지 않았을 거라고 생각하세요? 절대 그렇지 않았어요. 그리고 때로는 각자의 개인적인 성장 배경이 드러날 수밖에 없었어요.

한번은 아시아계 남학생이 소수 집단 우대 정책에 찬성하는 흑인 여학생에게 이런 식의 얘기를 했어요.

"나는 여섯 살 때 미국에 왔어. 그때 우리 부모님은 가진 게 아무것도 없었고, 우리는 그야말로 땡전 한 푼 없는 난민이었지. 하지만 너는 뉴욕 스카스데일에서 부족함 없이 자랐어. 그런데 어떻게 존 스튜어트 밀과 에드먼드 버크의 작품을 읽고 소수 집단 우대 정책에 찬성하는 입장을 보일 수 있어? 만약 소수 집단 우대 정책이 존재한데도 네가 왜 그 대상이 될 수 있다고 생각해? 그리고 언제 그 대상에서 벗어날 거야? 네 부모님은 부자고 고등교육을 받으셨어. 너는 명문 고등학교를 나와 하버드에 들어왔는데 하버드를 졸업하고 나서 직업을 구할 때 네가 가진 그 모든 강점도 모자라서 소수 집단 우대 정책을 내세워 특별한 대우까지 받기를 원하는 거야? 그럼 너를 위한 소수 집단 우대 정책은 도대체 언제 끝나는 거야?"

감전이라도 된 것처럼 짜릿하고 열정적인 순간이었기 때문에 특별히 그날을 기억하고 있어요. 그리고 그때 처음으로 우리의 대화가 탁자 주위에 둘러앉은 각자의 생각을 어떻게 변화시킬 수 있는지 깨달았어요. 그날은 또 서로에게 어디까지 예의를 지킬 수 있는지 한계를 시험하는 날이기도 했고, 서로의 의견을 존중하면서 동시에 반박할 수 있는 능력을 시험하는 날이기도 했어요. 그리고 우리 모두는 보란 듯이 그 시험에 통과했죠. 누구도 이러한 토론에 모욕감을 느끼지 않았거든요. 모두가 때로는 거북한 주제를 놓고 토론할 수 있는 특별한 기회라는 걸 인식하고 있었고, 심지어 그런 주제를 죽은 지 한참 된 유명한 백인 남자들의 작품들을 이해하는 데 필요한 도구로 사용하기도 했어요. 물론 난 그 철학자들을 존경해마지 않아요.

이제 4학년이 된 입장에서 내가 말할 수 있는 건 그 1년간의 경험이 내가 이곳에서 맛보았던 최고의 경험이었다는 거예요. 일곱 명 중 우리 다섯 명은 3년 동안 매우 가까운 친구가 되었고 지금도 캐봇 하우스에서 같이 지내고 있어요. 그리고 이 친구들과의 우정은 여러 아이디어들에 대한 광범위한 토론을 바탕으로 하고 있다는 점에서 내 다른 친구들과는 성격이 달라요. 우리는 프로이트를 비롯해 어떤 누구에 대해서도 주저 없이 토론이나 의문을 제기할 수 있어요. 우리가 살고 있는 이곳에서 1년 내내 매주 만나서 해온 일이니까요. 그리고 각자 서로에 대해서, 서로에게서 많은 것을 배운 것만은 분명한 사실이에요.

등이 꼬부라질 정도로 열심히 파고들었던 읽기 자료의 내용과 서로 다른 환경에서 자란 서로 다른 출신 배경을 혼합하는 건 정말 참신하고 새로운 경험이었어요. 한 가지 예를 들자면 난 실력주의가 진정으로 의미하는 게 뭔지 다시 한 번 생각해보게 됐어요. 그전에는 그렇게 복잡한 의미가 담겨 있는지 전혀 몰랐지만 지금은 잘 알고 있죠. 실제로 이러한 토론을 통해서 능력주의가 어떤 작용을 할 수 있는지에 대한 개인적인 생각도 좀 바뀌었어요. 나뿐만 아니라 우리 그룹에 속한 다른 학생들도 점진적으로 생각이 바뀌거나 강한 주장이 누그러지는 걸 볼 수 있었죠.

눈앞에서 벌어지는 그런 변화를 지켜보는 건 정말 말로 표현하기 힘든 굉장한 경험이에요. 대학 교육의 진정한 의미가 바로 그런 것 아닌가요? 그리고 이제 다양성의 교육적 영향에 대한 교수님의 원래 질문에 다시 대답하자면 이렇게 반문할 수 있을 것 같아요. 만약 그때 그 자리에 나와 비슷한 백인 남학생 일곱 명이 탁자 주위에 둘러앉아 있었다면 과연 그와 똑같은 결과를 성취할 수 있었을까요?"

288

평가 프로젝트
참고 목록
감사 인사

# 평가
# 프로젝트

1986년에 당시 하버드 대학 총장 데릭 보크Derek Bok는 내게 동료들과 함께 그룹을 만들어 대학의 효율성을 평가하고 향상시킬 수 있는 방법을 찾기 위한 장기 연구 및 평가 프로그램을 시작할 것을 제안했다. 현재 우리 학생들을 얼마나 잘 가르치고 있으며, 더 향상시키려면 어떤 변화가 필요한가? 현재 학생들에게 얼마나 효과적으로 조언을 해주고 있으며, 더 향상시키려면 어떤 변화가 필요한가? 우리 학교 학생들이 소화하고 있는 글쓰기의 양은 충분한가? 그걸 어떻게 파악할 수 있는가? 어떻게 하면 좀 더 향상시킬 수 있을까? 학생들이 최선의 노력을 다할 수 있도록 강력하게 요구하고 있는가? 교수진은 학생들이 더 나은 기량을 발휘할 수 있도록 충분한 도움을 주고 있는가? 어떻게 하면 더 잘 도와줄 수 있는가?

이러한 세미나들은 애초에 하버드에서 시작했기 때문에 자연히 대부분의 조사가 하버드에서 이루어졌고 명칭도 비록 '하버드 평가 세미나'지만 처음 시작부터 다른 대학과 대학교에 소속되어 있는 동료들도 참여해 25개의 대학과 대학교에서 총 65명이 모여 준비하기 시작했다.

우리는 시작부터 평가를 특별한 방법으로 생각하기로 의견을 모았다. 어떤 사람들은 '평가'라는 단어에 '학생들이 얼마나 알고 있는가'라는 의미가 함축되어 있다고 생각할지 모르지만 우리가 강조하고 싶은 건 그게 아니었다. 그 역시 흥미로운 질문이긴 하지만 우리의 목적은 분명히 달랐다. 우리의 목적은 교수법과 커리큘럼, 조언 방법에 적용할 수 있는 혁신적인 방법들을 탐구하는 것이고, 그런 방법들의 효율성을 판단하기 위한 노력도 빼놓지 않았다. 우리가 검토한 핵심 의문은 학생들을 위해 어떤 상황이 조성되었을 때 강의실 안팎에서 가장 효과적인 학습이 이루어지는가 하는 부분이었다. 우리는 교수법과 조언 방법에서 느리지만 확실한 향상이 이루어질 때 대학이 훨씬 효과적으로 발전할 수 있다고 믿는다.

또 우리가 금방 만장일치로 합의한 부분은 탐색 과정이 반드시 과학적이어야 한다는 점이었다. 과학적으로 접근하지 않으면 아무것도 성취할 수 없을 테니까. 우리의 인터뷰에 응하는 학생들은 관심과 열정을 기대하며 그들이 귀중한 시간을 제공하는 것이며, 아무런 성과 없이 귀한 시간을 낭비하는 것은 결코 용납할 수 없는 일이다. 우리 모두 그 원칙만은 절대 잊지 않겠다고 다짐했다.

더 나아가 반드시 교육적인 정책 결정에 도움이 되는 형태의 정보를 수집할 수 있도록 각 프로젝트를 고안해야 한다는 것에도 합의했다. 그래서 각 프로젝트를 제안할 때마다 나는 다음과 같은 똑같은 질문을 반복해서 던졌다.

교수들과 지도 교수들, 운영진 혹은 학생들 각자가 자신이 맡은 역할을 더 충실히 잘할 수 있게 하는데 이 프로젝트가 어떤 도움을 줄 수 있는가?

정책으로 연결될 수 있는 가능성을 중시하는 방침에 대해 보다 잘 설명하기 위해서 학생들의 글쓰기와 관련해 두 가지 가능한 조사 내용을 생각해보자. 첫 번째, "우리 학생들은 얼마나 글쓰기를 잘하고 있나?"라는 질문에 초점을 맞출 수도 있다. 물론 유용한 질문이긴 하지만 그 질문에 대한 답변이 장차 쓰기 강사나 학생이 학습 효과를 더 향상시키는 데 어떤 도움을 줄 수 있을까? 그 질문 하나만 따로 떼놓고 본다면 일반적인 정보를 얻을 수도 있고 토론을 이끌어낼 수도 있다. 그러나 '평균적으로 우리 학교 학부생들의 쓰기 수준은 상당히 높다'라는 사실을 알고 있는 것만으로 어떻게 정책을 향상시킬 수 있을까? 이러한 조사 결과는 캠퍼스에 어떤 변화를 일으킬 수 있을까?

이와 반대로 정책 변화에 영향을 줄 수 있어야 한다는 점을 염두에 두고 고안한 방법을 대조해보자. 어느 대학이나 같은 시기에 입학한 신입생들 사이에도 다른 학생들보다 글쓰기 실력이 월등히 좋은 학생들이 있기 마련이므로 강사들은 반드시 이런 차이를 고려해야 한다. 정책에 중점을 두는 평가 프로젝트의 목적은 교수진과 학생들에게 실제로 도움이 되는 조언을 찾는 것임을 다시 한 번 기억하자.

예를 들어, 글쓰기 실력이 부족한 학생들에게 초점을 맞춘다고 가정해보자. 그런 학생들이 신입생을 위한 쓰기 과정을 들으며 어떤 변화가 생기는지 살펴본다. 처음에는 C- 수준의 글쓰기로 시작했지만 1년이 끝날 때쯤에는 A- 를 받을 정도의 보고서를 쓰는 학생들도 있고, 처음에 C- 수준의 글쓰기로 시작해 1년이 끝날 때도 여전히 C- 를 받는 학생들도 있다. 그러면 어느 캠퍼스에서나 교수진은 이런 의문을 제기할 것이다.

> '어떤 학생들은 1년 동안 쓰기 실력이 급속도로 향상되는 데 어떤 학생들은 거의 제자리걸음인 이유가 무엇일까? 교수법에 그런 차이를 가져오는 요인이라도 있는 건가? 강의실 외에 학생들이 글쓰기를 연습하는 방법의 차이가 그 둘을 구분 짓는 것인가?'

이처럼 정책 지향적인 표현에 의해 연구 조사의 초점이 행동으로 이어질 수 있는 결과를 얻는 방향으로 바뀐다는 걸 발견할 수 있다. 그래서 우리는 각 프로젝트가 실질적인 정책으로 연결될 수 있도록 꾸준히 초점을 맞추었고, 행여 현실적으로 교수법이나 커리큘럼, 혹은 대학 생활에는 아무런 영향도 주지 못하면서 다른 연구학자들 앞에서 대학을 강화시킬 수 있는 방법에 관한 이론적인 연구 결과를 발표하는 상황만은 반드시 피하자고 다짐했다.

우리가 진행한 연구 조사에는 교수진과 학생 양측이 모두 참여했고 과정 내내 밀접한 관계를 유지하며 함께 연구했다. 돌이켜보면 그것이 성공적인 프로젝트의 틀을 잡은 가장 중요한 결정이 아니었나 싶다. 커리큘럼과 교수법에서 혁신을 꾀하고 직접 시도해 보는 일은 주로 교수진이 담당했으며 함께 참여한 많은 학생은 두 가지 중요한 방법으로 큰 도움을 주었다. 첫째, 다른 동료 학생들을 인터뷰하는 방법을 짜는 데 도움을 주었을 뿐 아니라 교수진의 세심한 훈련을 받은 후 직접 인터뷰를 진행하기도 했다. 둘째, 교수진의 지도하에 가장 핵심적인 데이터 합성과 분석에 참여해 많은 부분을 담당하며 노력을 아끼지 않았다. 그 결과 지금까지 몇몇 학부생의 우수 논문들과 여섯 편의 박사 논문이 이 연구 작업에서 탄생했다.

1991년에 보크 총장의 뒤를 이어 하버드의 총장이 된 닐 루덴스타인Neil Rudenstein은 우리의 조사방법과 우리가 중점을 두고 있던 프로젝트에 변화를 주도했다. 그중 가장 주요한 변화는 65명으로 이루어진 그룹이 몇 년 동안 정기적으로 월별 모임을 가진 결과 좋은 아이디어와 정보를 많이 확보했으므로 이제 연구 조사를 마무리하는 데 박차를 가하기로 한 결정이었다. 그래서 각 프로젝트는 전보다 소규모로 계속 진행됐고, 교수진이 모여 주제를 정하면 교수진으로부터 세심한 지도와 훈련을 받은 학생 인터뷰 진행자와 교수가 학생들을 대상으로 인터뷰를 실시했고 학생 인터뷰 진행자들이 동료 학부생들에게 얻은 정보를 수집하며 프로젝트를 진행했다.

루덴스타인 총장은 임기를 시작함과 동시에 우리 그룹이 우선적으로 탐색해야 할 세 가지 중점 분야를 선정했다. 첫째는 하버드에 들어오는 학생들의 다양성이 급증하면서 그 부분이 학생들에게 교육적으로 어떤 영향을 미치고 있으며, 강의실 안팎에서 이루어지는 서로 간의 교류를 통해 다양성으로부터 배울 점을 찾으려면 학교는 어떤 방법으로 학생들을 독려하는 것이 좋은가 하는 내용이었다. 두 번째는 기숙사가 있는 다른 대학들과 마찬가지로 하버드의 학부생들은 기숙사나 생활관에서 많은 시간을 보내고 있는데 '그 시간을 효율적으로 강화시키려면 어떤 계획이나 프로그램이 필요할까?'였고, 세 번째는 학생들의 학습 효과와 수업 참여도, 전체적인 학업 경험에 '학급 규모가 얼마나 중요한 영향을 미치는가?'였다. 이런 주제들과 관련해 지금까지 우리가 얻은 조사 결과들이 이 책에 담겨 있다.

물론 이 세 가지 질문에 대한 답들이 변화하지 않고 정지되어 있는 것은 아니다. 예를 들면 기술의 눈부신 발전과 그런 최신 기술들을 사용할 수 있는 새로운 방법들 덕분에 소규모 수업들과 그룹별 지도, 세미나들이 아직은 예측할 수 없는 방법으로 빠르게 변할 수도 있다. 그렇지만 나는 우리의 연구 조사가 어떻게 시작되었는지 그 배경을 여러분과 함께 공유함으로써 이 책을 읽는 모든 독자들이 우리가 얻어낸 조사 결과들을 이해하는데 도움을 주었으면 한다. 이 책에 담긴 수많은 아이디어들은 모두 학생과 교수, 대학 총장들로부터 나온 것이다.

# 인터뷰의 장점

우리가 시작부터 선택한 핵심적인 조사 방법은 심층적인 인터뷰를 통한 정보 수집이었기 때문에 먼저 인터뷰를 통해 수집한 데이터를 종합해서 얻은 결론의 중요성에 대해 잠시 설명하고자 한다. 우선 어느 대학의 학부생들이 대학에서의 인종 관계에 관한 질문을 받았다고 가정해 보자. 코드화된 질문지에는 각 학생이 다음과 같은 다섯 가지 대안 중에서 하나를 선택해 체크박스에 표시하게 되어 있다.

0 = 인종 관계가 심각하다.
1 = 인종 관계가 형편없다.
2 = 인종 관계가 중립적이다.
3 = 인종 관계가 좋다.
4 = 인종 관계가 훌륭하다.

만약 전체 학생의 2/3가 '좋다'를 선택하고, 나머지 1/3이 '훌륭하다'를 선택해서 그 외 다른 답을 선택한 학생이 아무도 없는 경우 전체적인 평균 수치는 3.33이 나온다. 그리고 대부분의 대학에서 사용하는 성적 평가점 형태에 따르면 이 수치는 정확히 B+ 이므로 그에 따라 지역 신문에 '학생들은 대학 내 인종 관계를 B+로 평가'라는 헤드라인이 실릴 수 있다. 물론 수치로만 따지자면 맞는 말이지만 그러한 결과는 인종 관계가 특별히 좋은 것도 아니라는 의미를 담고 있다.

반대로 그와 똑같은 결과가 간단하고 분명하게 서술되었다고 생각해보자.

> 인종 관계가 심각하다고 말한 학부생은 하나도 없었다.
> 인종 관계가 형편없다고 말한 학부생은 하나도 없었다.
> 인종 관계가 중립적이라고 말한 학부생은 하나도 없었다.
> 전체 학부생의 2/3는 인종 관계가 좋다고 말했다.
> 전체 학부생의 1/3은 인종 관계가 훌륭하다고 말했다.

여기에서 눈에 띄게 다른 차이가 드러난다. 분위기가 다르고 해석도 달라질 수 있다. 단순히 통계적인 수치로 요약한 결과보다 좀 더 상세한 내용으로 드러난 결과가 왜 중요한지 짐작할 수 있을 것이다. 전문 통계학자인 나는 상세한 표현으로 서술된 요약 내용이 간단한 수치요약보다 훨씬 더 분명한 설명을 제공할 수 있는 상황을 만나면 특별한 즐거움을 느낀다.

동료 교수들은 '표면적 타당성'이라는 것에 상당히 열광하는 편이기 때문에 이 책에 실린 결과들도 그 아이디어를 활용했다. 구체적인 설명을 위해 효과적인 과정 설계를 구성하는 데 무엇이 필요한가 하는 주제를 생각해보자. 학생들의 답변 중에서 그들이 특히 많은 것을 배웠고 특별히 관심을 갖게 됐다고 언급한 특별한 과목들이 있는가? 하는 질문을 가지고 한 명의 인터뷰 진행자가 240명의 학부생을 대상으로 인터뷰를 진행했고, 그 결과 특별히 효과적이었다고 거론된 과목들의 몇 가지 특징을 발견했다고 하면 우리 모두는 그 내용이 매우 궁금해질 것이다. 아마도 동료들과 나는 강의를 할 때 이러한 긍정적인 특징들을 최대한 많이 반영하려고 이리저리 머리를 굴릴 게 틀림없다.

그럼 이번에는 같은 질문을 가지고 여섯 명의 인터뷰 진행자, 예를 들어 교수 한 명과 세심하게 교육받고 훈련받은 학생 인터뷰 진행자 다섯 명이 각자 40명의 학부생을 인터뷰했다고 가정하자. 각자 독립적으로 인터뷰를 진행하며 특별히 효과적이었던 과목에 관하여 똑같은 질문을 던진다. 만약 여섯 명의 인터뷰 진행자들이 각자가 수집한 내용을 개별적으로 요약했는데 그 요약 내용이 한결같다면, 그런 결과 내용은 '표면적 타당성'이 매우 강한 것이다. 만약 교수와 학생을 포함하는 여섯 명의 다른 인터뷰 진행자 모두 같은 결과를 발견했다면 그 내용이 올바른 결과일 가능성이 상당히 높다. 여러 명의 인터뷰 진행자를 쓰는 방법의 가장 큰 장점이 바로 이런 것이다. 이처럼 이 책에 제시된 조사 결과들이 어느 한 사람의 특별한 견해에서 나온 것이 아님을 기억하기 바란다.

# 나는 무엇을 배웠나

이 책을 통해 발표한 연구 조사를 계획하고 이끌면서 그런 프로젝트에 수반되는 기회와 난관에 대해 여러 가지 교훈을 얻었다. 이 작업에는 늘 논쟁이 따랐다. 다른 대학과 대학교들도 비슷한 경험을 하리라 생각한다. 지금부터 평가에 대해 내가 배운 일곱 가지 교훈을 나누고자 한다.

## 교수들의 주도적인 참여가 중요하다

교수법과 조언 방법, 학생들의 생활을 향상시키기 위한 평가 프로젝트와 정책 지향적인 혁신을 이끌어 가는데 교수들이 중심 역할을 해야 함을 명심해야 한다. 하버드 평가 세미나에 25개 대학의 교수진들을 초빙했을 때 내가 가장 자주 들었던 질문은 "교수진이 주도하는 프로젝트인가요?", "교수진이 조사 연구의 틀을 짜는 건가요?"였다.

나는 이런 질문들을 듣고 상당히 놀랐다. 물론 그런 질문에 대한 답은 '그렇다'가 될 것이라고 생각했지만 시간이 갈수록 나는 많은 교수들이 그저 다른 누군가의 연구 보조자 정도의 역할에 그칠까 봐 염려한다는 걸 알게 되었다. 대부분의 교수들은 바쁜 생활을 하고 있고 많은 부분에서 평가와는 별 관련이 없는 일을 하고 있으므로 만약 그들 자신이 중요한 질문의 틀을 짜는 데 도움을 줄 수 없고, 교수법을 향상시키는 데 도움을 줄 수 있는 프로젝트를 주도할 수 없다면 아마도 아예 참가하지 않을 것이다.

## 평가의 의미를 분명히 밝힌다

대학의 효율성에 대한 연구 조사에서 특히 '평가'라는 말은 사람마다 각기 다른 의미로 받아들인다. 예를 들면 교수진의 시각은 공립대학과 사립대학에서도 다소 다르게 나타난다. 대학이 자체 평가를 시행할 때 특정한 절차와 단계를 거칠 것을 요구하는 주 의회가 점점 늘어나고 있기 때문에 일부 공립 교육 기관들은 '지금의 학생들이 알고 있는 것'을 평가하기 위해 대규모 표준화 검사를 시행하는데 많은 스트레스를 받는다고 말한다.

그러나 사립대학의 경우 그런 내용에 특별한 관심을 갖지 않는다. 최소한 우리 평가 세미나에 참석한 사립대학들은 그랬다. 나와 동료 교수들은 지금 학생들이 무엇을 얼마나 알고 있는지를 테스트하는 의미로 평가의 뜻을 규정하는 대신 현재 진행하고 있는 프로그램들을 평가하고 향상시키며 혁신적인 방법을 권장하고, 각 혁신적인 방법들의 효율성을 평가하는 과정으로 규정했다. 여기서 가장 필수적인 단계는 지속적인 향상을 위한 체계적인 정보 수집이며, 교수진과 학생들이 더 효과적으로 각자의 역할에 충실하고 기량을 발휘할 수 있게 도울 수 있는 방법을 늘 염두에 두어야 한다.

교수진은 이를 위해 다양한 아이디어와 제안들을 내놓고 있으며, 우리는 강의실 안팎에 적용할 수 있는 혁신적인 방법들을 실행할 수 있도록 권장하고 그 효과를 평가하는 게 매우 중요하다는데 의견을 모았다. 많은 교수들은 강의실 내 교수법을 향상시키는 데 열심이라서 특히 강의 중에 혁신적인 방법을 시도하는데 관심을 갖는다. 정교한 새 장비를 들이지 않고도 교수법의 효율성을 향상시키는 방법을 탐색하는 교수들도 있고, 어떤 교수들은 새로운 기술을 사용하는데 많은 관심을 보이면서도 먼저 그러한 장비가 학생들의 학습 효과 향상에 효과적인지 분명한 증거를 확인하고자 한다. 또 다른 교수들은 학생들의 좋은 성과를 올리기 위해서는 강의실 내 교수법을 변화시키기보다 학문적인 조언의 질을 높이기 위해 지속적으로 노력하는 것이 효과적이라고 생각한다.

이처럼 교수들의 서로 다른 의견들에 맞추는 것도 매우 중요한데. 그러한 견해들이 유용한 결과를 얻어내는 프로젝트들로 연결될 수 있기 때문이다. 예를 들면 강의실 내 수업 중에 학생들을 소규모 그룹으로 나누어 학습시키는 방법은 맨 처음 학과 지도 교수들의 제안으로 시작된 것이었다. 또한 첨단 기술 장비를 선호하는 교수들도 특별한 기술이 필요 없는 단순하고 혁신적인 교수법이 얼마나 큰 효과를 거두었는지 확인하고 매우 놀라워했다. 이런 방법에는 1분 보고서와 소규모 그룹으로 모인 학생들을 비디오로 녹화한 뒤 노련한 전문가가 각 학생과 함께 녹화 테이프를 검토하는 방법들이 포함된다.

## 조사 연구에 학생들 참여시킨다

맨 처음에는 평가 세미나에 어떤 학생도 참여시키지 않았다. 대부분의 교수들이 매일같이 학생들을 가르치고 학생들과 연구하며 많은 시간을 보내므로, 이 작업을 하는 시간만큼은 동료 교수들끼리 연구하는 걸 선호할 거라고 예상했기 때문이었다. 한 마디로 큰 실수였다. 그보다 더 큰 착각이 없었다. 우리 연구의 모든 측면에서, 즉 기획과 실행의 단계는 말할 것도 없고 잠재적인 다른 연구 작업의 중요성을 수립할 때도 학생들의 참여로 인해 어마어마하게 풍요로워졌다.

학생들은 솔선해서 움직였다. 비록 처음에는 누구도 초대받지 못했지만 곧 내게 전화들이 걸려오기 시작했고, 계속해서 빗발쳤다. 실질적인 분야로서 고등 교육 분야에 관심을 갖는 대학원생들을 비롯해 통계학과 연구 설계 전문가들의 전화도 받았고, 더불어 대학에서의 환경을 이해하고 강화시키는 방법에 관련한 주제로 학위논문을 준비하고자 하는 학부생들도 전화를 걸어왔다. 결과적으로 나는 학생들이 대학의 정책에 관한 연구에 대단히 진심 어린 흥미를 가지고 있음을 깨달았으며, 학생들은 인터뷰와 자료수집, 컴퓨터 분석과 같은 프로젝트의 핵심적인 일들에 열정적인 관심을 보였다.

그에 대한 보답으로 교수진은 연구 조사에 참여한 학생들에게 두 가지 인센티브를 제공할 수 있었다. 하나는 소정의 금전적 지원으로 대부분의 학생들이 필요로 하는 부분이라서 모두 고마워했다. 또 다른 인센티브는 열정적이고 세심한 교수의 지도였는데 장기적으로 볼 때 무엇보다 중요한 혜택이라고 할 수 있다. 예를 들자면 10명의 대학원생이 하버드 2학년 학부생들을 대상으로 심층적인 인터뷰 진행하는 일에 자원했다. 인터뷰의 목적은 비슷한 SAT 점수와 고등학교 점수를 받고 들어왔는데도 어떤 신입생들은 1학년 때 크게 성장하고 발전하는 반면, 다른 학생들은 더디게 발전하는 이유를 조사하는 데 있었다. 데이비드 리스먼David Riesman 교수는 인터뷰 진행하는 법을 교육하고자 10명의 대학원생과 몇 명의 교수들을 이틀에 걸쳐 저녁에 자기 집으로 초대해서 신뢰할 수 있고 생산적인 방법으로 학부생들을 인터뷰하는 방법을 가르쳐주었다. 나중에 몇 명의 인터뷰 진행자들은 그 이틀 동안 리스먼 교수의 집에서 다른 교수들과 함께 배우고 연구했던 시간이 매우 유용했을 뿐만 아니라 하버드에 다니는 동안 가장 기억에 남는 저녁이었다고 내게 귀띔해주었다.

## 고위 운영진의 지원이 도움이 된다

우리의 연구 조사를 위해 보크 총장은 두 가지 방법으로 우리를 지원했다. 첫째, 그는 1986년 연례 보고서에 캠퍼스 내 조사와 평가를 옹호하는 내용을 실어서 공식적으로 우리 연구의 중요성을 인정하고 최우선시해 주었다. 그 결과 바쁜 교수진과 운영진들이 짬을 내 평가에 참여함으로써 미래의 정책 결정에 틀을 만들 수 있다는 사실을 이해했다.

둘째, 보크 총장은 우리에게 세미나를 위한 재정적인 지원을 배당함으로써 분명하게 지지 의사를 밝혔다. 이러한 지원 덕분에 세미나가 시작됐고 학생 보조원들에게 재정지원이 가능했으며, 참가자들을 위한 저녁 식사를 제공할 수 있었다. 돌이켜보면 처음부터 총장실에서 이러한 자금지원을 받은 것이 우리의 연구가 행정적으로 우선시 된다는 사실을 강조한 셈이었다.

보크 총장의 후임인 루덴스타인 총장은 다양성 검토에 대한 연구와 대학에서 학생들이 어떻게 글쓰기 실력을 향상시키는 지에 관한 장기적인 종적 연구를 지원함으로써 변함없이 강한 지지 입장을 유지했다. 여기에서 알 수 있는 직접적인 요점은 간단하다. 총장으로부터의 지원, 특히 재정적인 지원이 전체 대학 커뮤니티에 우리 조사연구의 중요성을 강력하게 전달하는 메시지가 되었다.

## 실질적인 정책 변화를 목표로 삼는다

우리가 초기 미팅들에서 가장 중요하게 생각한 안건은 '우리가 맞닥뜨릴 가장 큰 위험이 무엇인지 파악해서 실패 가능성을 줄이는 것'이었다. 우리는 평가 프로젝트가 자칫하면 정책 결정과는 관련 없는 사람들이 실시하는 단순한 이론적 조사에 그치고, 여기서 얻은 결과들을 오로지 비슷한 연구조사 전문가들에게만 보고하는 것으로 끝날 수도 있는 위험성을 일찍부터 깨닫고 있었다. 그래서 이러한 위험을 줄이기 위해 각 프로젝트팀이 "우리 연구의 정책적 의미는 무엇인가? 우리가 얻은 조사 결과가 교수법(혹은 커리큘럼, 혹은 조언 방법, 혹은 학생 서비스)을 향상시키는 데 어떻게 도움을 줄 수 있나?"와 같은 질문을 스스로에게 반복적으로 묻도록 수시로 강조했다.

다른 캠퍼스들도 우리의 경험에서 혜택을 얻을 수 있을 것이다. 실질적으로 교육의 질을 향상시킬 수 있는 정보 수집을 강조하는 것이 매우 중요한데, 결국 따지고 보면 어떤 연구의 가치를 판단하는 기준은 과연 그 연구 결과가 교수진과 운영진, 그리고 학생들의 역할을 통합해서 진정한 변화를 이끌어낼 수 있는가에 달려 있다. 만약 캠퍼스 내 평가가 단순히 또 다른 학구적 출판물을 발행하기 위해 시행되는 것이라면 매우 한정된 목적만 달성하게 될 것이다.

## 성공적인 혁신 방법을 보급하기 위한 계획을 세운다

교수법과 학습, 다양성의 교육적 영향에 대한 조사는 캠퍼스 내에서 충분히 알려져야 긍정적인 결과들이 광범위하게 적용될 수 있다. 우리의 초기 미팅에서 있었던 한 사례가 이를 잘 설명해준다. 효과적이고 혁신적인 교수법에 초점을 맞춘 모임에 참석한 교수들이 많았는데 그 자리에서 특히 한 가지 간단하고 혁신적인 방법인 1분 보고서가 학생과 교수 양측에 커다란 혜택을 주는 것으로 나타났고, 이 모임에 참석했던 일부 교수들은 그 후에 자기 과의 다른 동료 교수들과 그 내용을 토론했다. 교수 대부분이 우리가 실시하는 캠퍼스 내 조사연구에 대해 이미 알고 있었고, 그 목적 중 하나가 교수법에 도움이 되는 새로운 방법을 실시하도록 권장하는 것임을 잘 알고 있었기 때문에 그러한 조사 결과를 선뜻 받아들일 준비가 되어 있었다.

## 혁신적인 방법과 평가를 장려한다

만약 다섯 명의 교수가 개별적으로 찾아와 생물학을 보다 잘 가르칠 수 있는 새롭고 발전된 방법을 제시한다면 학장이나 학과장은 대개 어떤 반응을 보일까? 어느 캠퍼스에서나 대부분의 학장들은 각 교수에게 "행운을 빌어요."라고 진심을 담아 말할 것이다. 그리고 다섯 명의 교수들은 강의 중에 각자가 생각하는 혁신적인 방법을 시도해 볼 것이고, 결과적으로 보다 효과적으로 생물학을 가르칠 방법을 찾는 데 성공한 교수들은 개인적으로 혹은 공개적으로 보상을 받게 될 것이다.

우리가 연구조사를 통해서 전하고자 하는 중요한 메시지는 그런 행정적인 조치로는 지속적이고 광범위한 향상을 꾀하기가 어렵다는 것이다. 만약 다섯 명의 교수가 생물학을 가르치는 새롭고 다른 교수법들을 제안한다면, 고위 운영진은 다섯 명 전원이 예전보다 학습 효과를 향상시킬 수 있는 교수법을 찾는 데 성공할 가능성이 높다고 생각하지는 않을 것이다. 사실 운영진 입장에서는 다섯 명 중 한 명만이라도 효과적이고 새로운 교수법을 찾는 데 성공한다 해도 매우 기뻐할 것이다. 어떤 향상이라도 우리 모두는 중요하게 생각한다. 어쨌거나 기존의 교수 방법보다 더 높은 효과가 있다고 입증할 수 있는 새 방법을 개발하는 건 결코 쉬운 일이 아니기 때문이다. 많은 사람이 보다 효과적으로 학생들을 가르칠 수 있는 방법을 찾기 위해 오랫동안 고심해왔지만 새로운 아이디어가 모두 성공적인 효과를 거둔다면 매우 놀라운 일이 아닐 수 없다.

그렇다면 교수법에 새바람을 일으키고자 하는 다섯 명의 교수들을 적극 격려하고, 고무하고 심지어 사례금이라도 주어야 마땅한 건 아닐까? 더불어 다섯 명 모두가 새로운 교수법의 효율성 평가를 위해 진지하고 과학적으로 입증된 작업을 실행에 옮기는 데 필요한 핵심적인 단계를 강조해야 하지 않을까? 그렇게 하면 대학이 혁신적인 방법을 실시하는 과정을 중요시하고 마찬가지로 체계적인 평가 과정 또한 중요시한다는 것을 알릴 수 있다. 그리고 무엇보다 중요한 것은 특정한 방법이 기대만큼 큰 성공을 거두지 못한대도 실망하지 말아야 한다는 점이다. 어느 캠퍼스에서나 혁신적인 교수법의 시도와 체계적인 평가를 적극 권장함으로써 지속적인 향상을 도모할 수 있는 장기적인 프로그램을 시작할 수 있다.

사실 그런 환경을 조성하는 게 어려울 수도 있다. 나를 포함해 대부분의 교수진 입장에서는 새로운 과목이나 교수 기법이 효과적인 결과를 나타낼 때만 강조하고 싶은 게 당연하다. 성공했다는 느낌만큼 신나는 것도 없다. 그러나 우리가 하버드에서 얻은 증거는 획기적이고 혁신적인 교수법의 시도와 그에 대한 평가를 하나의 과정으로 인정하고 보상할 수 있는 분위기 조성이 가능함을 보여주며, 이러한 과정에서 성공과 마찬가지로 실패도 인정하고 받아들일 수 있게 된다. 또한 교수진과 운영진은 반드시 두 걸음 전진하면 한 걸음 물러설 수도 있는 가능성을 받아들이기로 합의해야 한다. 그래야 모든 학생들을 위해 교육의 질을 향상시키고자 하는 노력을 바탕으로 괄목할만한 성장이 이루어질 수 있다.

# 참고 목록

Angelo, T. A. Assessing what matters: How participation in work, athletics and extracurriculars relates to the academic success and personal satisfaction of Harvard undergraduates. A first report on the Harvard Assessment Seminars' 1988 interview study. 1989.

Bok, D. C. The president's report: 1984-1985. February 1986. Available from the Office of the President, Harvard University, Massachusetts Hall, Cambridge, MA 02138.

Buchanan, C. H., G. Feletti, C. Krupnick, G. Lowery, J. McLaughlin, D. Riesman, B. Snyder, and J. Wu. The impact of Harvard College on freshman learning. A pilot study conducted in the Harvard Seminar on Assessment, 1990.

Bushey, B. The Moral Reasoning 30 sectioning experiment. Presented at the Harvard Assessment Seminars, April 10, 1989. Available from the Harvard Assessment Seminars, Graduate School of Education, Cambridge, MA 02138.
---. Writing improvement in the Harvard Expository Writing Program: Policy recommendations, suggestions for faculty, and suggestions for students. Policy report presented to President Bok, May 1991, on behalf of the Harvard Assessment Seminars.
---. What helps weak writers learn to write better: A pilot study in the Harvard Expository Writing Program. Doctoral dissertation, Harvard Graduate School of Education, 1991.

Carmichael, D. Diversity and the analytical toolbox: Learning to take advantage of our differences. Policy analysis exercise, Kennedy School of Government, Harvard University, April 14, 1993.

Chen, Shu-Ling. First-year students' opinions of ethnic diversity at Harvard. Completed for the Harvard Assessment Seminars Diversity Project, July 1996.

Civian, J. Summary of student responses regarding foreign languages. Prepared for the Harvard Assessment Seminars, July 1989.

Clark, A. R. Examining Harvard/Radcliffe undergraduate tutorials: A pilot study. Enhancing the success of tutorials: Suggestions for tutors and for students. Prepared for the Harvard Assessment
Seminars, Fall 1992.
---. House academic life: Impressions and suggestions from seventy-seven undergraduates. Prepared for the Harvard Assessment Seminars, 1993.

Committee on Undergraduate Education. Course evaluation guide. Frederick S. Chung, editor-in-chief. Produced by Harvard College undergraduates under guidelines set by the Committee on Undergraduate Education, 1990-1991.

Dushay, J. Women, men, and the natural sciences and math at Harvard/ Radcliffe. A pilot study. Paper for Seminar on Assessment, May 1991.

Eisenmann, A. M. Assessing personal satisfaction and academic success in the freshman year at Harvard/Radcliffe: A look at academic experiences, faculty/ student interaction, and advising. Harvard Assessment Seminars, May 1989. Available from Office of the Dean for Student Affairs, 84 Massachusetts Avenue, Massachusetts Institute of Technology, Cambridge, MA 02139.

Eng, R. Asian-American students: Confucianism and morality. Qualifying paper submitted to the Harvard Graduate School of Education, December 1992.
---. Road to virtue: The moral world of Chinese and Korean-American students. Doctoral dissertation, Harvard Graduate School of Education, 1994.

Fadiman, Anne. Procrustes and the culture wars. Phi Beta Kappa oration delivered June 3, 1997, Harvard University.

Fincke, A. J. The impact of diversity on the experience of Harvard undergraduates: A report of findings from 50 in-depth, one-to-one interviews.

Completed for the Harvard Assessment Seminars Diversity Project, 1997-1998.

Fulkerson, F. E., and G. Martin. Effects of exam frequency on student performance, evaluations of instructors, and test anxiety. *Teaching of Psychology* 8 (1981): 90-93.

Gates, Henry Louis, Jr. The ethics of identity. Essay sent to incoming students, Harvard College, summer 2000.

Gilbert, J. P., R. J. Light, and F. Mosteller. Assessing social innovation: an empirical base for policy. In C. A. Bennett and A. A. Lumsdaine, eds., *Evaluation and Experiment* (New York: Academic Press, 1975).

Goldhaber, S. The impact of religious diversity on student experiences: Findings from 40 one-on-one interviews with observant Catholic, Protestant, Jewish, and Muslim Harvard undergraduates. Completed for the Harvard Assessment Seminars Diversity Project, 1997-1998.

Hokanson, K. Preliminary results of satisfaction ratings: Comparison of alumni and undergraduate responses. Presented to the Harvard Assessment Seminars, April 10, 1989. Available from the Harvard Assessment Seminars, Graduate School of Education, Cambridge, MA 02138.
---. Preliminary results from the foreign language section of the young alumni survey. Presented to the Harvard Assessment Seminars, April 10, 1989.

Homer, M. The Mellon Program for mentored research grants: An evaluation. Harvard Office of Student Employment, 1992.

Homer, M., and N. Kim. The Ford Program for undergraduate research: A survey of 1988 and 1989 Ford Grant recipients. Harvard Office of Student Employment, 1993.

Klein, M. Problem sets in introductory math and science classes at Harvard College: Observations, policy recommendations, and suggestions for faculty and students. Prepared for the Harvard Assessment Seminars, 1992.

Korn, L. M. Harvard students' strategies of self-presentation: minimizing the impression of academic competence for a peer audience. Undergraduate honors thesis, Department of Psychology, Harvard University, April 1993.

Lewis, D. M. A study of persistence in the sciences. Doctoral dissertation, Harvard Graduate School of Education, 1994.

Light, K. W. Analyzing freshman time-use to improve freshman advising at Harvard. Doctoral dissertation, Harvard Graduate School of Education, 1991.

Light, R. J. The Harvard Assessment Seminars: First report. Explorations with students and faculty about teaching, learning, and student life. 1990.
---. The Harvard Assessment Seminars: Second report. Explorations with students and faculty about teaching, learning, and student life. 1992.

Light, R. J., J. D. Singer, and J. B. Willett. *By Design: Planning Research on Higher Education*. Cambridge, MA: Harvard University Press, 1990.

Magnani, C. The Radcliffe Research Partnership Program: An evaluation of its effectiveness in mentoring women students. Report prepared for the Dean of Radcliffe College and the Harvard Assessment Seminars, 1992.

Merrow, S. Reflections on academic mentoring and partnership relationships: An evaluative study of the 1993-1994 Radcliffe Research Partnership Program. Prepared for the Harvard Assessment Seminars, May 1994.

Middleton, M. Adjusting expectations during the freshman year: A survey of Harvard and Radcliffe freshmen with suggestions for their instructors. 1993.

Mosteller, F. The muddiest point in the lecture as a feedback device. *On Teaching and Learning* 3 (April 1989): 10-21.

Nguyen, Thanh. A evaluation of the Radcliffe Research Partners Program. Prepared for the Dean of Radcliffe College and the Harvard Assessment Seminars, 1994.

Pillemer, D. B., L. R. Goldsmith, A. T. Panter, and S. H. White. Very long-term memories of the first year in college. *Journal of Experimental Psychology: Learning, Memory and Cognition* 14 (1988): 709-715.

Pillemer, D. B., E. Rhinehart, and S. H. White. Memories of life transitions: The first year in college. *Human Learning* 5 (1986): 109-123.

Sachs, J. The role of arts activities in Harvard undergraduates' lives. Prepared for the Harvard Assessment Seminars, 1994.

Shlipak, A. M. Engineering and physics as cultural systems: Impressions of science students at Harvard/Radcliffe. Undergraduate honors thesis, Department of Anthropology, Harvard University, 1988.

Sommers, N. A study of undergraduate writing at Harvard. Prepared by the director of the Harvard Expository Writing Program, 1994.

Steinglass, E. E. The multiple roles of teaching fellows in undergraduate writing. Prepared for the Expository Writing Program, 1993.

Ware, N., N. Steckler, and J. Leserman. Undergraduate women: Who chooses a science major? *Journal of Higher Education* 56 (January/February 1985): 73-84.

Weiss, L. The effects of part-time work and intercollegiate athletics on students' perceptions of their experiences at Harvard College: Recommendations for policy. Undergraduate honors thesis, Department of Sociology, Harvard University, 1988.
---. High-impact experiences and Harvard College undergraduates. A study supported by the Harvard Seminar on Assessment, January 1988.

Wilson, R. C. Improving faculty teaching: Effective use of student evaluations and consultants. *Journal of Higher Education* 57 (March/April 1986): 196-211.
Worth, R. Relationships among admissions credentials, the college experience, and postgraduate outcomes: A survey of the Harvard/ Radcliffe classes of 1977. Doctoral dissertation, Harvard Graduate School of Education, 1990.

# 감사의 말

이 책은 지금까지 내가 맡았던 어떤 일과도 성격이 다른 프로젝트였다. 궁극적으로 이 책이 나올 수 있었던 것은 두 명의 하버드 대학교 총장 데릭 보크와 닐 루덴스타인의 전폭적인 지지 덕분이다. 두 사람은 각자 이 책에 생명력을 불어넣어 준 두 가지 특별한 아이디어를 제시했다.

이 책에서 내가 설명한 프로젝트들은 대부분 24군데 이상의 대학과 대학교에 재직 중인 동료 교수들이 제안을 바탕으로 하고 있다. 그들에게 무한한 감사를 전한다. 학생들도 자료를 수집하고, 인터뷰를 진행하고, 결과를 분석하는 데 없어서는 안 될 역할을 담당했다. 이 책은 특히 여러 명의 학생들을 포함해 수십 명의 사람이 함께 땀 흘려 작업한 진정한 종합연구서이다.

나는 특히 36명의 출중한 학생 인터뷰 진행자들의 공헌에 진심으로 감사의 마음을 전하고 싶다. 그들은 동료 학생들을 인터뷰했고, 가설을 세우는 데 기여했고, 이 작업에 그들의 재능과 인내심과 열정을 아낌없이 쏟아부었으며 데이터 분석에도 큰 도움을 주었다. 단언컨대 그런 학생들의 노고가 없었다면 우리의 프로젝트는 완성되지 못했을 것이며 그러한 학생들의 공헌을 책 전반과 참고 목록에 인용해두었다.

토마스 앤젤로Thomas Angelo는 첫 번째 프로젝트를 짜는 데 핵심적인 역할을 했다. 톰은 우리 연구 조사의 조감독 역할을 했고 그의 주도하에 첫 번째 결과를 얻을 수 있었다.

〈하버드 유니버시티 프레스〉에 몸담고 있는 나의 편집자 엘리자베스 놀

Elizabeth Knoll과 함께한 작업은 특별한 기쁨을 주었다. 그녀는 나의 열정을 충분히 발휘할 수 있도록 나를 압박하면서 정밀하고 명쾌한 내용의 완성도를 위해 한순간도 고집을 굽히지 않았다.

내 원고 편집을 담당한 〈하버드 유니버시티 프레스〉의 카밀 스미스 Camille Smith의 역할 또한 매우 중요했다. 그녀의 손을 거쳐 수정된 내용 덕분에 이 책의 질이 훨씬 향상됐다고 말하는 것으로는 그녀가 얼마나 큰 기여를 했는지 충분히 표현할 수 없다. 카밀은 이전에 내가 하버드 프레스에서 출판한 세 권의 책도 모두 편집했다. 그녀와 일하는 작가는 정말 행운이라고 단언할 수 있다.

또 마이클 아론슨Michael Aronson에게도 감사의 인사를 전한다. 몇 년 동안이나 〈하버드 유니버시티 프레스〉를 위해 이 원고를 기다려 준 그의 긍정적인 인내심은 늘 큰 힘이 되었으며 매우 감사하게 생각한다.

내 비서나 다름없는 역할을 해준 로라 메데이로스Laura Medeiros는 원고를 준비하는 동안 모든 측면에서 내게 도움을 주었고, 특히 컴퓨터와 관련된 모든 문제를 도맡아 해결해주었다. 무엇보다도 그녀의 탁월한 판단력이 가장 큰 공헌을 했다고 말하고 싶다. 그녀는 책 속에 포함시킬 경험담을 고르는 데 있어 중요한 자문 역할을 했으며 원고를 향상시킬 수 있는 조언 또한 아끼지 않았다.

하버드 대학에서는 12년이 넘는 시간 동안 여러 명의 학장이 광범위한 질문을 탐색할 수 있도록 나를 격려했다. 우리 대학의 명백한 강점뿐만 아니라 향상이 필요한 분야를 기꺼이 검토하고자 하는 의지는 매우 용기 있는 태도라고 생각한다. 제러미 놀스Jeremy Knowles, 해리 루이스Harry Lewis, 엘리자베스 스터들리 네이선스Elizabeth Studley Nathans, 윌리엄 피츠시몬스William Fitzsimmons들이 그런 용감한 학장들이며, 누구보다도 아치 엡스Archie Epps를 빼놓을 수 없다.

앤드류 W. 멜론 재단Andrew W. Mellon Foundation과 익명을 원한 두 번째

재단, 그리고 하버드의 총장 자유재량 기금President's Discretionary Fund에서 지원해준 넉넉한 재정지원 덕분에 15년 가까이 지속된 조사 연구가 가능할 수 있었다. 특히 멜론 재단은 이 프로젝트에 필요한 지속적인 작업이 가능하도록 두 번의 장기 보조금을 제공하며 우리의 연구 조사를 뒷받침해주었다. 이처럼 관대하게 우리를 도와준 모든 사람들과 단체에 진심으로 감사의 마음을 전한다. 이 책에서 얻어지는 모든 인세는 학부생 장학금 조성을 위해 기부될 예정이다.

# 하버드
# 1교시

**초판 1쇄** 2019년 4월 15일
**초판 2쇄** 2019년 5월 15일

**지은이**    리처드 J. 라이트
**옮긴이**    장선하

**펴낸이**    김채민
**펴낸곳**    힘찬북스
**디자인**    이수빈
**출판등록**   제 410-2017-000143호
**주소**     서울특별시 마포구 망원로 94, 301호
**전화**     02-2272-2554
**팩스**     02-2272-2555
**이메일**    hcbooks17@naver.com

**정가**     값 15,800원
**ISBN**    979-11-961655-9-8  03370